集人文社科之思　刊专业学术之声

刊　　名：粤港澳大湾区研究

主办单位：广州市社会科学界联合会

　　　　　《城市观察》杂志社

主　　编：曾伟玉

RESEARCH ON GUANGDONG-HONGKONG-MACAO GREATER BAY AREA (Vol.2)

编辑部

投稿邮箱：chengshigc@163.com

联系地址：广州市天河区龙口东路宝供大厦 219

联系电话：020-87596553

第 2 辑

集刊序列号：PIJ-2018-277

中国集刊网：http://www.jikan.com.cn/

集刊投约稿平台：http://iedol.ssap.com.cn/

粤港澳大湾区研究

第二辑

Research on
Guangdong-HongKong-Macao
Greater Bay Area (Vol.2)

主 编 曾伟玉

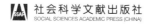
社会科学文献出版社
SOCIAL SCIENCES ACADEMIC PRESS (CHINA)

卷首语

2019 年 2 月 18 日，中共中央、国务院印发《粤港澳大湾区发展规划纲要》（以下简称《规划纲要》），对粤港澳大湾区的战略定位、发展目标、空间布局等做出全面规划，绘就国际一流湾区和世界级城市群的发展蓝图。在《规划纲要》中，中央对粤港澳大湾区赋予了五个全新的战略定位：一是充满活力的世界级城市群，二是具有全球影响力的国际科技创新中心，三是"一带一路"建设的重要支撑，四是内地与港澳深度合作示范区，五是宜居宜业宜游的优质生活圈。2019 年，粤港澳大湾区 GDP 约为 1.4 万亿美元，超过旧金山湾区，接近纽约湾区，GDP 增速更是四大湾区之最。在"一国两制"背景之下，粤港澳大湾区的国际化及国内外资源整合优势明显，发展潜力无穷。

《规划纲要》发布一年多来，在粤港澳大湾区这片面积达 5.6 万平方千米的热土上，香港、澳门和内地加速融合，开创出一派欣欣向荣的新格局。在一年多的时间里，一个个重大跨境交通项目加快推进，便捷高效的现代交通网络正在构筑；一项项创新举措接连出台，越来越多的改革探索目标落地实现；一家家具有核心竞争力的科技企业脱颖而出，以创新为主要动力和支撑的经济体系加快形成。粤港澳大湾区正在朝着预设的目标奋力前进！

在学术界，围绕粤港澳大湾区建设的政策解读与实践调研也如火如荼地展开，涌现出一批优秀的学术成果。由广州市社会科学界联合会组织汇编的《粤港澳大湾区研究》（第一辑）出版后，得到了社会各界的好评，我们也深受鼓舞。为此，《粤港澳大湾区研究》（第二辑）继续沿用之前的模式，从《城市观察》杂志 2018～2019 年刊发的论文中精选了 20 篇优秀学术成果。全书从大湾区发展定位、发展战略、政策创新、湾区比较等方面进行论述，探讨了大湾区城市群区域协调、产业发展、科技创新、交通一体化等内容，力求从多角度为粤港澳大湾区建设提供智力支持。希望这些文章能为广大读者了解粤港澳大湾区建设与发展提供帮助。

目 录
Contents

国际湾区比较

大湾区发展定位

粤港澳大湾区城市群建设的
优势、瓶颈与路径研究[*]

陈　恩　刘熙龄　于倩文[**]

摘　要： 粤港澳大湾区的形成，是改革开放40多年积累的成果，是中国社会由政策开放走向制度开放的自然选择，也是由外向型经济走向开放型经济的必然路径。构建粤港澳大湾区城市群，既是粤港澳区域经济社会文化自身发展的内在需要，也是国家区域发展战略的重要支撑点，是国家借助港澳国际窗口构建开放型经济新体制的重要探索，是丰富和发展"一国两制"实践的重大理论与制度创新。本文以国际三大湾区为主要参照系，对标分析粤港澳大湾区形成的背景与条件，探讨粤港澳大湾区建设的优势、瓶颈与对策建议。

关键词： 国际湾区经济　粤港澳大湾区　城市群

一　国际湾区经济的兴起与作用

"湾区经济"这一名称最早源于美国旧金山湾区。旧金山湾区是美国

---

　* 本文系广东省打造理论粤军重大资助项目"粤港澳服务贸易自由化理论与应用研究"（LLYJ1319），以及广州市哲学社会科学发展"十三五"规划重大课题"构建广州高水平开放型经济体系研究"（2016GZZD01）阶段性成果。

** 陈恩，暨南大学经济学院教授，研究方向为区域经济、港澳台经济、港澳台投资、粤港澳合作、两岸经贸关系；刘熙龄、于倩文，暨南大学经济学院区域经济学专业硕士研究生。

加利福尼亚州北部临海的一个大都会区，交通便利且环境优美，人才、技术、创业资本等优质要素集聚于此，历经数年形成了以硅谷为中心的湾区模式。该模式为全球诸多临海港口城市所效仿，相继形成了纽约湾、悉尼双水湾、香港浅水湾、日本东京湾、布里斯班鲁沙湾等著名湾区。其中最具影响力的是纽约湾区、旧金山湾区和东京湾区三大湾区。纵观当今世界，那些经济发展条件较好、极具竞争力的城市群，大多聚集在湾区一带。根据世界银行数据，目前全球 60% 的经济总量、70% 的工业资本和人口、75% 的大城市都集中于入海口和海岸带地区。作为一种重要的滨海经济形态，湾区往往在某一地区乃至国家发挥着重要的引领作用。

纵观世界著名湾区的发展轨迹，湾区经济的形成需具备以下条件和特点。

（一）优越的地理位置

湾区往往具有海岸线长、腹地广、三面环陆等"拥海抱湾"的特点。例如，日本东京湾区位于日本本州岛中部太平洋海岸，是优质的深水港湾，其沿岸有包括横滨港、东京港、川崎港、千叶港、横须贺港和木更津港等在内的港口群，年吞吐量超过 5 亿吨。纽约湾区利用其优良的海湾优势，构建起以纽约、纽瓦克为主的港口群，货运总量占美国北大西洋集装箱货运总量的 55%。旧金山湾区地处沙加缅度河下游出海口，包括东湾、北湾、南湾多个湾区，每个湾区中分布着大小不同的港口。

（二）发达的城市群

凭借湾区地理位置优势出现的港口群，促使国际贸易迅速发展，并吸引了大量外向型企业及上下游企业，产业集聚的同时有大量人口迁入，城市由此形成和发展。在湾区环水的狭长海岸线上，港口群逐渐发展为城市群。湾区便利的交通，大大节约了城市间运输和出行的成本，加速了湾区城市的合群，最后出现了城市—城市群—都市圈—都市圈集群的城市化演变路径。美国纽约湾区以纽约为中心城市，以费城、波士顿、华盛顿、巴尔的摩为次中心城市，还有 40 多个周边中小城市，共同构成了"中心城市—次中心城市—中小城市"的城市群。旧金山湾区是美国西海岸第二大都会区，湾区一带共有 9 个县，101 个城市，其中最主要的是旧金山、奥克兰和圣何塞。

（三）顺畅、便捷、高效的航运交通

湾区作为连接海陆、联系国内外的交通枢纽，大多拥有完善的海陆空交通体系。纽约湾区的核心城市纽约是全球公交系统最为繁忙的城市，平均每年接待旅客 3000 万人次。纽约港是美国最大的商业港口，这奠定了其国际航运中心的地位。东京湾区是日本铁路、公路、通信、管道和航道网络最密集的地区，城市地下轨道交通线达 14 条，湾区外围有"山手线"和"武藏野线"两条环形铁路，内环有密集的高速公路网。东京羽田机场年定期国内航线升降 90000 架次，国际航线升降 44000 架次。东京港年货运量超过 6000 万吨。

（四）经济辐射能力强

位居国际湾区之首的纽约湾区陆地面积为 2.15 万平方公里，聚集了全美 7% 的人口，创造了美国 8.6% 的 GDP。同时，纽约湾区还是全球金融中心和商业枢纽，全球 500 强企业中有 200 多家落户于此。这里还有世界最大的 CBD、名声显赫的华尔街以及 100 多家国际著名金融公司总部。东京湾区是全球 GDP 最高和人口密度最大的湾区，陆地面积为 1.3 万平方公里，人口达 3800 万人，占全国人口的 26.3%。该湾区也是全日本最大的工业城市群，工业总产值和 GDP 分别占全日本的 40% 和 26%，同时是国际金融中心、商贸中心和交通中心。

（五）高层次专业人才大量聚集

湾区环绕大面积海域，温差小，容易形成宜居的自然生态环境，吸引大量人才，这促使湾区成为科研与教育机构密集分布的地区。美国旧金山湾的发展与壮大主要就是凭借其丰富的科研机构和高校资源。旧金山湾区劳动力中受教育程度为本科以上的达到 46%，其中拥有博士学位的占湾区常住人口的 16%。南湾是高科技企业云集的硅谷，是世界创新与研发领导中心；同时还拥有包括斯坦福大学、加州大学伯克利分校等在内的 20 多所著名大学，以及航天和能源研究中心。东京湾区集中了全国 20% 以上的高校，包括横滨国立大学、庆应大学、武藏工业大学等著名高等学府，以及三菱重工、三菱电机、NEC、佳能、索尼、东芝、富士通等 100 多所民间研究机构和 300 多家顶级技术型公司。

（六）创新驱动型经济

湾区经济发展大致会经历港口经济、工业经济、服务经济和创新经济四个阶段。目前国际三大湾区都是以服务型经济和创新型经济为主导的非常成熟的湾区，随着信息产业的兴起，其发展实现了由要素推动向创新推动的转变。旧金山湾区集中了全球最有影响力的高新技术公司，既有谷歌、英特尔、苹果、思科、脸书、甲骨文等大公司，还包括众多中小型高科技公司（见表1）。这些公司几乎垄断了全球在信息技术、生物制药、新材料和新能源领域的专利。硅谷的实力是建立在持续不断的发明创新基础之上的。自 20 世纪 50 年代开始，硅谷始终引导着半导体技术、互联网、个人电脑和绿色科技的技术革新和新兴产业的发展，成为全球新技术、新工艺和新产品的发源地。另外，斯坦福大学首创的"大学—政府—产业"合作模式，为硅谷成为研发与创新中心发挥了重要推动作用。

表 1　国际三大湾区基本情况

指标　　　　湾区	纽约湾区	旧金山湾区	东京湾区
陆地面积	2.15 万平方公里	1.79 万平方公里	1.3 万平方公里
总人口（占全国比重）	2370 万人（7%）	765 万人（2.4%）	3800 万人（26.3%）
GDP（占全国比重）	1.6 万亿美元（8.6%）	0.8 万亿美元（4.3%）	1.8 万亿美元（26%）
组成	纽约州、新泽西州和康涅狄格州内共计 31 个郡县	北湾、旧金山、东湾、南湾等 9 个县	东京、横滨、千叶、川崎、君津、传桥等

指标 ＼ 湾区	纽约湾区	旧金山湾区	东京湾区
城市化水平	90%以上	90%以上	80%以上
第三产业比重	89.35%	82.76%	82.27%
主要产业	金融、计算机、航运	电子、半导体技术、互联网、生物科技	钢铁、化工、装备制造、高新技术、现代物流
代表企业	摩根大通、高盛、花旗、IBM、纳斯达克证券交易所	谷歌、英特尔、苹果、思科、脸书、甲骨文	三菱重工、三菱电机、NEC、佳能、索尼、东芝、富士通

资料来源：根据世界银行网站公布数据及网络资料整理而得。

二 构建粤港澳大湾区的优势条件

（一）地理区位优势

粤港澳大湾区以珠江口为依托，由珠三角地区的广州、深圳、珠海、惠州、佛山、东莞、江门、肇庆、中山等9个城市和香港、澳门两个特别行政区组成，覆盖面达5.65万平方公里，人口有6799万人。湾区地处"广佛肇"、"深莞惠"和"珠中江"三大经济圈以及香港、澳门两大对外窗口城市的深度融合区域，地理位置和生态环境优势明显。从湾区出发，往东是海峡西岸经济区，往西是北部湾经济区和东南亚，往北是江西、湖南等广阔的内陆城市群。其通过南广铁路等陆路交通和海洋运输快速连接中国内陆与东盟各国，是国际物流运输航线的重要节点和连接共建"一带一路"国家的重要纽带。

（二）经济基础优势

庞大的经济体量是湾区经济的决定性因素和特征体现。自改革开放以来，广东省GDP和进出口总额一直位居全国之首，累积起雄厚的经济实力。珠江三角洲地区是广东省经济发展的核心，全球最大的制造业基地之一，拥有广州、深圳、东莞等极具活力的城市。香港和澳门是全球著名的自由贸易港，现代经济高度发达。2016 年粤港澳大湾区生产总值达到 1.38 万亿美元（见表 2），是美国旧金山湾区 GDP 的 2 倍，与世界湾区之首的纽约湾区差距不大。2016 年大湾区进出口总额为 1.8 万亿美元，是东京湾区的 3 倍。粤港澳大湾区以占全国不足 1% 的土地面积、不足 5% 的人口总数，创造了 13% 的国内生产总值，不愧是全国经济的重要增长极。

表 2　2016 年粤港澳大湾区经济发展情况

粤港澳大湾区及所涉城市	人口（万人）	面积（平方公里）	GDP（万亿美元）	服务业占比（%）
香港	737	1104	0.32	92.2
澳门	64.5	33	0.04	93.4
广州	1404	7434	0.30	69.4
深圳	1191	1997	0.29	60.1
珠海	167.5	1711	0.03	49.5
东莞	826	2465	0.10	53.2
惠州	478	12000	0.05	41.1
佛山	746	3875	0.13	38.7
江门	454	9504	0.04	44.6
中山	323	1784	0.05	45.5
肇庆	408	15000	0.03	36.8
粤港澳大湾区	6799	56907	1.38	56.8

资料来源：根据各城市统计年鉴整理而得。

（三）交通物流优势

粤港澳地区的天然港口为湾区建设提供了丰富的港湾资源。由于沿海、沿河口岸和港湾众多，大湾区从地理位置上分为三个港口群：珠江三角洲港口群是沿海港口主体，与自由港香港、澳门毗邻，拥有广州、深圳、珠海、中山、南沙等优良港群；粤东港口群以汕头港为主体，邻近海峡西岸经济区；粤西港口群以湛江港为主体，邻近广西北部湾经济开发区。广州港、香港港、深圳港为国际性港口群，珠海港和东莞港为国内大型港口群。2016年粤港澳大湾区主要港口集装箱吞吐量超过6400万标箱。（见表3）

表3　2016年粤港澳大湾区主要港口及机场运输情况

城市	港口货物吞吐量（万吨）	港口集装箱吞吐量（万标箱）	机场旅客流量（万人次）
香港	25670	1957.9	7050
澳门	—	—	660
广州	54400	1884.7	5978
深圳	21400	2397.93	4197.1
珠海	13000	165.35	612

资料来源：根据网络资料整理而得。

大湾区内还拥有白云国际机场、深圳宝安国际机场、香港国际机场、澳门国际机场等4座干线机场，2016年客流量近2亿人次。粤港澳大湾区内铁路网、公路网密布，城际交通发达，形成了珠三角一小时生活圈。港珠澳大桥的通车使珠江口东西两岸实现了完整的交通闭环，直接连接香港、珠海和澳门，虎门大桥、南沙大桥则连通东莞、南沙、番禺，这些大通道的建成极大促进了珠江两岸的经济交流合作，增强了粤港澳三地的互补功能。

（四）产业基础优势

在国际产业转移的浪潮中，广东省凭借区位优势承接港澳制造业的转移，形成了"前店后厂"的生产模式。经过多年发展，广东省形成了以纺织、电子、家电等轻工业为主，电子信息、生物科技等高新技术产业和装备制造等重工业共同发展的产业体系。在CEPA（内地与香港建立更紧密经贸关系的安排）机制的推动下，广东省的服务业也有了一定发展。珠三角地区的很多城市是全球制造业基地、世界工厂、全国经济增长的重要引擎，具有发展先进制造业的坚实基础，惠州、佛山等城市发展为专业化程度很高的制造业城市。香港是国际金融中心、贸易中心和航运中心，也是世界自由经济体，是大湾区对外开放的重要门户。澳门是全球知名的旅游目的地，现代服务业高度发达，是大湾区与葡语系国家经贸合作的重要平台。

（五）人才和科教优势

据统计，粤港澳大湾区内有超过 200 所普通高校，包括香港大学、香港中文大学、香港科技大学、澳门大学、中山大学、华南理工大学等众多名校。2015 年大湾区在校大学生人数将近 180 万人。根据广东省统计局公布数据，2016 年广东省拥有研究机构 14311 个，其中工业企业研究机构达 11834 个，占所有研究机构总数的 83%；全省从事相关研究的人员达 73.5 万，80% 的研发来自工业企业。截至 2016 年，全省人才总量达到 1357 万人，累计引进海外人才 3.7 万人次，其中诺贝尔奖获得者、院士、终身教授将近 130 人。

2015 年珠三角地区研发支出占 GDP 比重为 2.7%，与德国、美国持平。大湾区专利申请量超过 30 万件，专利授权量超过 20 万件（见表4）。广东省有效发明专利量达 138878 件，位居全国之首。全省拥有高新技术企业 11105 家，国家工程实验室 9 家，省级工程实验室 59 家，国家工程（技术）研究中心 23 家，国家地方联合创新平台 51 家。

表4 2015 年粤港澳大湾区人才储备与专利申请情况

粤港澳大湾区及所涉城市	在校大学生人数（万人）	专利申请量（件）	专利授权量（件）
香港	14.57	12212	5963
澳门	3.20	—	—
广州	104.30	63295	39834
深圳	9.01	105499	72119
珠海	13.30	11334	6790

粤港澳大湾区 及所涉城市	在校大学生人数 （万人）	专利申请量 （件）	专利授权量 （件）
东莞	11.46	38094	26820
佛山	4.94	20026	12617
江门	4.77	9524	6386
中山	4.00	27863	22198
惠州	3.50	21408	9797
肇庆	6.60	2344	1726
粤港澳大湾区	179.65	311599	204250

资料来源：参见广东省知识产权局网站和各地统计年鉴。

（六）"一国两制"下的制度、政策优势

粤港澳大湾区地处中国深化改革和对外开放的最前沿，先后设立深圳特区、珠海特区、南沙新区、前海深港合作区、横琴粤港澳紧密合作示范区、广东自贸区等一系列改革开放试验区，拥有港澳两个国际自由贸易港，以及国家级自贸试验区、国家自主创新示范区、国家级新区、粤港澳合作示范区等涉及"一国两制"和三种法律架构、三个关税区与三种货币体系的制度、法律和政策优势。

三 粤港澳大湾区城市群建设需要突破的瓶颈

在当前条件下，粤港澳大湾区城市群建设面临的瓶颈主要有以下几个方面。

（一）"一国两制"下大湾区各方的制度、法律、货币和关税区差异较大

从大湾区区域融合角度看，与国外著名湾区和国内京津冀城市群、长三角城市群发展不一样的是，粤港澳大湾区是同一个主权国家内三个独立关税区间的区域合作，实行两种不同的政治制度和社会制度，即广

东省、香港特别行政区、澳门特别行政区互为独立的三个关区，实行三种法律架构、三种货币体系。而不同的政治、经济和法律制度导致了经济模式、法律体系等领域的重大差异，不同关税区的关税水平、税制管理办法不同，这些差异必然造成行政模式、管理政策手段难以衔接，人员、物资和信息等要素在三地自由流动受限等问题。

（二）粤港澳大湾区建设和发展中存在的"无核心""多中心"状况

从湾区城市协调发展来看，目前无论是国际上的著名湾区，还是国内的长三角城市群、京津冀城市群、长株潭城市群等，都有一个占主导地位的核心城市，并以一个核心城市来命名，这样便于统筹、协调和管理。但与之不同的是，粤港澳大湾区在名称上不是以某一个城市单独命名，实际上也没有一个如京津冀城市群中的北京和长三角城市群中的上海那样可以"号令各方"的核心城市，但拥有规模和作用相近的城市，如广州、香港、深圳和澳门。这意味着，粤港澳大湾区的核心城市并不明确。因此，粤港澳大湾区实际呈现的可能是"无核心、多中心"的发展局面，这使粤港澳三地在错位竞争中实现优势互补与协调发展，打造具有中国特色的湾区经济模式面临困局。客观而言，香港是知名度很高的国际金融中心，但对内地的影响力逐渐下降；广州是广东省政治中心，极具文化影响力，但科研创新和金融等领域发展不足；深圳是广东乃至全国的科技创新城市，但欠缺政治、文化和历史影响力。这种"无核心""多中心"的状况，给区域统筹协调带来了困难。

（三）历史与现实形成的湾区产业结构相似和重复建设状况，造成资源浪费和效率低下

从湾区产业协调发展来看，尽管粤港澳大湾区各城市形成了一定的分工，但从总体上看，珠三角地区各城市产业较为雷同，经济结构相似度较高，金融、航运、制造等领域还存在不良竞争和重复建设的现象。以 2016 年为例，纺织服装、服饰业，化学原料和化学品制造业，橡胶和

塑料制品业，非金属矿物制品业，金属制品业，通用设备制造业，汽车制造业，电气机械和器材制造业，计算机、通信和其他电子设备制造业，电力、热力生产和供应业等是广东省制造业产值最高的十个行业。从整体上看，这十个行业在珠三角九市制造业生产总值中几乎都占有60%以上的比重，仅肇庆除外。

根据以上资料可知，珠三角地区制造业产业趋同较为严重。趋同最为严重的是计算机、通信和其他电子设备制造业，在深圳、珠海、惠州、东莞、中山、广州六市制造业总产值中都占有超过12%的比重。其次是电气机械和器材制造业，在珠海、佛山、中山三地所占比重都在20%左右，在江门也有超过10%的比重。另外还有化学原料和化学品制造业，在广州、江门、肇庆三市占比均为10%左右（见表5）。

表5 2016年珠三角九市制造业十大产业占比情况

单位：%

行业	广州	深圳	珠海	佛山	惠州	东莞	中山	江门	肇庆
纺织服装、服饰业	2.14	0.82	0.72	2.15	1.88	3.45	5.17	3.64	1.90
化学原料和化学品制造业	10.23	0.98	5.62	4.34	7.30	2.07	3.83	10.88	9.76
橡胶和塑料制品业	2.14	2.64	1.94	5.14	4.22	4.61	5.29	4.11	4.71
非金属矿物制品业	0.97	0.93	0.90	6.58	2.57	1.29	1.74	5.45	11.22
金属制品业	1.89	1.67	1.62	8.03	3.23	3.03	5.12	13.19	12.40
通用设备制造业	3.29	2.62	3.06	4.10	1.91	3.97	6.92	2.67	1.68
汽车制造业	23.45	2.57	2.77	3.65	2.71	1.11	2.39	2.14	1.95
电气机械和器材制造业	6.07	8.53	25.82	22.31	7.17	7.03	18.21	10.05	2.12
计算机、通信和其他电子设备制造业	12.12	59.02	24.52	5.83	42.48	46.52	16.01	6.17	7.20
电力、热力生产和供应业	7.42	2.96	5.99	2.58	4.01	4.50	4.38	6.15	3.86
总计	69.72	82.74	72.96	64.71	77.48	77.58	69.06	64.45	56.80

资料来源：根据《广东统计年鉴（2017）》整理而得。

（四）大湾区两岸"东强西弱"，发展不平衡凸显

当今世界著名湾区，都以整体高水平发展的形态出现，如日本东京

湾区，以东京都为基点，沿湾区形成了京滨、京叶两条实力雄厚的产业带和一个港口群落。正是这一环湾区产业带和东京都的金融、文化等现代服务业实力，使东京湾区产生了相当于全日本1/3的经济总量。美国纽约湾区的东北部，是制造业、军工业和金融业都很发达的康涅狄格州。位于纽约湾西南部的新泽西州，是美国最为著名的高科技制造中心，也是美国第一大医药制造基地。正是康涅狄格州和新泽西州的产业实力及纽约的金融文化实力，共同成就了纽约湾这一世界经济之都。而反观粤港澳大湾区的发展现状，一个基本事实是湾区两岸发展极不平衡，"东强西弱"即西岸发展严重滞后。据最新统计数据，在能够代表全湾区经济实力的主要指标中，77%的地区生产总值（GDP）、81%的地方财政收入、91%的进出口总值、87%的金融机构本外币存款余额和67%的工业增加值，都集中在湾区东岸五市，即广州、深圳、东莞、惠州和香港。而珠海、佛山、肇庆、江门等西岸四市，除了工业增加值占全湾区的1/3外，其他指标的占比都很低。特别是进出口总额和金融机构本外币存款余额两个指标，只占全湾区的10%左右。此外，大湾区的绝大部分航空客流量、铁路客运量和港口输送量，也都主要集中于湾区东岸。这种发展极不平衡的格局，将极大影响湾区整体实力和对周边辐射力的提升。

（五）湾区的创新要素分散，集聚度不高，国际竞争力不强

从湾区科研创新与人才培养情况看，尽管粤港澳各地不乏高水平大学、科研机构和科技创新人才，并且高层次人才资源丰富，创新体系完整，但创新要素较为分散，聚集度较低，粤港澳高校与科研机构大多"各自为政"，缺乏合作攻坚的统筹规划和制度激励；不但缺少强有力的科技企业，也不具备完整的创新产业生态，湾区的创新网络远未形成。粤港澳大湾区拥有众多高等学府，在校大学生近200万人。广州和香港是教育资源最集中的两座城市，但高校培养人才的能力较低，科研成果转化能力不强。澳门资金充足，但休闲旅游业是发展重点，缺乏科研气氛。深圳创新能力较强，但专利投入使用率不高；科研与教育集群未形

14

成，缺乏高校基础研究优势。

（六）大湾区的整体开放程度和开放水平有待提高

粤港澳大湾区经济主要是依靠其得天独厚的地理位置和与港澳台、东南亚国家的天然联系，以及国家改革开放的政策，通过港口经济、对外贸易、出口加工等发展起来的开放型经济。因此，对外开放成为湾区经济得以发展的前提条件，否则再好的湾区仅仅凭借地理优势也无法发展为湾区经济。通过粤港澳大湾区各城市开放度计算结果可知，从单个城市看，香港对外开放程度最高，2012～2016 年平均开放度达到 3.380；其次是深圳 1.872，东莞 1.713，珠海 1.686（见表6）。开放度最低的是澳门 0.233 和肇庆 0.255。广州平均开放度仅为 0.480。从区域来看，珠三角地区对外开放度为 1.086，港澳地区为 2.932。从时间上看，2012 年以来，大湾区各城市对外开放程度呈现持续、缓慢下降的趋势。这说明粤港澳大湾区各城市开放程度差异性较大，香港在湾区的开放中发挥着引领作用。这也意味着，跟香港以及纽约湾区、东京湾区、旧金山湾区相比，粤港澳大湾区整体对外开放水平较低，还有很大的改善和提升空间。

表6　粤港澳大湾区城市开放度

地区/城市	2012 年	2013 年	2014 年	2015 年	2016 年	平均开放度
广州	0.546	0.476	0.480	0.461	0.439	0.480
深圳	2.271	2.287	1.871	1.575	1.357	1.872
珠海	1.910	2.005	1.807	1.465	1.245	1.686
佛山	0.586	0.565	0.568	0.511	0.478	0.542
惠州	1.312	1.315	1.216	1.078	0.898	1.164
东莞	1.810	1.720	1.696	1.663	1.678	1.713
中山	0.865	0.833	0.804	0.737	0.702	0.788
江门	0.630	0.612	0.601	0.552	0.524	0.584
肇庆	0.273	0.260	0.261	0.260	0.221	0.255

地区/城市	2012 年	2013 年	2014 年	2015 年	2016 年	平均开放度
香港	3.606	3.564	3.492	3.190	3.050	3.380
澳门	0.230	0.219	0.226	0.263	0.225	0.233
珠三角地区	1.240	1.220	1.100	0.980	0.890	1.086
港澳地区	3.130	3.040	2.970	2.820	2.700	2.932

注：城市开放度＝当年进出口总额/当年 GDP。

资料来源：根据粤港澳大湾区各城市统计年鉴计算整理而得。

（七）区域产业结构层次不高，先进制造业、高科技产业水平有待提升，高端、现代服务业比重过低

如前所述，湾区经济发展一般会经历港口经济、工业经济、服务经济和创新经济四个阶段。以装卸和运输为主导的港口经济是湾区经济发展的起点，随着城市不断发展，经济活动范围很快突破港区限制，扩大至湾区城市，制造业成为湾区经济持续发展的动力。随着制造业、航运的发展和对外贸易规模的不断扩大，需要大批为之提供服务的行业，比如通信、金融、保险、法律、会计、广告设计等，服务业特别是高端、现代服务业由此得到迅速发展，湾区经济进入服务经济阶段，由制造业中心转变为贸易中心、金融中心、信息中心和科技产业中心，在全球产业链和世界经济中的地位得到提升。同时，制造业发展带来的环境污染、生态破坏问题得到一定程度的缓解。

从 2016 年粤港澳大湾区各城市产业比重来看，第一产业在各城市所占比重都很低，珠海、东莞、惠州、江门、佛山、中山、肇庆 7 个城市的第二产业比重很高，基本保持在 50% ~ 60%，而且这 7 个城市的第二产业主要是传统的劳动密集型或加工装配型产业。虽然广州和深圳的第二产业略低，第三产业比重略高于 50%，但高端的现代服务业和高科技产业也不占主导地位，只有香港、澳门 2 个城市的第三产业比重超过 85%。整体上大湾区三大产业比重分别为 3.2%、40.0%、56.8%，服务业比重未超过 60%，与世界三大湾区均超过 80% 的服务业所占比重相去甚远。可

见，粤港澳大湾区的服务业发展还处在较低水平，湾区经济发展的主要动力还不是服务业，对制造业依赖程度较大，处于由工业经济向服务经济过渡的阶段。

（八）资源与环境掣肘，高质量、高效益发展面临瓶颈

早在20世纪80年代，香港、澳门就面临土地紧缺和劳动力成本上升等问题，加上资源匮乏，大批制造业转移至珠三角地区。随着产业集聚度提高、竞争加剧，以及国内外经济形势的变化，珠三角地区的劳动力、土地、原材料等制造业成本逐渐上升。以劳动力成本为例，根据广东省统计年鉴数据，2012年珠三角九市就业人员平均工资为47115.22元，2016年为69400.11元，增长了近50%，年均增长率达到10.2%。其中，珠三角地区的制造业中心东莞市的年均增长率最高，达到13.8%。珠三角地区的制造业本来就以中小企业为主，企业利润微薄，逐年上涨的劳动力成本，导致出现严重的"用工荒"。2012年广东省用工企业调查数据显示，平均技工短缺率为7.21%，平均普工短缺率为7.95%。经过多年发展，珠三角地区成为世界级制造业基地，集中了大批制造企业，创造了巨大的经济总量。而制造业高度发展的同时，也带来了工业化与城市化对环境的污染和破坏。长期偏重于重工业发展，使珠三角的土壤、空气和水质遭受严重污染，而治理成本相当高昂。澳门、珠海等城市正在或准备实施填海造地，给湾区自然环境带来一定破坏。粤港澳大湾区是一个半封闭的海湾，潮差不大，海水净化能力和循环能力较弱。湾区内一批石油冶炼、钢铁、造纸等重化工项目，以及核能、火电等能源项目，给湾区环境带来了威胁。

四　粤港澳大湾区城市群建设的政策建议

（一）建立由中央政府主导的高效协调机制

粤港澳大湾区各城市间实施的两种社会制度以及三个独立关税区的

深度合作，必然引发市场划分、信息沟通、基础设施、产业布局、能源交通、创新网络等方面的复杂问题。建立高效协调机制是粤港澳大湾区发展的客观要求与当务之急，目前的"体制机制安排"是由国家发展和改革委员会与粤港澳四方共同签署并推进的。建议四方每年定期召开磋商会议，协调解决大湾区发展中的重大问题和合作事项，并就大湾区建设制定年度重点工作，由四方及国家有关部门达成一致意见后共同推动落实。粤港澳三地政府共同建立大湾区发展日常工作机制，可分别在广东省发展和改革委员会、香港特别行政区政府政制及内地事务局、澳门特别行政区政府行政长官办公室的日常运作中发挥工作机制在合作中的联络协调作用，推动规划深入实施。这种模式较以往的粤港澳三方协调机制有很大的改进，但粤港澳合作的跨境治理具有复杂性、艰巨性和重要性，应提高并增强相关部门的层级和权威性。建立由中央政府主导以及港澳特区政府和主要区域城市等形成跨境、跨地域（深港、珠澳）和跨产业领域的协调机制和治理模式。

（二）将广东自贸试验区升级转型为自由贸易港区，以点带面推进粤港澳大湾区建设和泛珠合作区域发展

从根本上讲，广东自贸试验区和粤港澳大湾区是 CEPA 机制进化而来的，是在 CEPA 机制基础上进行的一次又一次的改进实验，最终目的是通过创新来促进粤港澳三地的投资、贸易、金融等领域更加开放，从而与国际法治化营商环境对标。在广东自贸试验区和大湾区建设联动的基础上，自贸区是引爆点和核心，大湾区是承载区域，泛珠三角是辐射区域。广东自贸区三大片区是粤港澳大湾区各要素便捷流动的试验田。粤港澳大湾区凭借全面的区域改革，可以从广东自贸区进行突破，通过三大片区的示范作用，带动周边地区进行更加积极的改革。因此，应该将广东自由贸易试验区升级转型为自由贸易港区，赋予自由贸易试验区更大的改革主动权，探索建设自由贸易港，重塑自贸区与大湾区的联动发展关系，推动前海、横琴在深化与香港、澳门的合作中探索出一套促进两地

要素便捷流动的改革措施。

（三）继续完善 CEPA 机制，提升粤港澳三地市场融合水平

截至 2017 年，CEPA 机制正式实施已有 13 年。CEPA 机制在促进三地经贸合作往来上发挥了重要作用，但也存在内地市场准入门槛过高、人员流动困难、专业标准规则不统一、内地营商环境复杂、地方保护主义严重等诸多问题，制约了 CEPA 机制促进三地要素自由流动的效应。粤港澳大湾区的建设，需要对 CEPA 机制继续升级，打破粤港澳市场间障碍。因此，应在继续落实 CEPA 机制及其补充协议的同时，不断增强协议内容的针对性。CEPA 机制的设置既要考虑内地市场经济体制培育欠成熟、市场竞争力较弱的现状，也要符合内地在经济新常态下继续扩大对外开放的需要，更要契合香港、澳门的产业结构特点和未来发展规划。同时，继续发挥广东省 CEPA 机制的先行先试作用，以广东省为试验区，给予其更大的自主权与开放权，待经验成功后再由广东向内地扩展。货物贸易领域已基本实现自由化，应加强通关便利方面的机制建设；服务贸易领域需要通过负面清单完善，进一步提高内地服务业的开放程度；贸易与投资便利化方面需要三地加强在电子商务、标准统一、资格认定等领域的合作，以促进贸易、投资进一步自由化。

（四）继续完善和推行"准入前国民待遇原则 + 负面清单"的服务业外商投资管理模式

扩大服务业开放，要加速粤港澳大湾区服务贸易自由化，提升湾区产业竞争力水平，对接国际最新贸易与投资规则，打造国际化营商环境。服务贸易自由化已成为全球经济发展趋势和我国经济新常态下全面深化改革的重要内容，也是拓展粤港澳合作空间的必然选择。内地服务业发展面临的最大问题就是开放度不够和机制落后。因此，为提升粤港澳大湾区的产业竞争力，应继续完善和推行"准入前国民待遇原则 + 负面清单"的服务贸易外商投资管理模式，加速粤港澳大湾区的服务贸易自

由化。

（五）增加科技投入，制订"湾区人才计划"，打造粤港澳"创新之湾"

全球著名湾区几乎都是"创新之湾"，各类科创资源高度集中。粤港澳大湾区的建设，也需要依靠创新发展的支撑。目前，粤港澳大湾区已具备一大批有相当科研能力的高校和科研机构，应增加对湾区内各高校和科研机构的资金投入，着力提高科学研究的水平。各高校与科研机构应加强合作，充分发挥各自优势，共同参与核心技术、关键技术的攻坚克难，发挥粤港澳大湾区内大学和科研机构的知识创新源头作用。对湾区内的各类高校、职业院校、科研机构开展教育规划和科研规划，鼓励和引导高等教育、科研机构和行业企业的融合，共同建设产学研基地或技术创新平台，提升并加快科研技术的转化能力和速度。高校与科研机构是知识创新的源头，创新的主体在于企业，培养人才的核心是建设新型大学，应利用香港和广东在大学教育和人才培养方面的学科优势，加快构建一大批国际一流或国际知名的高水平大学，使之成为注重培养创新创业人才的创新型大学。

（六）继续扩大对外开放，形成以湾区为引领的对外开放新格局

对内推动粤港澳深度融合发展，对外抓住"21世纪海上丝绸之路"的重大机遇，加强同东盟国家的分工与合作。充分利用粤港澳各自优势，加强与英语系和葡语系国家的联系，深化与共建"一带一路"国家和地区的经贸合作、文化交流。通过营造国际化营商环境和优质生活环境，吸引跨国公司总部、高端企业落户与集聚。同时，加强与内陆腹地的联系，通过"引进来、走出去"形成全方位的开放体系。

参考文献

［1］刘艳霞：《国内外湾区经济发展研究与启示》，《城市观察》2014年第3期。

［2］伍凤兰、陶一桃、申勇：《湾区经济演进的动力机制研究——国际案例与启示》，《科技进步与对策》2015 年第 23 期。

［3］何诚颖、张立超：《国际湾区经济建设的主要经验借鉴及横向比较》，《特区经济》2017 年第 9 期。

［4］申勇、马忠新：《构筑湾区经济引领的对外开放新格局——基于粤港澳大湾区开放度的实证分析》，《上海行政学院学报》2017 年第 1 期。

［5］申勇：《湾区经济的形成机理与粤港澳大湾区定位探究》，《特区实践与理论》2017 年第 5 期。

［6］张锐：《湾区经济：国际步伐与中国格调》，《对外经贸实务》2017 年第 5 期。

［7］李睿：《国际著名"湾区"发展经验及启示》，《港口经济》2015 年第 9 期。

［8］俞少奇：《国内外发展湾区经济的经验与启示》，《福建金融》2016 年第 6 期。

［9］丁旭光：《借鉴旧金山湾区创新经验，构建粤港澳大湾区创新共同体》，《探索》2017 年第 6 期。

［10］王喆、王琛伟、李红娟：《推动粤港澳大湾区建设的若干战略思考》，《中国经贸导刊》2017 年第 30 期。

［11］索光举：《CEPA 条件下"大湾区"经济合作的法律框架建构》，《嘉应学院学报》2017 年第 4 期。

［12］周强：《"粤港澳大湾区"未来有多"牛"?》，《中华工商时报》2017 年 3 月 24 日，第 4 版。

［13］王静田：《国际湾区经验对粤港澳大湾区建设的启示》，《经济师》2017 年第 11 期。

［14］王子成：《劳动力短缺是否存在"马太效应"? ——基于广东用工企业的调查分析》，《财经论丛》2015 年第 5 期。

［15］陈恩：《CEPA 下内地与香港服务业合作的问题与对策》，《国际经贸探索》2006 年第 1 期。

粤港澳大湾区城市群空间协同关系
及边界增长潜力分析*

刘　力　许耿彬**

摘　要：粤港澳大湾区内阻碍要素流动聚集和产业关联互动的城市边界广泛存在，不仅有"一国两制"下的关境阻碍，还有珠三角九城市间的行政分割和地方利益竞争。区域协同发展则需要从"去边界化"着手，本文尝试以空间协同关系的边界效应视角，探讨粤港澳大湾区城市群边境增长潜力和"去边界化"空间协同模式，以期获得相关政策启示。

关键词：粤港澳大湾区　城市群　空间协同关系　去边界化

党的十九大报告提出以城市群为主体构建区域协调发展新机制，粤港澳大湾区是我国三大城市群之一，粤港澳大湾区建设作为国家战略，也是贯彻"一国两制"方针和深化改革开放的试验田，探讨粤港澳大湾区城市群的协同发展机制可以为新时期我国区域协调发展提供经验启示。粤港澳大湾区内阻碍要素流动聚集和产业关联互动的城市边界广泛存在，不仅有"一国两制"下的关境阻碍，也有珠三角九城市间的行政分割和地方利益竞争。区域协同发展则需要从"去边界化"着手，本文尝试以

* 本文系广州市国际商贸研究中心重点研究项目"粤港澳大湾区空间协同机制研究"的阶段性成果。

** 刘力，广东外语外贸大学经贸学院教授，研究方向为区域经济与产业经济、粤港澳经贸问题；许耿彬，广东外语外贸大学区域经济方向硕士研究生。

空间协同关系的边界效应视角，探讨粤港澳大湾区城市群边境增长潜力和"去边界化"空间协同模式，以期获得相关政策启示。

一 粤港澳大湾区协同发展机制的内涵界定

区域协同发展作为区域合作发展的高级阶段，具有多主体、深层次、动态性和联动性特征，各区域主体在要素、产业、创新活动及公共服务等方面展开全方位、多领域的合作，从功能合作走向制度合作，以互利共赢为目标追求协同利益最大化。国内外学者从不同角度解读区域协同发展机制的内涵（李建平，2017；龙建辉，2018；向晓梅、杨娟，2018），虽然切入点不同，但相关机制内涵都有交集，本文将不同的区域协同发展机制整合为四维分析框架（见图1）。

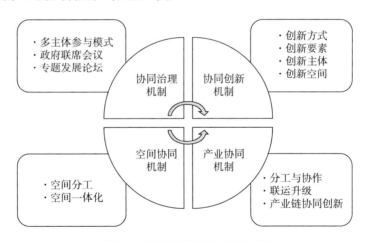

图1 区域协同发展机制的内涵

从粤港澳大湾区空间关系的动态演变视角看，空间协同机制包含了空间分工和空间一体化。空间分工既体现了区域产业分工，也反映了区域空间的结构特征。粤港澳大湾区的空间结构特征，具有典型的多中心和圈层结构特征，中心与外围城市间基于产业分工和职能分工发展起来的城市协作关系较为普遍，并通过基础设施共建及互联互通促进城市空间一体化。空间一体化首先表现为要素的自由流动（即区域间价格指数趋同和要素均等化过程），其次是消除要素流动障碍，如边境障碍、运输成本和贸易成本较高等。此外，由于空间分工中包含了区域产业分工，从区域产业协同角度来看，空间结构的演化过程，也是产业链整合和空间对接过程，通过核心城市产业扩散促进了城市边界地区的发展，并通过产业链整合与空间对接促进区域产业结构联动升级。

二　大湾区城市群的边界效应识别与边界增长潜力测算

边界效应是指跨经济体间由于行政区划、关境或国界分隔等形成的市场分割及要素流动障碍等，或者是不同行政主体及制度差异带来的分工协作障碍。从边界效应角度观察城市群空间协同关系，粤港澳大湾区不仅存在"一国两制"下跨关境的市场分割与要素流动障碍，而且在我国行政区划背景下也广泛存在城市间的市场分割与要素流动障碍以及分工协作障碍。同时，由于边界地带相邻城市间的发展势能差距和边界地区要素价格洼地的成本优势，边界地区往往是接受相邻城市产业扩散的再集聚空间，这种边界效应带来了边界地区的增长机会，而这种增长机会又取决于邻近城市间相互作用力的大小和产业结构的相似性或互补性特征。除特殊说明外，本文测算数据均源于广东省统计年鉴。

（一）基于行政单元的边界效应初步识别

粤港澳大湾区的边界效应，一是源于"一国两制"的关境阻隔，二是基于"行政区界"的市场分割，以及由上述两类边界引起的基础设施互联互通障碍，对城市间要素流动、产业分工协作和空间集聚与扩散模式的影响，从而导致城市间经济集聚与人口集聚的区位熵值存在较大偏离。可以用经济规模区位熵与人口规模区位熵之比定义"比较区位熵"，以显示这种偏离。根据粤港澳大湾区城市群比较区位熵值变化（见图2）可以初步推断，"一国两制"的边界效应使港澳的经济集聚优势比人口集聚优势更加明显，而且与珠三角九城市之间存在较大差异，其中香港的比较区位熵呈下降态势，澳门则呈上升趋势；珠三角九城市的比较区位熵总体偏低，但同样存在"行政区"边界效应，且九城市呈分化趋势，深圳、广州、珠海地位上升，而肇庆、江门和惠州地位下降。

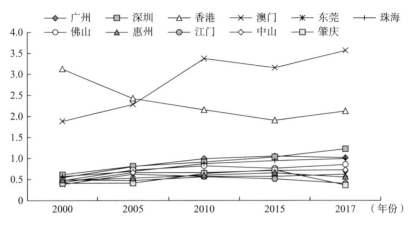

图2　粤港澳大湾区城市群比较区位熵值变化

（二）城市群空间相互作用力与核心扩散能力

本文用重力模型测算城市群空间相互作用力的方法如下：

$$R_{ij} = \frac{\sqrt{P_i G_i} \times \sqrt{P_j G_j}}{d^2}$$

　　其中，R_{ij} 为两城市间的作用力，P_i 和 G_i 分别为城市 i 的人口数量和 GDP 规模，d 为两城市间的距离（根据百度地图测算）。如果两城市规模不同，则城市 i 对城市 j 的作用力和城市 j 对城市 i 的作用力是不同的，为了体现不同规模城市相互作用力的差异，我们以城市人口数量和 GDP 规模之积共同定义的城市综合质量为权重，修正重力模型，令 r_{ij} 为城市 i 对城市 j 的作用力：

$$r_{ij} = k_{ij} \frac{\sqrt{P_i G_i} \times \sqrt{P_j G_j}}{d^2}, k_{ij} = \frac{P_i G_i}{P_i G_i + P_j G_j}$$

大湾区城市群具有典型的圈层结构特征，其中广州、深圳、香港位于核心圈层，扩散带动能力和接受辐射能力均较强，而佛山、东莞位于第二圈层，接受辐射能力明显大于对周边地区的带动能力。澳门由于经济规模与人口规模均较小，位于第三圈层。图3a显示了深圳在2005年接受辐射的能力要明显高于对周边的辐射带动能力，从2010年以后（见图3b、图3c、图3d），深圳对周边地区的带动作用明显加强，且超过接受辐射作用，两者之差为正值，其核心功能不断增强。而香港对周边地区的扩散带动作用不断减弱，2017年两者之差呈负值。城市间作用力越强，其边界扩散能力也越强，图3a~图3d（纵坐标值）也显示了2005~2017年城市群作用力整体呈不断上升态势。

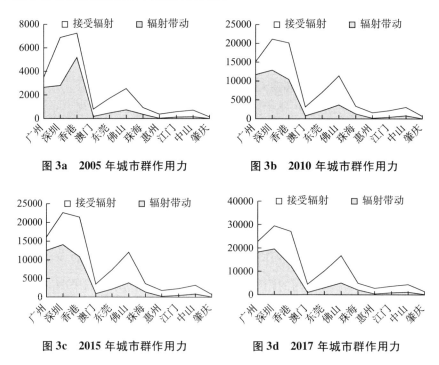

图3a　2005年城市群作用力　　　　图3b　2010年城市群作用力

图3c　2015年城市群作用力　　　　图3d　2017年城市群作用力

（三）基于"核心—边缘"的产业转移—扩散模式的边界效应

城市间的相互作用是通过要素流动及其载体的产业集聚与扩散过程来实现的，而城市间相互作用的空间又集中体现在边界地区。边界地区交通便利，具有土地供给相对优势等，是承接核心产业扩散和转移的空间。相邻城市的产业扩散，既可能源于核心集聚不经济引起的同质扩散，也可能源于产业结构差异性导致的分工协作或利用相邻城市的关联配套需求。以下分别从异质产业介入和同质产业关联扩散两个角度描述边界地区承接产业转移与产业扩散的增长潜力。

1. 异质产业的边界介入与边界增长潜力

借鉴余斌等人的方法，分析相邻两城市主导产业结构的相近性或差异性，判断边界地区主导产业介入机会（IO 系数）的测算方法如下：

$$IO = (M + N - 2R)/(M + N)$$

M、N 分别为相邻两城市的主导产业数，R 为两城市相同的主导产业数。

$M = N = R$，则两城市主导产业完全相同，同构引起竞争，边界地区的介入机会为 0；$R = 0$，则两城市主导产业完全异构，异构促进合作，边界地区的介入机会为 1；$M + N > 2R$，则两城市主导产业存在差异，边界地区的介入机会取值为 0~1。

图 4 显示的是珠三角九城市异质部门的边境介入机会（IO 系数），广州—佛山、广州—东莞、深圳—惠州、珠海—江门等城市边境都具有较高的异质介入机会，其中广州—东莞、深圳—惠州、珠海—江门的异质介入机会不断增加，广州—佛山则不断减少。广州—惠州也有较多的异质介入机会，但由于两地边界地区距离中心城市较远，因而实际介入机会不多。

2. 关联产业的边界集聚与边界增长潜力

边境地区产业集聚更可能与核心区的集聚不经济及产业扩散过程相关，产业同构的相邻两城市边界地区也可能成为同构产业的集聚空间，这样更便于利用核心城市的关联产业配套，并消除集聚不经济的负面影响，其关联扩散能力与两城市同构产业数量及相对规模有关，也与两城市间作用力相关，据此构建同构产业的边境增长潜力模型：

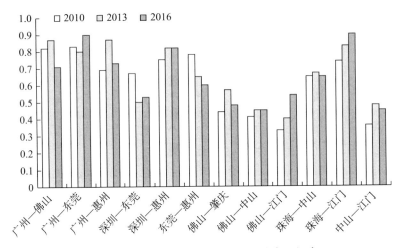

图4　珠三角九城市异质部门的边境介入机会

$$\gamma = \frac{\sum_{i}^{n}(F_{iA} + F_{iB})}{T_A + T_B} \times R_{AB}$$

上式中 γ 为同构产业的边境增长潜力，F_{iA} 和 F_{iB} 分别为城市 A 和城市 B 的同构产业 i 的总产业值（增加值），T_A 和 T_B 分别为城市 A 和城市 B 的制造业总产值，R_{AB} 为两城市间作用力系数。

图 5 显示的是同构产业边境增长潜力，广州—佛山、深圳—东莞、深圳—惠州之间具有较强的增长潜力，佛山—中山、佛山—江门、中

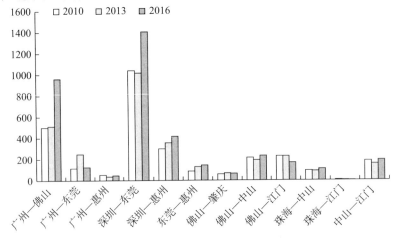

图5　同构产业边境增长潜力

山—江门之间亦具有一定的边境增长潜力；而珠海—江门、广州—惠州、佛山—肇庆之间的边境增长潜力较弱；东莞—惠州之间的边境增长潜力不断增强。此外，近年来广州—东莞两市的产业结构调整较为明显，其中2013年两市的纺织服装业、服饰业替代了酒、饮料和精制茶制造业，边境增长潜力明显提升。2016年广州市的纺织服装业、服饰业区位熵降至1以下，从而使两城市同构主导产业部门由2降为1，也导致同构产业的边境扩散潜力明显下降。

三 粤港澳大湾区"去边界化"空间协同模式及存在问题

粤港澳大湾区不仅涉及"一国两制"下的关境阻碍，也存在珠三角九城市间的行政分割和地方利益竞争。阻碍要素流动聚集和产业关联互动的城市边界广泛存在，基于市场的城市群分工协作关系难免受到地方政府的行政干预，地方政府间的利益协调和合作也是大湾区合作的重要议题。"去边界化"需要找准问题层次，从典型区域着手，以特定空间为载体，由点及面推进"去边界化"的空间协同过程。基于边界类型和协同关系可从以下三种空间协同模式着手。

1. 广东自贸区"先行先试"模式

广东自贸区三大片区作为我国改革开放的试验田，不仅承担了深化粤港澳合作领域的先行先试功能，而且在消除边境障碍领域进行了诸多尝试，并首创了南沙"智检口岸"高效通关模式等。广东自贸区三大片区推进"去边界化"，一是享有"负面清单"政策自由度，可发挥制度创新优势；二是存在与港澳毗邻的边界效应，有利于聚合三地要素优势；三是肩负成功经验的复制推广功能，其面向港澳开放的功能经验可进一步在大湾区建设中推广复制。

广东自贸区"去边界化"面临的主要问题在于，"负面清单"制度的创新功能没有得到充分发挥，深化改革开放动能尚显不足，需要借助大湾区规划来明确功能定位，充分释放制度创新优势和聚合要素的综合优势。

2. 广深科技创新走廊"创新示范"模式

《广深科技创新走廊规划》（以下简称《走廊规划》）对广深科技创新走廊的总体定位是"为全国实施创新驱动战略提供支撑的重要载体"，旨在打造广东产业升级示范空间和高科技产业的承载空间。具体定位为"全球科技产业技术创新策源地、全国科技体制改革先行区、粤港澳大湾区国际科技创新中心的主要承载区、珠三角国家自主创新示范区的核心区"，充分体现其"创新引领"和"创新示范"功能。其"引领"和"示范"功能不仅在于创新要素集聚机制，还体现为创新空间整合模式——充分利用穗莞深三市边界地区，该地区目前的开发程度不高、空间连贯性较好、可供地资源较为充足。走廊位于跨边界的三城区，在招商引资、行政审批、土地流转、人才流动等方面的行政壁垒也需要消除，因而广深科技创新走廊建设的"去边界化"也是突出问题，迫切需要城市间的合作共建。

广深科技走廊规划的主要问题包括三个方面：一是与现有自贸区的创新资源集聚形成空间竞争关系，二是《走廊规划》作为省级规划，在城市间统筹规划和整合港澳科技创新资源方面存在局限性，三是需要与大湾区建设科技创新中心的总体目标实现对接。

3. 城市边界"产业扩散—产业协作"模式

近年来，在珠三角城市边界地区也出现了新的产业集聚趋势，与之前实施的以"双转移"战略推动产业转移不同，这种产业集聚趋势是以市场为基础，主要利用城市边界地区的廉价土地供给和地理位置邻近及交通便利等条件，以镇为单位建设跨市合作的工业园区和科技园区，来承接中心城区的产业扩散，并形成了两种典型的边界增长模式：产业扩散模式和产业协作模式。产业扩散模式以深莞惠边境地区最为典型，深圳制造业企业向周边城市转移，带动了深莞、深惠边界地区的发展。产业协作模式的典型区域，如广州黄埔港与东莞珠江沿岸，围绕港口供应链，形成了加工—运输—出口—维修等一体化产业链条。城市边界增长的两种模式，在探索"去边界化"的实践中已积累了诸多成功经验，特别是对于处理产业转移与产业升级、协调传统产业与新兴产业的空间关系等都是有益的尝试。但这些模式也存在一些问题，如规划层次较低、与相关的省级或国家级等上位规划对接不充分、园区基础设施不完善、存在不同程度的粗放增长现象等，如果不进行科学的规划引导，则可能诱发新的边界问题，并演化成为大湾区区域协调发展的阻碍因素，因此需将其纳入大湾区产业和空间发展整体规划中予以统筹考虑。

四　促进大湾区空间协同发展的政策建议

大湾区"去边界化"既是深化行政体制改革的议题，也是促进要素与商品的市场一体化议题，涉及"一国两制"的基本制度、行政区分割、地方利益协调、国民待遇与公共服务供给均等化等一系列政治经济社会问题。解决这些问题需要一个长期过程，需要有长远设计和多方参与，应遵循"顶层设计、主体参与、多元治理、联席会议"原则，创新粤港澳大湾区区域合作机制，为此本文提出了完善粤港澳大湾区"去边界化"空间协同机制的相关对策建议。

1. 积极谋划和推动大湾区城市政府间确立联席会议制度

大湾区建设的主体是各城市政府，尽管城市政府的行政层级不同，但仍然需要搭建一个政府间的交流平台，以充分表达各自利益诉求、积极应对矛盾问题并探讨解决方案。

此外，大湾区建设需要创新公共决策机制，扩大社会参与范围，逐步建立和完善公共部门、私人部门、社会组织、市民共同参与的大湾区政策协调体系。可以在联席会议制度下，通过发展论坛或下设专门委员会咨询会议等形式，充分吸纳专业人士、社会组织或私人部门参与讨论区域合作发展议题，表达利益集团诉求和决策咨询建议等，从而确保大湾区建设多元治理体系的制度设计发挥有效作用。

2. 发挥南沙自贸区对港澳全面合作优势，加快推进"去边界化"

南沙自贸区在广东自贸区三大片区中占有面积绝对优势，加之优越的港口条件和良好的生态环境，在深化对港澳全面合作、构建一体化交通网络枢纽、打造优质生活圈等方面具有显著优势。而优势需要积极行动才能转化为现实，尽管前期已积累了诸多成功经验，但这些经验仍然是碎片化的，需要进一步梳理并积极复制推广，寻找新的实践突破口，以落实大湾区建设规划为主线，不断探讨新的"去边界化"实践领域，如进一步简化过关手续、改善港澳居民在自贸区的国民待遇和投资优惠环境等，并在南沙实施与"香港产业园（科技园）"和"澳门产业园（科技园）"相关的配套优惠政策，以及吸引海外、港澳科技人员在南沙落户的优惠政策等。

3. 整合大湾区科技创新资源，积极对接广东自贸区制度优势

依托广深科技创新走廊建设，整合穗莞深港澳科技创新资源和高技术产业发展的空间载体，使大湾区内的高新区、广深科技创新走廊、中新（广州）知识城、港深创新及科技园、南沙庆盛科技创新产业基地、粤澳合作中医药科技产业园等高新技术产业发展平台，对接广东自贸区的先行先试制度优势，以落实大湾区建设规划为契机，高标准统筹规划大湾区科技创新资源与高技术产业空间载体，打造全球科技创新资源的集聚高地和高技术产业的策源地，加快推进广东自贸区面向港澳开放的成功经验的推广应用，并在大湾区内率先应用推广。

4. 规划引导边界可持续增长，优化粤港澳大湾区协调发展的空间格局

市场的边界增长有利于促进要素自由流动和空间结构优化，大湾区城市应处理好"产业转移"与"产业升级"的空间关系。一方面，要充分利用市场机制促进传统产业边缘扩散，为新兴产业腾出发展空间。另

一方面，需要发挥规划引导作用，避免产业无序扩散，促进边界产业对接和协同发展，应尽快将目前城市边界地区的各类园区纳入统筹规划并与上位规划对接，以互利合作为原则规划边界可持续增长模式，促进粤港澳大湾区的协调发展和空间结构的持续优化。

参考文献

[1] 李建平：《粤港澳大湾区协作治理机制的演进与展望》，《规划师》2017 年第 11 期。

[2] 龙建辉：《粤港澳大湾区协同创新的合作机制及其政策建议》，《广东经济》2018 年第 2 期。

[3] 向晓梅、杨娟：《粤港澳大湾区产业协同发展的机制和模式》，《华南师范大学学报》（社会科学版）2018 年第 2 期。

[4] 陈世栋：《粤港澳大湾区要素流动空间特征及国际对接路径研究》，《华南师范大学学报》（社会科学版）2018 年第 3 期。

[5] 彭芳梅：《粤港澳大湾区及周边城市经济空间联系与空间结构——基于改进引力模型与社会网络分析的实证分析》，《经济地理》2017 年第 12 期。

[6] 王方方、杨焕焕：《粤港澳大湾区城市群空间经济网络结构及其影响因素研究——基于网络分析法》，《华南师范大学学报》（社会科学版）2018 年第 4 期。

[7] 余斌、刘明华、朱丽霞、高军波、曾菊新：《城市群的边界效应与边界地区发展》，《地理科学》2012 年第 6 期。

[8] 广东省委、广东省人民政府：《广深科技创新走廊规划》，2017。

[9] 黄耀福、李敏胜：《粤港澳大湾区的再认识——从边界增长角度》，SUSY 城市化研究院，2018。

[10] 刘力：《粤港澳大湾区"去边界化"空间协同政策建议》，《决策参考》2018 年第 14 期。

基于 POI 大数据的城市群功能
空间结构特征研究[*]

——以粤港澳大湾区为例

巫细波　赖长强^{**}

摘　要： 以粤港澳大湾区为例，研究数据库支持下的 POI 大数据处理方法并采用空间核密度方法研究粤港澳大湾区的商业、产业、交通、科教文化、政务办公、生活居住、休闲等七类城市功能空间的结构特征，同时用 DBSCAN 和 OPTICS 空间密度聚类方法分析部分 POI 的空间结构特征。研究表明：粤港澳大湾区城市功能空间整体上呈现高度集聚特征；多中心城市空间结构特征明显；城市空间等级化和网络化特征显著；城市功能空间连片化特征明显。最后，对未来的粤港澳大湾区城市群空间结构发展提出建议：打造能够支撑世界级湾区的三大核心城市、构建功能区引领的城市空间体系、推进大湾区城市群功能区连片化建设、重视大湾区虚拟城市空间网络建设。

关键词： POI　大数据　城市功能空间结构　粤港澳大湾区

---

* 本文系广州市社科规划课题"加快广清一体化战略思路与对策研究"（2017GZZK05）阶段性成果，由广州国家中心城市研究基地资助。

** 巫细波，广州市社会科学院副研究员，研究方向为区域经济、汽车产业、GIS 与空间计量方法应用；赖长强，广州市社会科学院助理研究员。

一　引言

城市群作为世界各国参与全球竞争的重要地理单元，受到国内外众多专家学者的关注[1]，已上升为国家战略的粤港澳大湾区[2]有望成为国家建设世界级城市群和参与全球竞争的重要空间载体，然而"三种制度、三种货币"共存一区的独特现象使粤港澳大湾区城市群空间结构优化存在诸多问题，非常有必要对其城市功能空间的整体和局部特征展开深入研究。对城市功能空间的研究兴起于 20 世纪 20～40 年代的西方发达国家。[3]随着城市规模的快速扩张及超大型城市群数量的快速增长，出现了各种城市问题，学者们针对城市与城市群的空间扩展[4-5]、产业空间[6]、交通空间[7]、社会问题[8]等进行了深入的研究。国内学者对城市功能空间相关问题的研究多为一般性理论及模型总结[9-10]，侧重于从单一城市的产业[11]、商业办公[12-13]、居住[14]、空间形态与格局[15-16]等视角对城市功能空间展开研究。随着城市群朝网络化[17]演进，城市功能空间快速重构与扩张并存，基于常规统计和调查的城市群空间结构研究显得不够精细，对城市功能空间的局部细节，尤其是行政边界接壤区城市功能空间的分析难以深入，基于大量 POI 数据、卫星影像、社交媒体数据等展开的研究显得很有必要。POI 数据源于地图导航服务，具有精度高、覆盖范围广、更新快、数据多等特点，在城市研究中得到越来越广泛的应用。POI 大数据不但能够分析城市整体的空间结构，对不同类型城市功能空间的识别、定量研究及局部细节分析也非常有效。目前，国内外学者基于 POI 数据的城市研究多集中在城市结构研究[24]、商业业态分布[25-26]、城市边界提取[27]、城市人口时空变化[28-29]等方面，研究方法主要为核密度分析、平均近邻分析、空间点模式等。目前利用 POI 数据对城市功能空间的研究大多局限于单一城市，对大规模城市群空间结构的研究还较少且数据量不足百万级。为此，本文以粤港澳大湾区为例，研究数据库支持下的 POI 大数据的处理方法并采用核密度、DBSCAN（Density-Based Spatial Clustering of Applications with Noise）[30] 和 OPTICS（Ordering Points to Identify the Clustering Structure）[31] 密度聚类方法分别对商业、产业、交通、科教文化、政务办公、生活居住、休闲等七大城市功能空间的整体和局部结构展开评价，研究探讨粤港澳大湾区城市群功能空间结构的总体特征和发展趋势，并提出优化粤港澳大湾区城市功能空间的对策建议。

二　数据与方法

（一）研究数据

POI 数据是一种能够代表真实地理实体的点状数据，一般包含点要素的名称、类别、经纬度、电话以及地址等基本信息。本文采用的 POI 数据通过第三方网络数据爬虫工具从高德地图开放平台获取，数据获取时间为 2017 年 8 月。原始数据共包含汽车服务、汽车销售、餐饮服务、购物服务、生活服务、医疗保健服务、住宿服务、商务住宅、政府机构及社会团体、科教文化服务、交通设施服务、金融保险服务、公司企业等 23 类数据。本文侧重研究粤港澳大湾区的城市功能空间结构，因此从生活居住空间、政务办公空间、商业空间、产业空间、科教文化空间、休闲空间及交通空间等七个方面对 POI 数据进行分类重组（见表 1）。

表 1　粤港澳大湾区七类城市功能空间 POI 数据构成情况

城市功能空间	所含 POI 类型	POI 数量（个）	占比（％）
生活居住空间	住宅区 1203、商务住宅 1200、生活服务（大类 07）、医疗保健（大类 09）、公共设施（大类 20）	893131	18.20
政务办公空间	政府机构及社会团体（大类 13），包括政府机构 1301、社会团体 1304、外国机构 1302、公检法机构 1305 等	108232	2.21

续表

城市功能空间	所含 POI 类型	POI 数量（个）	占比（%）
商业空间	①汽车贸易服务，包括汽车服务（0100、0104、0105、0106、0107、0108、0109、0110）、汽车销售（大类 02）、汽车维修（大类 03）、摩托车服务（大类 04）②餐饮服务（大类 05）；③购物服务（大类 06）；④住宿服务（大类 10）	2424763	49.41
产业空间	产业园区 1201、公司企业（大类 17）、金融保险（1600、1601、1604、1605、1606）	1054327	21.49
科教文化空间	科教文化（大类 14），包括学校 1412、科研机构 1413、培训机构 1414 等	122403	2.49
休闲空间	风景名胜（大类 11）、体育休闲（大类 08）	98125	2.00
交通空间	交通设施（大类 15）、加油站 0101、加气站 0103、充电桩 0111、其他能源站 0102 等	206115	4.20

注：每类 POI 名称后面的数字表示其在高德 POI 数据中的分类编码。

资料来源：根据高德地图整理。

（二）研究方法

基于单机数据库的大数据分析方法。本文采用的 POI 数量接近 500 万条，传统上基于 Excel、TXT、CSV 等文件系统的数据处理和分析方法已不能胜任，因而必须借助大数据[32]分析方法。大数据这一概念在不同领域的内涵具有较大差别，相对于传统社科研究的数据数量规模，数据量超百万级足以称得上大数据，因此分析大规模的数据时必须考虑数据存储、过滤、移植和检索的效率。综合考虑之后，本文的 POI 数据处理可以采用 PostgreSQL 数据库系统（版本为 10.4），作为免费、具备 Post-GIS[33] 空间数据处理模块而且功能强大的关系型数据库系统，非常适合开展各类基于 POI 大数据的科学研究。因此，本文先将 POI 数据导入 PostgreSQL 数据库，然后进行检索、分类、合并、制图等。

空间核密度分析方法。这是一种将离散数据进行空间平滑处理形成连续分布密度图的方法，能够有效地分析离散数据的空间分布特征和趋势。本文采用 ArcGIS 软件进行核密度计算，为显示不同区域的 POI 数据密度差异，需要对栅格数据进行分组分级，本文主要采用自然断裂法进行分组统计并显示。

空间密度聚类方法：DBSCAN 和 OPTICS。这两种分析方法都是基于密度的聚类方法，各有优缺点，配合使用则有助于对 POI 大数据进行空间聚类分析。其中，DBSCAN 方法的主要特点是计算速度较快、对内存要求不高、能够发现任意形状的聚类，但对初始参数较为敏感。OPTICS 算法借助可达距离排序图更容易获取合理的初始参数，也可以获得不同密度的聚类，能够按照密度分布将空间中的数据进行聚类。本文采用 R 语言的"DB-Scan"软件包进行空间密度聚类计算。

三　粤港澳大湾区七类城市功能空间结构特征

对粤港澳大湾区商业空间、产业空间、交通空间、科教文化空间、政务办公空间、生活居住空间及休闲空间等七类城市功能空间的 POI 数据进行空间布局的整体特征分析，用 DBSCAN 和 OPTICS 密度聚类方法分析某些细分 POI 数据的局部结构特征。

（一）商业空间

作为城市最主要的功能之一，商业活动及其空间结构历来都是城市地理学和城市经济学研究的重要内容，合理的商业空间结构是城市繁荣发展的重要依托。城市商业空间一般被看作商业活动的空间载体，指各种商业类型的空间形态以及它的分布和配置情形，是城市商业活动销售和消费因素相互作用的动态关系在商业业态、等级、规模、组织等方面的空间体现。根据高德地图 POI 数据特点，本文研究的商业空间 POI 类型主要包括餐饮服务、购物服务、汽车销售、汽车维修、摩托车服务、汽车服务及相关等。其中，广州地区的商业 POI 数量占整个大湾区的 22.62%，其次为深圳占 19.66%，香港和佛山的商业 POI 占比分别为 3.11%、12.88%。对商业 POI 数据进行核密度分析，结果显示：整个大湾区商业空间 POI 高密度区域分布不均衡，高密度区域主要分布在广州主城区及珠江东岸的深圳及东莞，珠江西岸则分布有零散的高密度集聚区，其中商业 POI 密集区域为广州主城区，而且形成了连片的高密度商业空间，每平方千米的商业 POI 数据超过 1000 个，达到 1239 个/千米^2，与佛山禅城形成了高密度连片商业 POI 集聚区，广州南部的南沙地区则还未形成较大规模的商业 POI 聚类。珠江东岸沿江高速则形成了带状的高密度集聚区，从东莞的莞城、虎门、长安到深圳的宝安、南山、福田等区域，这些区域的商业 POI 密度超过 600 个/千米^2。大湾区外围的肇庆、江门及惠州等区域只在主城区形成规模较小的商业 POI 集聚区，大部分外围区域分布着零星的商业集聚区。

(二) 产业空间

产业是城市和区域经济社会发展的核心，产业空间反映了产业各部门、各要素、各链环在地域空间上的分布态势和组合。由于产业本身内涵丰富、类型多样，本文根据高德地图 POI 数据特点，主要从公司企业、产业园区及金融行业三个方面来反映大湾区的产业空间结构，因此 POI 数据主要包括公司企业、知名企业、公司、工厂、产业园区、金融保险服务机构、银行、保险公司、证券公司、财务公司、农林牧渔基地等 11 种类型。

1. 总体特征

总体上看，大湾区的产业空间 POI 数据达到 105.43 万个，整体集聚及多中心布局特点非常明显，主要分布于深圳和广州，数量占比分别为 25.53% 和 20.78%，珠江东西两岸呈现密集分布特征。对大湾区产业空间 POI 进行核密度分析，结果显示：产业空间 POI 高密度区域主要分布于珠江东岸，"广州主城区—东莞—深圳—香港"形成了连片的高密度集聚区，这些区域的 POI 密度超过 254 个/千米^2，广州天河、越秀，东莞莞城，深圳南山、福田，香港九龙，佛山禅城等区域的产业空间 POI 密度超过 590 个/千米^2，局部区域密度高达 841 个/千米^2。

2. 金融保险 POI 局部空间分布特征

采用 DBSCAN 和 OPTICS 密度分析方法分析粤港澳大湾区金融保险 POI 的局部空间结构特征。金融 POI 数据主要包括金融保险服务机构、银行、保险公司、证券公司、财务公司等 5 类。根据核密度分析可知：广州天河、深圳南山、香港岛构成大湾区的三大金融保险集聚中心，POI 数据密度超过 69 个／千米^2；次级集聚区包括佛山禅城、珠海香洲、东莞莞城、惠州惠城等区域，POI 数据密度超过 17 个／千米^2。为了进一步研究金融保险 POI 的局部集聚特点，本文采用 DBSCAN 空间密度聚类方法进行分析。为确定 DBSACN 方法的初始参数，本文采用 R 语言"DB-Scan"软件包中的 OPTICS 方法（参数 MinPts 设置为 25，即最小聚类数）得到金融 POI 数据的可达距离排序图，根据可达距离排序图将 EPS 参数设置为 0.009（实际空间距离约为 1 千米①）可以得到较好的聚类结果。用 DBSCAN 方法（参数设置为：EPS = 0.009，MinPts = 25）对金融 POI 数据进行空间聚类分析，结果显示：在整个大湾区识别出 163 个金融保险 POI 聚类，其中最大的聚类在广州主城区，包括天河、越秀、荔湾、海珠及白云南部地区，金融 POI 数量高达 6043 个；深圳主城区识别出两个大型聚类，POI 数量分别达到 7579 个和 1148 个；香港的九龙和香港岛也出现两个大型集聚区，POI 数量分别达到 1716 个和 1175 个，香港岛上的金融网点沿岛形成了典型带状集聚区；佛山禅城形成了一个类似球形的金融网点集聚区，POI 数量达到 1654 个；东莞莞城则形成了一个数量达到 1900 个的大型金融网点集聚区；珠海香洲与澳门半岛形成了一个连片的高密度集聚区，POI 数量达到 1819 个。

（三）交通空间

交通空间是支撑城市功能的骨架，对城市不同功能空间的集聚与扩

---

① 由于直接采用地理经纬度坐标数据进行空间聚类分析，因此 POI 之间的距离数值非常小，经纬度数据与距离长度数据之间的换算关系为：1 度≈111 千米。

散具有重要的促进与引导作用。作为各功能空间要素流动与交换的载体与通道，交通空间对各个城市功能空间的组织优化具有重要意义。根据不同交通功能空间的作用差异，城市交通空间可分为动态交通空间和静态交通空间，其中动态交通空间主要包括城市道路网、轨道等，静态交通空间包括停车场、交通枢纽及附属设施等。根据高德地图 POI 数据特点，交通空间 POI 数据主要包括加油站、加气站、充电站、机场相关、火车站、港口码头、长途汽车站、地铁站、公交车站、停车场、过境口岸等 16 个类型，此外还结合道路、铁路及地铁路网地理数据对大湾区交通空间结构进行研究。目前，大湾区的高速公路总里程达到 7673 千米，铁路运营总里程达到 5500 千米，城际轨道总里程为 1430 千米，机场主要包括香港、广州、深圳、澳门、珠海等地的 5 座干线机场，形成了以深圳港、香港港、广州港、珠海港等为核心的大湾区港口群。对交通空间 POI 进行核密度分析，结果显示：整个大湾区将广州和深圳主城区作为两大一级交通核心，佛山禅城、广州花都、东莞莞城、惠州惠城、香港九龙、珠海香洲等区域形成了大湾区的二级交通中心，广州从化街口、增城荔城、佛山三水及高明、江门开平、肇庆高要及四会、珠海斗门、惠州惠阳等区域形成了第三级交通中心。其中，一级交通核心的 POI 密度超过 87.6 个/千米^2，局部区域的密度高达 165.2 个/千米^2，二级交通中心的 POI 密度则超过 32.5 个/千米^2，三级交通中心的 POI 密度则超过 9.8 个/千米^2，其他区域的交通空间 POI 密度均低于 2.6 个/千米^2。

总体上，大湾区的双核心、路网等级化、网络化空间结构特征非常明显。将普通公路、高速公路、铁路、地铁线路及站点绘制在一张地图上，可以从总体上反映粤港澳大湾区的交通路网空间布局特征。不管是公路、铁路还是地铁，广州、深圳均为一级枢纽，成为大湾区交通路网的两大核心，在地铁方面显得尤为突出，现有地铁站点大部分分布在广深两地，珠江西岸的地铁站点还较少，只在佛山有少量分布。对大湾区的公路路网进行空间密度分析，结果显示：整个大湾区沿珠江两岸形成了高密度路网分布区，其中广州、深圳主城区的道路密度超过10.12千米/千米^2，为大湾区公路网的一级核心区，广佛、深港则形成了两个连片的高密度路网集聚区；广州花都、东莞莞城、珠海香洲、中山石岐、江门蓬江等区域则形成路网二级核心区，江门开平、惠州惠城、肇庆主城区，道路密度超过4.33千米/千米^2；广州从化及增城等区域则形成三级路网核心区，道路密度超过1.44千米/千米^2。

（四）科教文化空间

科教文化空间是指城市教育科研及文化服务机构所占用的空间，如中小学校、幼儿园、大中专院校、科研机构等所占用的空间。根据高德地图POI数据特点，本节研究的科教文化空间POI主要包括科教文化场所、博物馆、展览馆、会展中心、美术馆、图书馆、科技馆、天文馆、文化宫、档案馆、文艺团体、传媒机构、学校、科研机构、培训机构、驾校等16个类型。其中，广州在大湾区的科教文化空间POI中处于核心地位，数量占比达到27.7%，尽管这还不能说明广州的科教文化竞争力和辐射影响力处于绝对优势地位。从细分类型看，其在科研机构、天文馆、科技馆、文化宫、展览馆、会展中心等细分类型中占有绝对优势，数量占比均超过30%，分别为48.30%、44.44%、41.57%、39.15%、35.60%、34.32%；深圳科教文化空间POI数量占比同样超过21.60%；尽管香港的科教文化空间POI数据占比仅为6.54%，但其高等院校和科研机构的影响力仍然在大湾区处于核心地位。对大湾区的科教文化空间POI进行核密度分析，结果显示：在广州主城区形成了一个大规模的科教文化空间POI高密度集聚区，此为一级核心区，POI密度超过92.2个/千米^2，广州天河局部地区达到121个/千米^2；深圳和香港则成为二级核心区，POI密度超过49个/千米^2，深圳的福田和南山凭借高科技企业及越来越多高等院校的集聚，在大湾区的技术创新方面将发挥越来越重要的作用；佛山禅城、东莞莞城、惠州惠阳、中山石岐、珠海香洲、广州番禺及花都、肇庆端州等区域成为三级核心区，POI密度超过23.4个/

千米^2。

（五）政务办公空间

政务办公空间是城市空间的重要组成部分，其空间结构总体上反映了城市政府行政资源的空间配置情况，由于我国的城市功能布局与政务办公空间具有密切关系，大部分城市功能均围绕政务办公功能展开。在高德地图 POI 数据中主要包括政府机关、外国机构、民主党派、社会团体、公检法机构、交通车辆管理、政府及社会团体相关、工商税务机构等 8 类 POI 数据。对大湾区政务办公空间 POI 进行核密度分析，结果显示：大湾区政务办公空间 POI 呈现超级大核心，等级化及网络化空间布局特征明显。其中，广州主城区的政务办公空间 POI 密度超过 98.1 个/千米^2，越秀、天河等局部区域达到 130.9 个/千米^2，成为大湾区政务办公空间 POI 的超级大核心，这也是广州成为大湾区核心城市的重要空间支持；香港、深圳、东莞、佛山等城市主城区则形成次级中心，其政务办公空间 POI 密度超过 31.4 个/千米^2。广州花都、从化、番禺、增城，珠海香洲，中山石岐，江门蓬江、开平，肇庆端州、高要，惠州惠阳等区域形成第三级中心，POI 密度超过 19.5 个/千米^2，不同等级的核心区通过公路、铁路网形成网络化空间结构。

（六）生活居住空间

生活居住空间是城市空间的重要组成部分，不仅具有物质的地理空间表现形式，还是蕴含着社会关系的社会空间，对城市空间结构有重要影响。根据高德地图 POI 数据特征，本文研究的生活居住空间 POI 主要包括住宅区、医院、事务所、人才市场、美容美发店、搬家公司等 36 种类型。其中，广州、深圳两市作为粤港澳大湾区的超大规模人口集聚区，其生活居住空间 POI 数量占比较高，分别达到了 24.16%、20.97%，香港生活居住空间 POI 数量占比为 6.73%，但由于作为大湾区人口密度最高的区域，其住宅区 POI 数量在细分类型的占比高达 21.63%。对大湾区生活居住空间 POI 进行核密度分析，结果显示：大湾区生活居住空间 POI 在空间布局上呈现等级化、网络化及高密度连片化特征。其中，在广州主城区形成了"L"形的大规模集聚区，深莞则沿交通干线形成了"ε"形的连片高密度集聚区，香港九龙、佛山禅城、广州化都及番禺、惠州惠城、珠海香洲、江门蓬江、肇庆端州等区域则形成了次级高密度集聚区，外围区域的 POI 则主要围绕县域中心形成了密度较小的三次中心区。其中，广州主城区形成了一个规模较大的连片高密度核心区，生活居住空间 POI 密度超过 424.0 个/千米^2，局部地区达到 730.3 个/千米^2，香港九龙、深圳福田及南山、东莞莞城、佛山禅城、广州花都及番禺、珠海香洲等区域则形成了规模较小的次级核心区，POI 密度超过 234.9 个/千米^2，三次中心区的 POI 密度则超过 14.3 个/千米^2。

（七）休闲空间

休闲娱乐场所是城市空间的重要组成部分，休闲空间已经成为衡量现代城市生活质量的重要标志之一。总体而言，城市休闲空间是由实体物质空间、休闲行为空间、社会空间耦合而成的空间体系。在高德地图 POI 中，休闲空间 POI 主要包括体育休闲服务场所、运动场馆、高尔夫相关、娱乐场所、度假疗养场所、休闲场所、影剧院、风景名胜相关、公园广场、风景名胜等 10 类。广州、深圳两个城市的休闲空间 POI 数量占比均超过 20%，分别达到 23.44%、21.39%，广州地区各种休闲空间 POI 数量占比基本超过 20%。香港的 POI 数量占比为 10.60%，其中度假疗养场所细分类型的 POI 数量占比较高，达到 26.81%。对休闲空间 POI 进行核密度分析，结果显示：大湾区休闲空间 POI 在空间布局上呈现等级化、网络化及高密度连片化特征。其中，在广州越秀、香港九龙形成了大规模高密度核心区，休闲空间 POI 密度超过 35.4 个/千米^2，局部区域密度达到 66.2 个/千米^2，同时在广州、深圳两地主城区均形成了连片高密度集聚区；深圳福田及南山、佛山禅城、广州花都及番禺、惠州惠城、珠海香洲、江门蓬江、肇庆端州等区域则形成了次级高密度集聚区，外围区域的 POI 则主要围绕县域中心形成了密度较小的三次中心区。

四 结论与建议

（一）结论

基于海量 POI 数据并借助核密度和空间密度聚类方法可以全新视角分析粤港澳大湾区城市群的功能空间结构的整体特征，研究发现了以下几点。

（1）粤港澳大湾区城市功能空间整体上呈现高度集聚特征。广州、深圳两大城市主城区均形成了大规模的高密度集聚区，香港九龙、东莞莞城、佛山禅城则形成了次级高密度集聚区，惠州惠阳、珠海香洲、广州花都及番禺、中山石岐、江门蓬江、肇庆端州等区域则形成了更小规模的集聚区。

（2）多中心城市空间结构特征明显。广州、深圳、香港三大城市主城区是粤港澳大湾区城市空间的三大中心，各类城市功能 POI 均呈现高度集聚特征，对七类城市功能空间 POI 的数据分析也支持这一论断，三大中心在不同领域具有比较优势。其中，广州在政务办公、科教文化、商业、交通等方面占有数量优势，是大湾区政治、文化、商业及交通功能空间的核心；深圳在产业、科技创新等城市功能空间占有相对优势，成为大湾区新兴信息技术产业及产业科技创新的核心引擎；香港则在国际化功能空间、高等级科研空间等方面具有相对优势。

（3）城市空间等级化和网络化特征显著。粤港澳大湾区城市空间以广州、深圳、香港等城市主城区为中心，借助完善的公路、铁路、水运及航空立体化交通网络，逐渐形成了等级化、网络化特征明显的城市空间结构，整个大湾区城市空间结构主从关系明确，核心城市突出。其中，佛山禅城、东莞莞城、珠海香洲、中山石岐、江门蓬江、肇庆端州、广州花都及番禺等区域形成了大湾区次级中心区。东莞虎门及长安、惠州博罗及惠东、佛山三水及高明、广州从化及增城、肇庆四会及高要、中山小榄与古镇、珠海斗门等区域则形成了三级中心城市；大湾区外围区域则围绕县域中心形成各类POI小规模集聚区，成为大湾区城市网络结构体系的重要节点城市。三大层次城市通过实体交通网络与虚拟信息网络形成了体系化、等级化、网络化特征显著的城市空间结构。

（4）城市功能空间连片化特征明显。随着珠三角城市一体化不断深入发展，大湾区内部各城市之间的经济与人员往来日益频繁，各类城市功能空间POI不但在各自城市行政边界内部形成POI连片高密度集聚区，也逐渐突破城市行政边界制约，促使各类城市功能空间POI在城市之间形成了连片化高密度集聚区，这种高密度连片化特征在生活居住空间、交通空间及产业空间等方面显得尤为明显，如广佛、深莞之间的居住空间POI连片化特征非常突出。

为进一步研究细分类型POI的空间结构特征，本文以金融保险POI为例，采用DBSCAN和OPTICS空间密度聚类方法进行分析，研究表明：相对于只能分析整体结构特征的核密度方法，密度聚类的方法能够分析城市功能空间的局部特征和细节，对于每一聚类的规模、空间形态、密度等均能进一步展开深入分析。此外，借助开源PostgreSQL数据库系统使POI大数据的处理与分析成为可能，而且数据分类、合并检索及制图都非常便捷，这也为基于POI大数据的社会科学研究提供了经验借鉴。

（二）建议

基于POI大数据的分析可以看出，粤港澳大湾区城市群空间结构呈现三中心、网络化、连片化特征，这表明大湾区城市群空间结构具备较高的一体化水平。然而粤港澳大湾区存在制度特区、经济特区、副省级城市、一般地级市等各类城市，"一区三制度、三种货币"现象尤为独特，因此要建设成为世界级湾区并代表国家参与全球竞争，其城市群空间结构优化升级还面临诸多问题，而体制方面的问题尤其突出。可以预见，随着全球化、区域化、信息化及智能化的加速推进，粤港澳大湾区城市群空间结构将朝现实与虚拟空间融合智能化、更加互联互通的网络化及更加开放的方向演进。为此，对未来粤港澳大湾区城市群空间结构发展提出几点建议。一是打造能够支撑世界级湾区的三大核心城市，弱化核心城市的分割竞争，推动大湾区内部核心城市之间在经济、社会、文化领域的全方位合作对接与融合发展。二是构建功能区引领的城市空间体系，树立政府推动、市场主导的发展观，主动按照比较优势的原则推动人才、资本、技术、创新等要素在湾区的合理化配置，引导高端要素资源向重大产业、科技创新等功能区集聚。三是推进大湾区城市群功能区连片化建设，弱化行政边界，强化功能区引领，舍弃传统以行政单元为基础的思维，加强对跨区域合作功能区的开发建设与合理布局。四是重视大湾区虚拟城市空间网络建设，依托智能化及信息化手段推进大湾区建设能够安全高效地连接国内外的虚拟城市网络空间。

参考文献

［1］汪彬：《国内外城市群理论发展演进及研究动向》，《区域经济评论》2018 年第 1 期。

［2］张日新、谷卓桐：《粤港澳大湾区的来龙去脉与下一步》，《改革》2017 年第 5 期。

［3］张京祥：《西方城市规划思想史纲》，东南大学出版社，2005。

［4］L. Poelmans & A. Van Rompaey, "Complexity and Performance of Urban Expansion Models," *Computers, Environment and Urban Systems* 2010（1）：17 – 27.

［5］J. Cutsinger & G. Galster, "There is No Sprawl Syndrome：A New Typology of Metropolitan Land Use Patterns," *Urban Geography* 2006（3）：228 – 252.

［6］F. Gilli, "Sprawl or Reagglomeration? The Dynamics of Employment Deconcentration and Industrial Transformation in Greater Paris," *Urban Studies* 2009（7）：1385 – 1420.

［7］T. Yigitcanlar, N. Sipe, R. Evans & M. Pitot, "A GIS-based Land Use and Public Transport Accessibility Indexing Mode," *Aust Planner* 2008（3）：30 – 37.

［8］ P. Higgins, J. Campanera & Nobajas, "Quality of Life and Spatial Inequality in London," *European Urban and Regional Studies* 2014（1）：42 – 59.

［9］ 柴彦威：《以单位为基础的中国城市内部生活空间结构：兰州市的实证研究》，《地理研究》1996 年第 1 期。

［10］ 刘贤腾、顾朝林：《解析城市用地空间结构：基于南京市的实证》，《城市规划汇刊》2008 年第 5 期。

［11］ 刘艳军、李诚固、徐一伟：《城市产业结构升级与空间结构形态演变研究：以长春市为例》，《人文地理》2007 年第 4 期。

［12］ 温锋华、许学强：《广州商务办公空间发展及其与城市空间的耦合研究》，《人文地理》2011 年第 2 期。

［13］ 张景秋、陈叶龙、张宝秀：《北京市办公业的空间格局演变及其模式研究》，《城市发展研究》2010 年第 10 期。

［14］ 张文忠、刘旺、李业锦：《北京城市内部居住空间分布与居民居住区位偏好》，《地理研究》2003 年第 2 期。

［15］ 陈江龙、高金龙、徐梦月、陈雯：《南京大都市区建设用地扩张特征与机理》，《地理研究》2014 年第 3 期。

［16］ 渠爱雪、卞正富：《徐州城市建设用地空间格局特征及其演化》，《地理研究》2011 年第 10 期。

［17］ 李涛、张伊娜：《企业关联网络视角下中国城市群的多中心网络比较研究》，《城市发展研究》2017 年第 3 期。

［18］ 郭洁、吕永强、沈体雁：《基于点模式分析的城市空间结构研究——以北京都市区为例》，《经济地理》2015 年第 8 期。

［19］ 李刚：《基于遥感技术的城市内部生态边界研究》，硕士学位论文，西南科技大学，2018。

［20］ 张浩：《南京都市圈城市建成区扩展遥感监测与分析》，硕士学位论文，南京大学，2017。

［21］ 陈佐旗：《基于多源夜间灯光遥感影像的多尺度城市空间形态结构分析》，博士学位论文，华东师范大学，2017。

［22］ 姜伟：《基于社交媒体顾及空间效应的商业区竞争选址研究》，博士学位论文，武汉大学，2017。

［23］毛峰：《基于多源轨迹数据挖掘的居民通勤行为与城市职住空间特征研究》，博士学位论文，华东师范大学，2015。

［24］康雨豪、王玥瑶、夏竹君、池娇、焦利民、魏智威：《利用 POI 数据的武汉城市功能区划分与识别》，《测绘地理信息》2018 年第 1 期。

［25］薛冰、肖骁、李京忠、姜璐、谢潇：《基于 POI 大数据的城市零售业空间热点分析——以辽宁省沈阳市为例》，《经济地理》2018 年第 5 期。

［26］陈蔚珊、柳林、梁育填：《基于 POI 数据的广州零售商业中心热点识别与业态集聚特征分析》，《地理研究》2016 年第 4 期。

［27］许泽宁、高晓路：《基于电子地图兴趣点的城市建成区边界识别方法》，《地理学报》2016 年第 6 期。

［28］郭翰、郭永沛、崔娜娜：《基于多元数据的北京市六环路内昼夜人口流动与人口聚集区研究》，《城市发展研究》2018 年第 12 期。

［29］淳锦、张新长、黄健锋、张鹏程：《基于 POI 数据的人口分布格网化方法研究》，《地理与地理信息科学》2018 年第 4 期。

［30］M. Ester, H. P. Kriegel, J. Sander & X. Xu, "A Density-Based Algorithm for Discovering Clusters in Large Spatial Databases with Noise," *in Knowledge Discovery and Data Mining*, 1996.

［31］孙天宇、孙炜、薛敏：《OPTICS 聚类与目标区域概率模型的多运动目标跟踪》，《中国图象图形学报》2015 年第 11 期。

［32］黄欣荣：《大数据的语义、特征与本质》，《长沙理工大学学报》（社会科学版）2015 年第 6 期。

［33］王远飞、何洪林：《空间数据分析方法》，科学出版社，2007。

粤港澳大湾区区域空间协作研究

——基于广深主要市辖区的比较

郭源园[*]

摘　要：本文基于经济发展水平、产业结构及发展动力、土地发展潜力、人才及科技作用四个维度，重点分析粤港澳大湾区内深圳与广州天河的六个主要市辖区在上述四个方面的异同。对比分析表明，南山区在大湾区范围内有明显的比较优势，天河区次之。同时，本文提出打造以南山区为增长极核、以天河区为副增长极核的空间发展构想，并探讨建立以南山区为中心的四向联动大湾区区域协同发展策略及建议。

关键词：粤港澳大湾区　区域经济　市辖区

一　引言

湾区是由一个海湾或若干个相连港湾、海湾及邻近岛屿共同组成的自然地理形态。[1] 从区域经济发展的角度来看，湾区集中了诸多优势资源及要素，并逐渐形成了具有一定特色的湾区经济。湾区经济不仅依托于湾区内城市的集聚，充分利用独特的交通区位优势并产生规模集聚经济效

＊　郭源园，香港中文大学地理与资源管理系博士研究生，研究方向为区域经济、城市交通等。

应，而且是港口经济和网络经济高度融合而成的一种独特的经济形态。[2-4]纵观全球经济发展，湾区经济已成为世界众多一流城市发展的共同趋势，如旧金山湾区、纽约湾区、东京湾区等。[5]湾区经济开放的经济结构、强大的集聚外溢功能、高效的资源配置能力、发达的国际交通网络等特征使其作为区域经济的高级形态之一，已被认为是一种高度开放的区域经济发展模式。[6]

我国湾区概念的形成最早源于粤港合作，并在香港与深圳合作共建的基础上提出了"香港湾区"（或"深港湾区"）的概念。之后基于更广范围的珠三角地区，又相继有了"港珠澳湾区"、"珠三角湾区"及"珠江口湾区"等湾区概念。[1]相关规划与政策文件亦把湾区合作列为重点。2003年，内地与港澳签署了关于货物贸易、服务贸易和贸易便利化的《关于建立更紧密经贸关系的安排》（CEPA）及一系列补充协议；2008年底，国家发改委发布的《珠江三角洲地区改革发展规划纲要（2008—2020年)》明确提出"支持共同规划实施环珠江口地区的'湾区'重点行动计划"，并推进珠三角与港澳地区的紧密合作，珠江口及粤港澳湾区的开发得以上升到国家战略层面；2009年《构建协调可持续的世界级城镇群：大珠江三角洲城镇群协调发展规划研究》提出，要构建珠江口湾区和广佛、港深、珠澳三大都市区的"一湾三区"集聚发展空间结构。[7-8]与此同时，在"一带一路"建设的背景下，粤港澳湾区的战略支点作用得以再次深化，在《推动共建丝绸之路经济带和21世纪海上丝绸之路的愿景与行动》中首次提出要充分发挥深圳前海、广州南沙、珠海横琴等开放合作区的作用，深化与港澳台的合作，打造粤港澳大湾区。[9]2016年出台的"十三五"规划又一次明确提出支持港澳在泛珠三角区域合作中发挥重要作用，推动粤港澳大湾区和跨省区重大合作平台建设。粤港澳大湾区作为我国重要的经济中心和改革开放的先行地区以及我国参与国际分工合作的重要平台，在全国经济社会发展和改革开放大局中具有突出的带动作用和战略地位。而随着我国发展更高层次的开放型经济，如何建设粤港澳大湾区并发挥其湾区经济的开放引领作用，已越来越受到国家的重视并逐渐上升到国家战略高度。

本文旨在通过对比分析大湾区内的主要市辖区（以广州和深圳两个核心城市的主要市辖区为主）在经济发展水平、土地开发潜力、人才及科技效用等方面的差异，以两市域内市辖区间的内部对比以及跨市域的市辖区的外部对比为比较视角，分析粤港澳大湾区内主要市辖区的核心定位，提出市辖区间的区域协作空间构想，进而阐述基于主要市辖区的粤港澳大湾区区域协同发展愿景。

二　大湾区概况

从空间范围来说，粤港澳大湾区指的是由广州、深圳、东莞、佛山、肇庆、惠州、珠海、中山、江门等广东省九市和香港、澳门两个特别行政区形成的以环珠江口湾区为核心的都市群。粤港澳大湾区南靠东南亚地区，东接海峡西岸经济区与台湾，北邻长江经济带，西与北部湾经济区相邻，区位优势突出。粤港澳大湾区为"湾区群""港口群""产业群""城市群"的叠加，有较高的经济开放程度和广阔的经济腹地，在面积、人口密度、经济规模等方面已经有成为世界级湾区的基础。

从区县层面来说，粤港澳大湾区共有37个区、12个县及县级市，同时还包括香港的18个区及澳门的7个堂区（类似内地的街道），其中东莞和中山为二级行政体系的地级市，不设区县。除香港外，两个核心城市的主要市辖区有位于深圳的南山区、福田区、宝安区等，广州的天河区、越秀区、黄埔区等，本文主要对这6个重点市辖区进行对比分析。从区位上看，深圳市南山区与香港之间隔着深圳湾，而福田区与香港仅一河之隔，两区同时毗邻深圳湾，宝安区则西靠珠江口，临湾的地理区位优势使三区在粤港澳大湾区的建设过程中有极大的后发优势。充分发挥南山、福田以及宝安的区位优势，发展对外贸易，加强国际交流，有助于推进大湾区的国际化，并满足海上丝绸之路的战略诉求。相比之下，广州各核心市辖区虽然不临海临湾，但沿珠江出海口一带分布，亦有较为便利的海上运输条件，尤其是作为我国的第五大港口及南大门，广州各市辖区在引领大湾区发展中扮演了重要角色。

三 大湾区市域市辖区对比

深圳和广州作为大湾区内除香港之外最为发达的两个城市，一南一北在大湾区内形成了一对区域"增长极"，带动着周边地市的发展，也对粤港澳大湾区的整体协同发展产生了积极作用。因此，有必要重点剖析深圳及广州两核心城市的主要市辖区在经济发展水平、产业结构、城市用地潜力、人才及科技效益等方面的差异，进而明确大湾区在市辖区层面的增长极核和发展轴。

（一）经济发展水平

大湾区内部市辖区的经济发展水平存在明显的区域差异，如表1所示。从经济总量来看，深圳南山区和广州天河区为大湾区的领头羊。与此同时，不同市辖区在各市范围内有着不同的城市定位，分工明确，在大湾区内扮演着各自的角色，共同推进大湾区的协调可持续发展。

表1 粤港澳大湾区主要市辖区发展水平对比（2016年）

指标 \ 市辖区	深圳			广州		
	南山区	福田区	宝安区	天河区	越秀区	黄埔区
面积（平方千米）	182	79	392	96	34	484
人口规模（万人）	114	136	302	155	116	108
经济总量（亿元）	3842	3560	3003	3801	2909	3006
地均GDP（亿元／千米^2）	21.11	45.06	7.66	39.59	85.56	6.21
人均GDP（万元／人）	33.70	26.18	9.94	24.52	25.08	27.83
人口密度（人／千米^2）	6264	17215	7704	16146	34118	2231

南山、福田及宝安三区在深圳市经济规模排名中占据前三位，并一起支撑了深圳近60%的经济总量。作为深圳市的核心市辖区，南山区历年来的GDP规模以及人均GDP均高于福田区，并远高于宝安区。但在地均GDP方面却大幅落后于福田区，作为深圳的金融中心和经济中心之一，福田区的地均单位产出在大湾区内仅次于广州的越秀区。从长远来看，深圳市三区三足鼎立的经济格局将会继续保持，但彼此间的规模差异将会逐渐变小。同样，广州天河区的经济规模在广州的经济大区中一直处于领先地位，而在人均产值方面，三区则基本在同一水平线上，黄埔区最高。但就地均产值而言，越秀区一枝独秀，大幅领先天河区和黄埔区，这表明越秀区有明显的经济集聚优势，而黄埔区则表现出良好的人力资源效益。总体而言，越秀区作为老城市中心，依然有非常高的经济发展水平，而天河区作为新晋的城市中心，在经济规模和经济效益上也有一定优势。

对上述6个主要市辖区在经济总量、地均及人均GDP三个经济指标方面的表现进行排序并作为其得分，排序求和之后得分最低的市辖区表明其经济发展水平最优。如表2所示，南山区表现最优，福田区和天河区并列第二。因此，总体而言，从经济发展水平来看，南山区可以作为粤港澳大湾区经济发展的主要增长核心，福田区和天河区可以作为重要的带动点。

表2　粤港澳大湾区主要市辖区发展排序打分（2016年）

指标 \ 市辖区	深圳			广州		
	南山区	福田区	宝安区	天河区	越秀区	黄埔区
经济总量（亿元）	1	3	5	2	6	4
地均GDP（亿元/千米^2）	4	3	5	2	1	6
人均GDP（万元/人）	1	3	6	5	4	2
排序求和	6	9	16	9	11	12

（二）产业结构

南山区是深圳重要的高新技术产业基地，高新技术产业是其经济发展的强劲动力和巨大支撑，以信息产业、现代服务业、互联网产业和文化创意产业为基础的新兴产业占据了90%以上的GDP，已经成为经济发展的"主引擎"（见表3）。此外，总部经济也是未来南山区经济发展的重要动力。第三产业是推动福田区经济发展的核心力量，尤其是金融业已成为福田区的第一支柱产业和重要引擎，金融业增加值达1245亿元（2016年），占全市金融业增加值的近一半。宝安区则是深圳市重要的工业基地之一，并已培育了以电子信息业、新型装备制造业、现代物流业等为核心的五大支柱产业。

表3 深圳三区各产业2015年增加值

单位：亿元

	产业类型	南山区	占全市比重	福田区	占全市比重	宝安区	占全市比重
产业结构	一产	0.7（0.02%）	12.37%	1.7（0.05%）	30.57%	0.52（0.02%）	9.19%
	二产	1986（54%）	27.56%	214（6.6%）	2.98%	1320（50%）	18.33%
	三产	1727（46%）	16.78%	3304（93%）	32.11%	1320（50%）	12.83%
主导产业	现代服务业	1348	18.89%	2276	31.90%	824	11.55%
	金融业	238	9.36%	1109	43.61%	203	7.98%
	战略新兴产业	2625	37.49%	565	8.07%	969	13.84%
	文化产业	594	58.18%	273	26.74%	226	22.14%
	高新技术产业	2300	39.33%	306	5.23%	672	11.97%
	规模以上工业	2000	29.48%	175	2.58%	1200	17.69%
	物流业	255	17.00%	240	16.00%	360	24.00%

注：深圳的战略性新兴产业包括互联网、生物医药、新能源、新材料、新一代信息技术产业及未来产业；物流业产值为"十二五"规划的预期产值。

　　相比之下，金融业、信息技术产业、商贸业、商务服务业是天河区的四大主导产业，并占据了全区GDP的六成，尤其以金融业为核心。与此同时，天河区逐渐开始依托其教育、科研及人才优势大力发展高新技术产业。天河区的优势在于科技创新、金融服务、总部经济等的综合均衡发展，同时它也是广州市现代服务业发展最为充分的区域。越秀区则以商贸业、金融业、健康医疗、文化产业为四大主导产业驱动经济发展，其中金融业是核心主导产业。相比之下，黄埔区是工业强区，二产比例高达67%，并在二产领域注重高新技术的投入，2015 年黄埔区的高新技术产值达到 3588 亿元，占全市的 42.61%，高新技术产业亦是黄埔区工业发展的重要动力（见表4）。

表4　广州三区各产业 2015 年增加值

单位：亿元

	产业类型	天河区	占全市比重	越秀区	占全市比重	黄埔区	占全市比重
产业结构	一产	1.46（0.4%）	0.64%	0	0	6.8（0.2%）	2.98%
	二产	421（11.6%）	7.28%	54（2%）	0.93%	1919（67%）	33.17%
	三产	3010（88%）	24.90%	2640（98%）	21.84%	952（32.8%）	7.88%
主导产业	现代服务业	2403	31.35%	1806	23.56%	—	—
	金融业	768.95	47.20%	805	49.42%	—	—
	商贸业	405.22	12.88%	567	18.03%	—	—
	商务服务业	397	26.47%	—	—	—	—
	信息技术产业	475	18.76%	—	—	—	—
	健康医疗	—	—	247	—	—	—
	文化产业	265	28.40%	190	20.36%	—	—
	高新技术产值	—	—	—	—	3588	42.61%
	规模以上工业产值	7.11%	38	0.21%	7036	38.00%	

注：高新技术产值和规模以上工业产值为总产值，不是增加值（区别于其他内容）。

相比之下，南山区的二产比例仍然过高，不过其高新技术产业及战略新兴产业的投入产出优势明显，而广州天河区的现状与南山区恰好相反，其三产比例过高，科技创新投入不及南山区，福田区、越秀区作为金融强区在新兴产业、高新技术产业方面差距较大。自"十三五"规划提出以来，南山区的三产比例从 2015 年的 46% 迅速提升到 2016 年的 54%，并且借助前海湾中心极力打造深圳新的金融中心，同时加快深圳湾超级总部及留仙洞总部基地的建设,因此在"十三五"期间,南山区有望补齐短板,建设成为产业结构足以带动大湾区的真正增长极核。[10] 同时,天河区也通过建设天河智慧城增加高新技术产业及科技创新产业的投入,并通过打造国际金融城进一步巩固其金融强区的地位,因此天河区亦可以作为大湾区北部片区的副增长极,与南山区形成联动之势。

(三)土地发展潜力

随着城市化的不断推进,土地资源的稀缺性逐渐凸显,土地供给与经济发展需求之间的矛盾极大地制约了城市的经济发展。城市土地资源的规模从本质上决定了城市发展的潜力,土地资源充足,城市开发和建设的土地成本则较低,产业布局也更为灵活,后发优势相对明显。与此同时,城市土地资源的供给不仅体现在土地资源的绝对量上,还体现在可用于开发的存量土地方面。对城市"三旧"用地进行城市更新,可以增加城市内部的存量用地,减少对增量土地的需求,从而增强城市经济发展的潜力。

福田区的土地空间资源相当紧缺,无论是在土地空间资源总量方面,还是在未来可利用的存量土地总量方面,与南山区和宝安区相比差距十分明显。不仅如此,福田区的多数城中村及旧住宅区位于城市中心,未来的土地更新成本和改造阻力会逐渐增加,对于土地空间资源的二次开发利用来说是阻碍因素。相比之下,处于价格洼地的南山北部片区的城市更新项目依然可以为南山区的经济发展提供相当可观的土地储备资源;反观宝安区,虽然土地资源总量及旧改规模大,存量充足,但是目前的土地利用程度相对较低,对经济发展的贡献还有进一步提升的空间。当然,如果充分利用旧改释放土地空间资源并作为战略储备用地,提高土地利用集约度并优化土地利用结构,宝安区的土地发展潜力是相当大的。

黄埔区在土地潜力方面有绝对优势,优化产业布局和土地利用结构,充分发挥土地资源的现有优势是黄埔区面临的最大挑战。在未来的一段时间里,黄埔区在土地空间资源上的巨大优势必将成为其后经济发展的有力支撑。相比之下，受限于行政辖区规模，越秀区的城市土地资源最为紧缺，通过高效的城市更新以实现土地资源的进一步释放是其激活现有土地资源带动经济发展的最优方式。而天河区的城市开发强度基本已达到较高水平，并形成了以金融、科技创新为核心的产业结构，土地利用效率较高，但在"三旧"改造方面仍有一定的潜力，如何激活这部分土地并合理高效地利用从而进一步支持该区的经济发展，将是其面临的重要问题之一（见表5）。

表5 六区土地空间资源对比（2016年）

单位：平方千米

指标 \ 市辖区	深圳			广州		
	南山区	福田区	宝安区	天河区	越秀区	黄埔区
总面积	182	79	392	96	34	484
城乡建设用地面积	95	57.38	187.3	86.6	约30	198.96
"三旧"城市更新面积	约13	9.05	约6.6	约10	约8	43.42

总体来看，辖区面积较大的宝安区和黄埔区在土地总量和存量上有得天独厚的优势，但值得注意的是可利用的建设用地往往位于远郊，远离城市中心，短期内土地开发带来的边际效益有限，难以起到促进区域经济发展的作用；而诸如越秀区、福田区、天河区等辖区面积较小的市辖区，土地资源极度稀缺，土地承载力已达极限，土地的二次开发必将以高成本为代价，因此其土地发展潜力也有一定劣势。相比之下，南山区不仅辖区面积适中（建成区面积现已达到112平方千米），还有相对充足的增量土地和存量用地（"三旧"改造用地）。因此，南山区若发挥其在空间资源上的后发优势，在一定程度上能够为全区乃至全市的经济可持续发展提供土地空间资源保障。

（四）人才及科技

人才是一座城市最宝贵又最稀缺的资源，也是城市发展必不可少的动力。未来城市与城市的竞争、城区与城区的比拼，归根结底是人才之间的较量。尤其自 21 世纪以来，在科学技术不断进步的背景下，只有拥有掌握技术的人才才能在不断发展的过程中占据先机，因此越来越多的城市开始出台相应的人才引进政策以带动地方科技的发展及经济的增长。

南山区作为深圳乃至全国的科技创新中心，致力于打造中国"硅谷"，对人才引进和出台相关政策相当重视。深圳市的 20 名全职院士中有 12 名在南山区，还拥有 2503 名高层次专业人才，建立起完善的人才梯队。相比之下，福田区拥有院士 2 人，深圳市高层次专业人才共有 515 人，仅占全市的 13%。截至 2016 年底，宝安区拥有院士 6 人，创新科研团队 22 个及高层次人才 1400 余人。随着人才强区战略的不断落实，南山区企业整体的自主创新能力显著增强，2016 年南山区的专利申请数量达47768 件，在全国仅次于海淀区。而在国际专利合作协定 PCT 申请方面，南山区高达 10389 件，位居全国第一。相比之下，福田区和宝安区的院士及高层次专业人才数量和对应的科技产出则相对较少。

作为高等教育资源较为丰富的南方城市，广州市历来注重人才的培养和引进，尤其是广州高校最为集中的天河区，目前拥有院士约 20 人。在专利申请方面，2016 年，该区专利申请量达 19767 件，其中发明专利申请量达 9659 件，均居广州各区之首。作为核心功能区的越秀区，也集聚了省创新领军人才、市"百人计划"等各类高层次专业人才约 200 人。黄埔区对人才引进极为重视，无论在人才的引进数量还是层次上都位居全市首位，其中吸引和培育"两院"院士 33 人、省"珠江人才计划"创新创业团队 16 个（占全市 90%），但在专利申请上大幅落后于天河区（见表 6）。

表 6　主要市辖区人才储备及专利申请对比（2016 年）

指标　　　　市辖区	深圳			广州		
	南山区	福田区	宝安区	天河区	越秀区	黄埔区
院士（人）	12	2	6	约20	—	33
高层次专业人才（人）	2503	515	1400	—	约200	>300

续表

指标＼市辖区	深圳			广州		
	南山区	福田区	宝安区	天河区	越秀区	黄埔区
专利申请（件）	47768	19323	26873	19767	10348	13863
发明专利申请（件）	27023	8030	5255	9659	3402	5813
专利授权（件）	20374	9432	15280	8613	5864	6796
发明专利授权（件）	7210	2520	1275	2951	815	1799
PCT申请（件）	10389	1761	1147	266	<266	约300

注：广州市有院士77人，高层次专业人才7018人（截至2017年12月）。

就人才资源储备来看，深圳的人才强区在南山区，广州的高层次人才集聚于黄埔区和天河区。不过南山区的人才层次分布更为均衡，尤其是国家级高层次人才是黄埔的2倍有余，市级高层次人才也数量众多。因此，在高层次人才储备方面，南山区在整个大湾区内（除黄埔区外）具有明显优势。作为广州和深圳两市主要的高新技术产业集聚地，南山区和天河区在高新技术产业及科技创新产业上的产出远高于其余各区，在大湾区内也有绝对的比较优势。

四 基于南山区的大湾区区域协作四向联动策略

总体而言，相对于大湾区内的其他核心市辖区，南山区有良好的地理区位条件、政策条件及经济基础并具备交通和产业优势，符合建设大湾区增长极核的客观条件。因此，在发挥各市辖区相对优势的基础上，以区域协作为核心理念，以大湾区的协同可持续发展为目的，构建基于主要市辖区的粤港澳大湾区的空间发展模式。在空间层次上，以深圳南山区为绝对核心，尤其是以前海湾为中心，充分利用自贸区政策，打造大湾区核心增长极，促进大湾区的整体发展；同时以广州天河区为大湾区副增长极，带动大湾区北部片区的发展。从市辖区的区域间协作角度看，基于南山区主核心及天河区副核心，深化深圳、广州内部市辖区的合作，联动周边市，形成四向联动的区域协作发展策略，以此推进大湾区的可持续发展。

（一）向北与东莞、广州联动建立创新走廊，形成"总部 ＋ 基地"的大湾区协作模式

通过支持南山区及天河区的企业，发挥强大的科技创新成果转化力和创新生态环境优势，按照"研发—转化—生产"的科产研联动协作模式，以南山区为中心、天河区为副中心，沿珠江东岸经宝安区以及东莞虎门、长安、麻涌等地，在黄埔区北进广州，建立创新走廊及发展轴扩散创新、生产要素，主导创新资源的区域共享和联动；按照"总部、研发＋工程技术平台"模式，在南山后海、深圳湾、留仙洞总部基地以及广州天河区、珠江新城、智慧城、金融城发挥总部研发、基础研发设计等"大脑"功能，企业工程技术中心或生产基地通过产业转移，在深圳宝安光明新区，东莞长安、虎门等镇以及增城、黄埔等地进行布局，形成"总部＋基地"的创新产业完整链条的合理配置。

（二）向西依托深中通道，拓展南山区增长腹地，推进大湾区东西岸协调发展

粤港澳大湾区西岸的中山、珠海、江门等地一直是大湾区经济发展的洼地，由于经济发展、基础设施水平的限制以及三角洲的隔离，湾区西岸地区一直未能与东岸的东莞、深圳以及北部的广州、佛山形成联动，经济发展水平相对较低，区域经济差异明显。然而，连接深圳宝安与中山的深中通道即将通车，大湾区西岸地区也必将迎来新的发展契机，东西两岸的经济、文化交流必将加强。同时，深中通道的建成通车也将使西岸地区成为南山增长极核乃至深圳、香港的经济腹地，对于带动整个湾区的协调可持续发展具有重要意义。可以设想的是，大湾区西部地区的全面发展同样使以南山前海湾为核心的金融、科技创新资源要素得到进一步外溢，并与东岸的创新产业走廊形成呼应。

（三）向东联合福田—罗湖中心区，提升南山增长极核在大湾区的核心竞争力

以金融、科技创新、总部经济为核心产业的南山增长极核的建设不仅需要南山区在政策、基础设施、资金及技术方面的全面支持，还需要深圳相邻市辖区，尤其是"福田—罗湖"中心的全面配合。"福田—罗湖"中心区历来是深圳的金融、经济、政治中心，然而随着"前海—南山"中心的建设以及福田区自身空间资源的限制，深圳的经济中心逐渐西移，"十三五"规划亦明确指出，要将南山区建设为具备经济中心、科技中心、文化中心和国际交往中心"四个中心"功能的中心城区[11]，并将其定位为国际化创新型滨海城区。因此，打造以南山前海湾为核心的粤港澳大湾区的经济、金融和科技增长极核，不仅需要南山区资源要素的充分集聚，也需要与深圳各市辖区间，尤其是与福田区、罗湖区的合理分工配合。

（四）向南积极推动深港合作，增强南山增长极核及大湾区的国际影响力

以前海自贸区为核心，充分利用前海自贸区在国际金融创新和金融制度创新方面的独特优势，在深港两地展开更为紧密的国际金融合作，构建深港两地金融合作的核心载体，建成"依托香港、服务内地、面向世界"并承载大湾区世界级金融中心职能的粤港澳大湾区 CBD。与此同时，南山区未来可以加强与香港创新功能的融合，发挥深圳湾口岸位于港深边界区的地理优势，通过跨界通道使香港外溢的金融、科技、人才和资本等资源在南山区高度沉淀和集聚，通过合作共建深港创新产业园区，促进跨境资源要素的流转和互通，增强国际化创新产业功能。

参考文献

[1] 刘艳霞：《国内外湾区经济发展研究与启示》，《城市观察》2014 年第 3 期。

［2］ 王宏彬：《湾区经济与中国实践》，《中国经济报告》2014 年第 11 期。

［3］ 陈俊达、易露霞：《大力发展广东湾区经济，全面建设黄金海岸带》，《中国商贸》2015 年第 9 期。

［4］ 鲁剡歌：《湾区经济：揭示成熟都市形象的璀璨转型》，《上海城市管理》2014 年第 3 期。

［5］ 鲁志国、潘凤、闫振坤：《全球湾区经济比较与综合评价研究》，《科技进步与对策》2015 年第 11 期。

［6］ 申勇、马忠新：《构筑湾区经济引领的对外开放新格局——基于粤港澳大湾区开放度的实证分析》，《上海行政学院学报》2017 年第 1 期。

［7］ 李红、丁嵩、朱明敏：《多中心跨境合作视角下粤港澳湾区研究综述》，《工业技术经济》2011 年第 8 期。

［8］ 陈德宁、郑天祥、邓春英：《粤港澳共建环珠江口"湾区"经济研究》，《经济地理》2010 年第 10 期。

［9］ 黄晓慧、邹开敏：《"一带一路"战略背景下的粤港澳大湾区文商旅融合发展》，《华南师范大学学报》（社会科学版）2016 年第 4 期。

［10］ 南山区政府：《南山区综合发展规划（2016－2030）》，2016。

［11］ 南山区政府：《南山区"四个中心"行动策略总报告》，2016。

创新合作与广州建设粤港澳大湾区创新增长极[*]

覃成林　黄龙杰[**]

摘　要： 创新合作是粤港澳大湾区打造国际科技创新中心的重要方式，也是广州发挥其在创新领域的重要作用、推动建设国际科技创新中心的重要途径。本文以城市间发明专利合作数量来衡量其创新合作水平，基于网络视角与空间视角，探究广州在粤港澳大湾区创新合作网络中的地位与作用。结果显示，粤港澳大湾区创新合作关系呈现向湾区内部集聚的趋势，形成了"佛—穗—莞—深"创新走廊；广州作为创新合作网络的重要城市，承担着重要的枢纽功能，具有创新主体多元化、技术多样化程度高的比较优势。因此，广州应依托业已成型的创新合作格局，巩固与利用其在创新合作网络中的枢纽地位，发挥其创新比较优势，建设成为粤港澳大湾区的重要创新增长极。

关键词： 创新合作　广州　粤港澳大湾区

---

* 本文系国家社会科学基金重点项目"基于多极网络空间组织的区域协调发展机制深化及创新研究"（17AJL011）阶段性成果。

** 覃成林，暨南大学经济学院教授，博士生导师，研究方向为区域经济协调发展、区域经济增长；黄龙杰，暨南大学经济学院硕士研究生，研究方向为区域经济协调发展。

一　引言

湾区既是所在国参与国际竞争合作的重要平台，也是技术变革的领头羊和全球经济发展的重要增长极[1]。与纽约、旧金山、东京等世界一流湾区相比，粤港澳大湾区如何在"一国两制"的基础上，推进城市间的协同创新与分工合作，实现创新驱动发展，打造世界一流湾区，参与世界经济发展竞争，是其担负的战略使命之一[2]。2017年7月，在习近平主席的见证下，国家发改委与粤港澳三地政府共同签署了《深化粤港澳合作　推进大湾区建设框架协议》。根据该协议，粤港澳三地将在中央支持下完善创新合作机制，优化跨区域合作创新发展模式，打造国际科技创新中心。从整体上看，粤港澳大湾区的创新驱动力强大，具有丰富的创新资源[2]，特别是粤港澳三地在创新方面各有优势。但从内部来看，粤港澳大湾区的创新资源及要素并未得到充分的利用，尤其是城市间的创新合作亟待加强。已有研究表明，一个区域的创新源泉有两种，一种是增加本地的创新投入，一种是接受来自其他区域的创新空间溢出[3]。区域间创新要素的流动有利于知识的空间溢出，从而促进区域创新效率的提升[4-5]。由此可见，加强城市间的创新合作，将有利于促进创新要素在不同城市间的流动，从而有利于充分发挥各个城市的创新资源优势，提升区域整体的创新效率，使粤港澳大湾区建设成为全球领先的科技创新中心。

广州作为广东省的省会城市，拥有全省77%的科研机构、70%的科技人员、80%的高等院校与97%的国家重点学科，是华南地区的科教文化中心，创新资源丰富。此外，广州作为国家中心城市，具有综合交通枢纽的区位优势，区域合作基础良好。因此，在粤港澳大湾区建设背景下，随着城市间经济联系的进一步加强，城市间的创新合作关系也将进一步加强，从现有创新资源与合作条件来看，将更有利于发挥广州在创新领域的重要作用，从而将其建设为粤港澳大湾区的创新增长极。而上述预设的前提是，广州需明确自身在粤港澳大湾区创新合作网络中的地位与作用，充分发挥其创新比较优势。基于这种认识，本文以城市间发明专利合作数量衡量城市间创新合作水平，以网络视角与空间视角，探究广州在粤港澳大湾区创新合作网络中的地位与作用，通过分析广州的创新结构特征，发掘广州的创新比较优势，为将广州建设成粤港澳大湾区创新增长极及国际科技创新中心提出相应的对策及建议。

二　粤港澳大湾区创新合作格局

（一）创新合作关系呈现向大湾区内部集聚的趋势

专利申请量被普遍作为衡量技术创新的指标。专利包括发明专利、实用新型专利以及外观设计专利三种类型，其中，发明专利是三种专利类型中最具技术含量与创新性的，常常被看作技术创新的成果或是表征创新绩效[6]。发明专利联合申请体现了不同创新主体间协同互动与创新合作的成果，因此，本文根据不同城市创新主体间的发明专利联合申请情况来衡量城市间的创新合作水平。

通过广东省知识产权局专利信息查询系统，本文获取了2008～2016年粤港澳大湾区11个城市的发明专利数据，共547564条。其中，申请人为2个及以上的发明专利联合申请数量为68988件，平均合作率约为12.60%。从创新合作关系的区域合作模式来看，粤港澳大湾区的创新合作联系有向湾区内部尤其是湾区各城市内部集聚的趋势（见图1）。

首先，从湾区城市与非湾区城市间的合作情况来看。2008年，湾区城市与非湾区城市的发明专利合作量占总合作量的87.34%，处于绝对领先地位，但此后呈现快速下降的趋势。2012～2013年开始被湾区城市内部合作所超越，成为粤港澳大湾区发明专利的次要合作模式，到了2016年，其仅占总合作量的29.60%。

图1　粤港澳大湾区发明专利的区域合作模式

资料来源：根据广东省知识产权局专利检索数据整理而成。

其次，从湾区城市间合作的情况来看。2008～2016年，湾区城市间的发明专利合作所占比重呈现缓慢上升、快速上升、回落后再上升的变化趋势。但总的来看，湾区城市间的发明专利合作所占比重呈现整体上升趋势。

最后，从湾区城市内部合作的情况来看。2008年，湾区城市内部发明专利合作量仅占总合作量的10.38%，但此后呈现快速增长趋势，除了2014～2015年稍有波动，其余年份均保持较为稳定的增幅，到了2016年，其占比为57.11%，在合作关系中占据了主导地位。

现有研究认为，地理邻近是促进组织之间创新合作的重要因素，主要表现为，创新过程中隐性知识的强度越大，就越需要面对面地沟通和接触[7]。这意味着，在粤港澳大湾区，地理邻近仍然是影响不同城市的创新主体间开展创新合作的重要因素，且随着时间的推移，这种影响的程度可能进一步加深。因此，随着粤港澳大湾区各城市间交通联系的日益密切，未来的城市创新合作关系将会进一步向湾区内部转移，湾区内部的创新合作将会越来越常见。

（二）形成了"佛—穗—莞—深"创新走廊

粤港澳大湾区创新合作关系呈现向湾区内部集聚的趋势，表明大湾区内部城市间的创新联系越来越紧密，因此，有必要从大湾区内部揭示各城市间的创新合作情况。为此，本文利用 ArcGis 制图软件，进一步考察粤港澳大湾区城市创新联系的空间格局及其动态演变。整体而言，粤港澳大湾区城市创新联系格局具有以下两个特征。

第一，整体联系格局更加网络化、复杂化。粤港澳大湾区城市间发明专利合作的联系格局呈现"邻近"与"跳跃"并存的局面。随着时间的推移，城市间的合作越来越多，创新联系越来越紧密。从一开始主要以广州和深圳为核心节点形成较为分散、均衡的射线集，到演变为以广州、深圳为核心，并分别向佛山与东莞延伸的创新走廊，其他城市则通过与广州、深圳连接，不断向"佛—穗—莞—深"创新走廊集聚。

第二，广州承担着重要的枢纽功能。首先，从城市自身的创新合作水平来看，广州市内部的创新联系长期维持在一个较高的水平且保持着稳定的增长，在前两个阶段，城市内部的创新规模仅次于深圳，始终作为创新网络中的重要城市。值得注意的是，2014～2016 年，佛山市市内合作的发明专利数量从 1065 件增加到 2348 件，增长了 1.2 倍，分别超过了广州与深圳，排名从第三位升至第一位。由此可见，佛山市内部的创新联系较强，创新合作需求较大，且近年来呈现快速增长的趋势。从更微观的角度看，这可能归功于其发达的制造业体系。其次，从城市间的联系强度来看，广州与深圳通过创新合作网络连接了大部分城市，承担了重要的枢纽功能。仅在 2014～2016 年，与广州、深圳有关的发明专利合作数量占湾区内所有城市间总合作量的 63.48%。

通过对比可以发现，深圳的平均联系强度更大，但广州合作的城市数量更多、空间范围更广、水平更加均衡。具体来看，2008～2010 年，与广州有创新合作关系的城市数量更多，结构更加均衡，而深圳主要与邻近城市有创新合作关系，连接的城市数量较少，但联系的强度更大。此后，广州主要加强了与合作城市的联系，新增的联系城市的数量不多，而深圳的合作城市的数量明显增多，削弱了邻近城市的联系强度。到了

2014～2016 年，两者的空间联系结构演变逐渐趋同。

（三）广州与粤港澳大湾区其他城市的创新合作潜力

现有研究认为，技术邻近是影响创新合作的重要因素。技术邻近与创新合作呈倒 U 形关系[8]。当技术邻近很小的时候，主体之间不能充分地相互理解，随着技术邻近的加强，主体之间有效的沟通和知识的互补性可以促进创新成果的产生，但超过某一个点后，技术邻近太大导致主体之间知识的互补性很小，很难产生创新成果，创新合作的绩效开始降低。因此，城市间应注意维持合理的技术邻近度，运用好创新技术资源的互补性，以提升创新合作的效率。

为了进一步发现大湾区内部与广州具备创新合作潜力的城市，本文计算了广州与粤港澳大湾区其他城市间的专利技术邻近指数（见表1）。从时间维度来看，广州与粤港澳大湾区其他城市间的专利技术邻近指数演变呈现出以下三种类型。

第一种是由初期较低的水平逐渐增加至一个较高的水平。这种类型主要发生在广州与深圳、珠海、佛山、东莞、澳门之间。这意味着，广州与深圳、珠海、佛山、东莞和澳门之间的专利技术结构的相似度处于一个较为合理的阶段，城市间的技术资源存在一定的互补空间，有利于提高城市间创新合作的绩效，城市间创新合作的潜力较大。

第二种是始终维持在高水平阶段。长期来看，广州与中山、肇庆的技术邻近指数基本维持在 0.80 以上，广州与惠州、香港之间的技术邻近指数大多维持在 0.90 以上。说明广州与中山、肇庆、惠州、香港之间的专利技术结构趋同，技术知识的互补性比较小，可能形成一定的竞争关系，创新合作的绩效较低，缺乏创新合作的潜力。

第三种是始终处于低水平阶段。在 2008～2016 年，广州与江门的技术邻近指数始终维持在 0.21～0.32。由此说明，广州与江门的专利技术结构相似度比较低，缺乏产生创新联系的交互基础，难以展开创新合作，创新合作的潜力也较低。

表 1 广州与粤港澳大湾区其他城市间的专利技术邻近指数

年份	深圳	珠海	佛山	中山	东莞	肇庆	江门	惠州	香港	澳门
2008	0.58	0.36	0.57	0.89	0.51	0.88	0.21	0.90	0.92	0.75
2009	0.58	0.35	0.52	0.84	0.51	0.82	0.22	0.84	0.90	0.72
2010	0.69	0.37	0.51	0.79	0.82	0.91	0.23	0.78	0.92	0.74
2011	0.72	0.44	0.51	0.81	0.55	0.89	0.27	0.83	0.91	0.56
2012	0.79	0.51	0.50	0.78	0.76	0.85	0.29	0.91	0.93	0.80
2013	0.83	0.52	0.52	0.85	0.70	0.82	0.31	0.97	0.98	0.85
2014	0.84	0.51	0.62	0.85	0.69	0.83	0.32	0.95	0.94	0.85
2015	0.81	0.50	0.71	0.85	0.77	0.91	0.32	0.93	0.94	0.89
2016	0.85	0.52	0.70	0.83	0.73	0.86	0.28	0.95	0.97	0.92

注：本文采用 Jaffe 指数测量粤港澳大湾区城市间的技术邻近程度，Jaffe 指数是根据创新主体在专利分类上的分布数目来构造技术空间向量；然后，用各向量间非中心化的相关系数来衡量创新主体的技术邻近程度；Jaffe 指数将专利分成 120 类，考虑到数据的可得性，本文参考史峰等人的处理方法，采用简化的 Jaffe 指数进行测量：

$$Tec_{ij,t} = F_{i,t} F_{j,t}^{'} / [(F_{i,t} F_{i,t}^{'}) (F_{j,t} F_{j,t}^{'})]^{\frac{1}{2}} = \sum_{k=1}^{8} f_{i,tk} f_{j,tk} / \sqrt{ (\sum_{k=1}^{8} f_{i,tk}^{2} \sum_{k=1}^{8} f_{j,tk}^{2})}$$

其中，1~8 表示按照国际专利分类法将专利分成 8 个专利部，$f_{i,tk}$ 表示 t 期内城市 i 在第 k 部的发明专利数，同理，$f_{j,tk}$ 表示 t 期内城市 j 在第 k 部的发明专利数。如果 $Tec_{ij,t}$ 的值越接近 1，表明城市 i 与城市 j 的技术结构越邻近；值越接近 0，则表示城市 i 与城市 j 的技术结构差距越大。

资料来源：根据广东省知识产权局专利数据计算所得。

因此，总的来看，广州与深圳、珠海、佛山、东莞、澳门具备较大的创新合作潜力，应着重加强与这部分城市的创新联系，强化创新合作的知识溢出效应，从而发挥自身的创新资源优势，提升区域创新效率。与此同时，应注重与中山、肇庆、惠州、香港、江门之间形成更加合理的技术邻近度，增强城市间创新资源的互补性，从而增加创新合作的可能性。

三 广州在粤港澳大湾区创新合作网络中的地位与作用

（一）整体创新合作网络发育程度提高

粤港澳大湾区城市间创新合作联系呈现网络化趋势，因此，本文将城市作为发明专利合作网络中的节点，采用网络密度、网络度数中心势与网络集聚系数描述粤港澳大湾区发明专利合作网络整体特征（见表2）。总的来看，粤港澳大湾区创新合作网络的发育程度随着时间的推移而逐渐提高。

表2　粤港澳大湾区发明专利合作网络整体特征

时间段	网络密度	网络度数中心势	网络集聚系数
2008~2010年	0.28	67.78%	0.38
2011~2013年	0.44	41.11%	0.56
2014~2016年	0.60	6.85%	0.68

注：网络密度用于刻画网络中节点间相互连边的密集程度，值越大，则网络联系越紧密，整体网络对节点的影响越大；网络度数中心势表示网络的中心性，体现网络的集中程度，值越大，则网络越集中，核心节点越突出；网络集聚系数表示网络中节点集聚的程度，反映了节点的邻接点之间相互连接的程度，值越大，网络节点的集聚性越强，网络集团化的程度越高。

资料来源：使用Ucient计算得出。

首先，从网络密度来看，在2008~2016年，粤港澳大湾区发明专利合作的网络密度从0.28逐渐增至0.60。这意味着，在粤港澳大湾区内部，具有发明专利合作关系的城市数量越来越多，城市间创新合作关系越来越紧密。形成这个趋势的原因可能有两方面：一是时间上的增长，二是空间上的转移。

其次，从网络度数中心势来看，在2008~2016年，粤港澳大湾区发明专利合作网络度数中心势由67.78%降至6.85%，呈现递减趋势。由此说明，从粤港澳大湾区内部城市间相互合作的程度来看，各个节点城市的相对差距进一步缩小，创新合作网络呈现更加均衡的趋势。

最后，从网络集聚系数来看，在2008~2016年，粤港澳大湾区发明专利合作网络集聚系数由0.38逐渐增加到0.68。这表明城市间创新合作联系的扩散能力更强，整体网络的集聚能力更强，特别是主要城市间的相互联系进一步加强，网络内部集团化程度也更高。

（二）广州在创新合作网络中处于重要地位

为了进一步分析粤港澳大湾区发明专利合作网络内部的城市结构特

征，明确广州在创新合作网络中的地位与作用，本文计算了各个城市的度数中心度。并且，为了展现城市间创新合作的方向性，本文根据专利联合申请关系中是不是第一申请人，将度数中心度进一步分为出度与入度。总的来看，广州在粤港澳大湾区创新合作网络中发挥着重要的连接与辐射作用。

首先，从城市中心度（出度）排名来看（见表3），粤港澳大湾区发明专利合作网络呈现"中心—外围"的城市结构特征。具体而言，广州、深圳、东莞与佛山4个城市的出度始终排在前4名。这一方面说明了这4个城市在创新合作网络中与其他城市的创新联系较为紧密，另一方面说明在与其他城市的创新合作关系中，这4个城市更多地扮演合作发起人的角色，发挥了主导作用，主动创新能力较强。从增长的角度看，广州的排名稳中有升，在2008～2010年，广州的出度中心度排名第三，此后在2011～2016年，广州排名上升到了第二，且不断缩小与第一名的差距。

表3　粤港澳大湾区发明专利合作网络城市中心度（出度）排名

排名	2008～2010年		2011～2013年		2014～2016年	
	城市	得分	城市	得分	城市	得分
1	深圳	1.00	东莞	1.00	深圳	1.00
2	东莞	0.86	广州	0.87	广州	0.92
3	广州	0.81	深圳	0.78	东莞	0.51
4	佛山	0.16	佛山	0.23	佛山	0.48
5	中山	0.11	中山	0.13	珠海	0.24
6	江门	0.06	江门	0.08	中山	0.21
7	惠州	0.02	惠州	0.05	惠州	0.09
8	珠海	0.02	珠海	0.04	江门	0.07
9	肇庆	0.01	香港	0.02	肇庆	0.04
10	香港	0.01	肇庆	0.01	香港	0.01
11	澳门	0.00	澳门	0.01	澳门	0.01

注：城市中心度排名越高，意味着该城市在创新合作网络中的辐射能力越强、地位越高。
资料来源：使用Ucient计算得出，并进行了标准化处理，将其转化为0～1，以便于比较。

　　其次，从城市中心度（入度）排名来看（见表4），在不同时间段，广州与深圳均稳居前两名，且与其他城市保持着较大的差距。这说明，广州与深圳不仅有着比较强大的自主创新能力和创新资源优势，还发挥了重要的辅助创新作用。对大湾区其他城市而言，在创新合作关系中，需要主动寻求广州或深圳的创新配合与技术支持。值得注意的是，相比出度中心度排名，广州在入度中心度的排名表现上更加突出。在2008～2013年，广州排名第二位，仅次于深圳，到2014～2016年，广州则超越了深圳，排名升至第一位。

表4　粤港澳大湾区发明专利合作网络城市中心度（入度）排名

排名	2008～2010年		2011～2013年		2014～2016年	
	城市	得分	城市	得分	城市	得分
1	深圳	1.00	深圳	1.00	广州	1.00
2	广州	0.92	广州	0.88	深圳	0.96
3	惠州	0.68	佛山	0.55	佛山	0.44
4	东莞	0.40	珠海	0.45	惠州	0.33
5	中山	0.33	惠州	0.34	东莞	0.23
6	佛山	0.25	东莞	0.23	珠海	0.18
7	香港	0.23	中山	0.13	中山	0.08
8	珠海	0.11	香港	0.12	香港	0.05
9	江门	0.08	江门	0.06	江门	0.05
10	肇庆	0.07	肇庆	0.01	肇庆	0.02
11	澳门	0.00	澳门	0.01	澳门	0.01

　　资料来源：使用 Ucient 计算得出，并进行了标准化处理，将其转化为0～1，以便于比较。

　　整体而言，广州与深圳在粤港澳大湾区城市创新网络中发挥着重要的连接与辐射作用。但相比之下，深圳在创新合作关系中更多地扮演发起者的角色，创新能力更强，广州则是辅助创新能力更强，成为湾区内部更多城市的创新合作伙伴。

四 广州的创新结构特征及比较优势

（一）创新主体多元化

广州作为广东省的省会城市，集中了全省的大部分高校及科研院所资源，是华南地区的科教中心。目前，广州拥有全省80%的高校、77%的科研机构、97%的国家重点学科与100%的国家重点实验室，拥有18家国家工程技术研究中心，25家国家级企业技术中心，以及8700多家高新技术企业。因此，从创新主体来看，广州具有产学研深度融合与协同创新的良好基础。

广州的创新主体呈现多元化发展的特征。以创新主体对发明专利贡献程度的高低进行排序，广州的创新主体依次为企业、高校、科研机构（见图2）。2008年，广州的产学研发明专利申请数量的比值为3.6∶3.1∶1。从变化的趋势来看，企业的创新贡献程度略高于高校，但此后企业的创新能力得到了更快的提升，逐渐拉大了与高校的差距，与此同时，科研机构的发明专利数量则保持着较为平稳的增长。到了2016年，企业、高校、科研机构的发明专利贡献比值变为7.5∶3.3∶1。

图2 广州发明专利创新主体分类情况

资料来源：根据广东省知识产权局专利数据整理。

为了进一步展现广州创新主体多元化发展的比较优势，本文将深圳发明专利的创新主体结构与广州进行比较（见图3）。相比之下，深圳企业创新的规模优势明显，但创新主体结构较为单一，产学研创新比例悬殊。以2016年为例，深圳的企业、高校、科研机构的发明专利贡献比值约为30.0∶1.3∶1。这表明，深圳的科技创新主要由企业驱动，高校与科研机构的创新贡献较为有限。

图3 深圳发明专利创新主体分类情况

资料来源：根据广东省知识产权局专利数据整理。

通过比较可以发现，在发明专利领域，企业的创新优势明显，在创新主体中占据着主导地位。广州的创新主体呈多元化发展，创新结构较为均衡，产学研的创新水平均不断提升。因此，得益于丰富的高校及科研院所资源，广州更有利于实现产学研深度融合，发挥产学研协同创新的优势。

（二）技术多样化程度高

广州创新资源丰富不仅体现在创新主体的多样性上，也体现在优势技术领域的多样性上。通过计算广州在2008～2016年各个发明专利部占总申请量的比重，发现广州的专利技术结构较为均衡，技术多样化程度高，在人类生活必需品、作业与运输、化学与冶金、物理和电学等5个技术领域具备创新比较优势。

　　广州的技术结构具有均衡性与稳定性两个特征。一方面，从 8 个专利部的分布情况来看，广州的创新优势领域分布较为均衡。广州占比超过 10% 的专利部分别有 A、B、C、G、H（见图 4），涉及的技术领域分别为人类生活必需品、作业与运输、化学与冶金、物理和电学。此外，本文根据《国际专利分类表》的 8 个大部及其分部与我国《国民经济行业分类》中的门类以及制造业中的大类进行匹配（见表 5），发现广州具有潜在技术优势的产业包括农副食品加工业、食品制造业、烟草制造业、交通运输设备制造业、化学原料及化学制品制造业、化学纤维制造业、医药制造业、专用设备制造业、电气机械及器材制造业等。

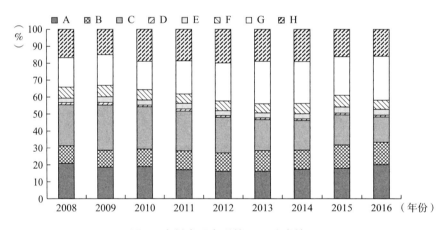

图 4　广州发明专利的 IPC 分类情况

资料来源：根据广东省知识产权局专利数据整理。

表 5　专利 IPC 分类及其对应行业

IPC 分类	专利分部	对应行业
A——人类生活必需品	农业、食品、烟草、个人或家用物品、保健、救生、娱乐	农、林、牧、渔业；农副食品加工业；食品制造业；木材加工及木、竹、藤、棕、草制品业；家具制造业；文教、工美、体育和娱乐用品制造业；饮料制造业；烟草制造业
B——作业与运输	分离、混合、成型、印刷、交通运输、微观结构技术；	交通运输、仓储和邮政业；印刷业；记录媒介复制业；通用设备制造业；交通运输设备制造业

IPC 分类	专利分部	对应行业
C——化学与冶金	化学；冶金；组合技术；	非金属矿物质业；金属制品业；石油、煤炭及其他燃料加工业；化学原料及化学制品制造业；化学纤维制造业；黑色金属冶炼及压延加工业；有色金属冶炼及压延加工业；医药制造业
D——纺织与造纸	纺织或未列入其他类的柔性材料、造纸	纺织业；纺织服装服饰业；皮革、毛皮、羽毛及其制品和制鞋业；橡胶和塑料制品业；造纸及纸制品业
E——固定建筑物	建筑、土层或岩石的钻进、采矿	建筑业、采矿业
F——机械工程、照明、加热、武器、爆破	发动机或泵、一般工程、照明、加热、武器、爆破	电力、热力、燃气及水生产和供应业
G——物理	仪器、核子学；	仪器仪表制造业、专用设备制造业
H——电学	基本电器元件；发电、变电或配电；基本电子电路；电通信技术；其他类目不包含的电技术	信息传输、软件和信息技术服务业；电气机械及器材制造业；计算机、通信和其他电子设备制造业

资料来源：专利分部以国家知识产权局《国际专利分类表（2018）》为划分依据，行业名称以 2017 年修订的《国民经济行业分类》为标准。

另一方面，从时间的变化趋势看，广州的专利技术结构整体比较稳定。在 2008～2016 年，除了 C 专利与 G 专利部存在此消彼长的变化关系，其余专利部的变化不明显。其中，C 专利部由 2008 年的 24.24% 降至 2016 年的 15.05%，而 G 专利部占比则由 2008 年的 17.44% 增至 2016 年的 25.99%。由此表明，近年来，广州的传统优势领域，即化学与冶金技术的创新优势有所弱化，但物理领域的技术创新能力有一定的提升。

同样，为了进一步发现广州在技术领域的创新比较优势，本文以深圳的情况作为对比（见图 5）。相比于广州，深圳的专利技术专业化程度较高，但技术结构波动幅度较大。深圳占比超过 10% 的专利部只有 G 和 H，且两者相加占总申请量的比重超过了 70%。由此表明，深圳的比较优势产业基本集中在计算机、通信和其他电子设备制造业，仪器仪表制造业，信息传输、软件和信息技术服务业等行业上，其创新活动主要沿着产业链纵向延伸。

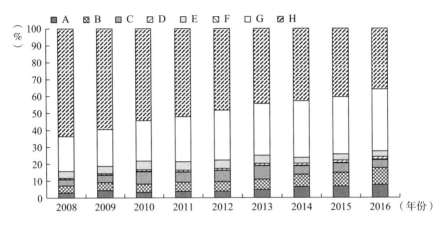

图5 深圳发明专利的 IPC 分类情况

资料来源：根据广东省知识产权局专利数据整理。

相比之下，广州的优势产业不仅囊括部分高技术产业，也包括一些传统产业。例如，交通运输设备制造业、化学原料及化学制品制造业、烟草制造业、医药制造业等一直是广州的绝对优势产业。除此之外，广州的农副食品加工业、通用设备制造业等也具有创新比较优势。这意味着，广州的创新发展模式适合向产业间横向发展，通过整合跨产业链的创新资源，加强不同产业间的创新联系，发挥跨产业的创新优势。

五 结论及对策建议

本文以城市间发明专利合作数量衡量城市间的创新合作水平，重点分析了广州在粤港澳大湾区创新合作网络中的地位与作用，以及广州在创新领域的比较优势。研究结果显示，广州在粤港澳大湾区创新合作网络中发挥了重要的枢纽功能；在空间上，粤港澳大湾区形成了"佛—穗—莞—深"创新走廊；在技术创新领域，广州具有创新主体多元化与技术多样化程度高的比较优势。基于现已形成的城市创新合作格局，本文就广州如何根据自身在粤港澳大湾区创新合作网络中的地位与作用，发挥其创新比较优势，从而推动建设国际科技创新中心，提出以下对策建议。

第一，广州应巩固与利用其在粤港澳大湾区创新合作网络中的枢纽地位，依托国家中心城市、省会城市与大湾区交通枢纽的综合优势，特别是公共服务体系健全和综合创新能力强的有利条件，吸引创新人才，成为大湾区创新人才的集聚地与供应地，积极扮演湾区内部城市与外部城市的创新联系人角色，扩大创新辐射力。

第二，广州应依托"佛—穗—莞—深"创新走廊，重点加强与深圳、佛山、东莞、珠海、澳门等合作潜力较大的城市的创新联系。特别应利用广州与佛山、东莞之间的空间邻近优势，推动广佛同城化等，建立跨区域的创新合作平台，从而更好地发挥广州的科教资源优势与佛山、东莞的制造业创新资源优势，推动三地产学研的协同创新，提高科研成果转化能力，进一步巩固其作为粤港澳大湾区创新合作网络枢纽的地位。

第三，广州需充分发挥创新主体多元化及科教资源优势，促进本地高校、科研院所与其他高水平院校的交流，尤其是与国际知名大学形成更加紧密的科研交流与创新合作关系，提升科技创新的国际化程度。同时，加强本地高校、科研院所与企业间的创新联系，根据周边城市的创新合作需求，促进产学研协同创新。通过这些方式，增强广州在粤港澳大湾区创新合作中的引领能力。

第四，广州应利用其技术优势，促进本地产业横向扩张的创新合作，形成跨产业链的创新合作优势。此外，在一些不是本地优势产业但具备创新比较优势的产业领域，广州可加强与大湾区内这类优势产业所在城市的创新合作，从而促进大湾区的创新发展，发挥广州对粤港澳大湾区创新合作的推动作用。

参考文献

［1］辜胜阻、曹冬梅、杨嵋：《构建粤港澳大湾区创新生态系统的战略思考》，

《中国软科学》2018 年第 4 期。

［2］覃成林、刘丽玲、覃文昊：《粤港澳大湾区城市群发展战略思考》，《区域经济评论》2017 年第 5 期。

［3］李晨、覃成林、任建辉：《空间溢出、邻近性与区域创新》，《中国科技论坛》2017 年第 1 期。

［4］白俊红、蒋伏心：《协同创新、空间关联与区域创新绩效》，《经济研究》2015 年第 7 期。

［5］白俊红、王钺、蒋伏心、李婧：《研发要素流动、空间知识溢出与经济增长》，《经济研究》2017 年第 7 期。

［6］谢其军：《技术创新合作网络对滞后区域创新绩效的影响研究》，博士学位论文，中国科学技术大学，2018。

［7］夏丽娟、谢富纪：《多维邻近视角下的合作创新研究评述与未来展望》，《外国经济与管理》2014 年第 11 期。

［8］夏丽娟、谢富纪、付丙海：《邻近性视角下的跨区域产学协同创新网络及影响因素分析》，《管理学报》2017 年第 12 期。

［9］史烽、高阳、陈石斌、蔡翔：《技术距离、地理距离对大学 – 企业协同创新的影响研究》，《管理学报》2016 年第 11 期。

从"伙伴"到"合伙人":粤港澳大湾区区域关系演变及合作路径探讨

蔡丽茹[*]

摘　要: 基于粤港澳大湾区的概念和区域特殊性,本文回顾了三地自改革开放以来"伙伴关系"的嬗变历程,指出目前珠三角与港澳的协同关系遭遇的挑战及其背后的制度瓶颈,并提出从"伙伴"走向"合伙人"的粤港澳大湾区城市群区域关系的重构方向与合作路径。

关键词: 粤港澳大湾区　区域关系　合作路径

一　粤港澳大湾区的概念和区域特殊性

(一)概念辨析

自 2017 年李克强总理在十二届全国人大第五次会议上的政府工作报告中提出"要推动内地与港澳深化合作,研究制定粤港澳大湾区城市群发展规划"以来,粤港澳大湾区已引起社会各界的广泛关注。笔者赞同王缉宪老师用强制通过点(Obligatory Passage Point,OPP)来描述粤港澳大湾区的概念,他认为"湾区"提法是一种主动解决区域问题的尺度政

---

* 蔡丽茹,广东省社会科学院现代化研究所助理研究员,研究方向为城市创新与区域发展战略。

治手段[1]。笔者也赞赏李立勋老师的看法：粤港澳大湾区的关键词不在"大湾区"三字，而在"粤港澳"三字，而且核心是"珠三角 + 香港 + 澳门"，即原来的大珠三角如何作为一个整体来谋划[2]。也就是说，我们应该把理解粤港澳大湾区这个城市群的重点，放在关注三地关系的发展和深化上，"湾区"不胜枚举，包含"粤港澳"三地的湾区才是最特殊和最重要的。

（二）区域特殊性

要研究粤港澳大湾区，首先要明确这个区域的特殊性。它不仅仅是一个地方指代或区域范围，更具有京津冀、长三角及世界上其他城市区域所不具备的一些特殊属性，主要表现在以下几个方面。

1. "大而高"的区域

诚然，无论在人口数量、土地面积还是经济总量上，粤港澳大湾区已经接近世界级湾区水平。另外，其特殊性实质还体现在高密度上，粤港澳大湾区的城市具有巨大的人口与经济密度。如香港这个不到 1100 平方公里的弹丸之地，聚集了 700 多万人口，GDP 达到 2 万多亿元，而其土地开发强度只有 20%[3]。如此庞大且高密度的城市区域不仅是一种空间现象，还是一个具有效益与价值的空间过程。

2. "跨制度"的区域

粤、港、澳三地地域上相连，语言文化上相通，"九市两区"长期以来是一个密切联系的区域，但又是一个跨制度的区域，简而言之就是"一国、两制、三个关税区"。三地的意识形态、政治体制、法律体系、经济体系都存在较大差异，可以说，这是目前世界上最复杂的城市区域治理架构。大湾区区域协作是在"一国两制"的条件下，不同行政等级和制度体系的经济体之间展开的合作，内部产生了特殊的运营成本和效率磨损。

3. "不平衡"的区域

大湾区内发展不平衡的现象比较明显。首先，区内发达城市与发展中城市并存、城市与乡村并存，不论是城市与城市之间还是城市内部，贫富差距较大，基本公共服务不均衡。其次，中央对湾区内不同行政单元甚至不同类型的企业存在明显的政策差异。

在明晰了概念和特殊性的前提下，我们可以得出这样一个共识：建设粤港澳大湾区的核心和关键是区域协作。

二 "伙伴关系"的嬗变：制度改革与创新释放巨大推动力

经历了 40 多年的改革开放，粤港澳之间的协作始终是推动这个地区成为明星区域的主要机制。如果把京津冀的区域关系比喻为"父子关系"，把长三角的区域关系形容为"兄弟关系"的话，那么，回顾粤港澳城市群的发展历程，可以发现其关系就好比"伙伴关系"，大体可分为三个发展阶段。

（一）第一阶段（1978 年至 20 世纪 90 年代初期）：以港澳为中心的自发性产业协作

改革开放以前的计划经济时期，广州一枝独秀，与周边形成城—乡、工—农的二元体系[4]。1978 年以后，随着经济特区的设立，深圳等沿海城市获得了更为灵活的外贸和投资自主权，而香港经过 20 多年的发展也暴露出空间不足、产业转型困难等问题。在市场作用力的驱动下，香港结合自身的城市空间和产业功能，首先选择向距离近并具有廉价的土地和劳动力资源的深圳拓展。港资劳动密集型企业，连同技术、管理、营销、信息等资源，以"三来一补"等形式，按"前店后厂"的地域分工模式，大规模向珠三角转移[5]。东岸的深莞惠有效地承接了香港制造业的转移，以出口导向型经济带动了加工工业的发展，东莞成了名副其实的"世界工厂"。西岸的珠海、中山和江门一方面主动接受香港的产业转移，另一方面利用自身较好的国有工业基础发展乡镇企业和个体经济。

在此阶段，各城市经济发展呈现高度的外向型特征，从经济关联度来讲，已经形成了直接指向香港或者以香港为代表的国际市场的区域经济格局。1989年广东外贸出口额为81.7亿美元，其中经由港澳实现的超过80%；自香港进口的货值达35亿美元，占全省进口货值总额的72.5%。总体而言，在本阶段香港是珠三角经济发展的龙头，与内地建立了自发的加工贸易合作伙伴关系。

（二）第二阶段（20世纪90年代初期至2002年）：多元竞争主体与空间碎化

研究这一阶段的区域关系必须结合政区调整政策来谈。1993年，国务院颁布了《关于调整设市标准的报告》《关于加强小城镇建设的若干意见》，鼓励发展中小城镇。在中央"放权"政策的诱导下，全国上下兴起了"设市热"。广东的"撤县改市"高潮也出现在1992～1994年（见图1），珠三角地区3年内共新设县级市16个。到了1994年，整个珠三角核心区除了斗门县以外，都成为城市行政区。

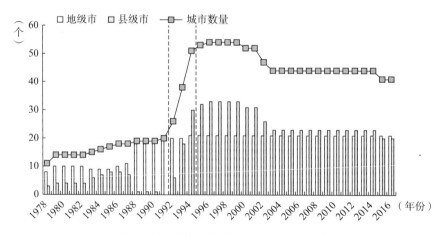

图1 广东省城市数量变化（1978～2016年）

政区升级使原来的县一级行政单元减少了行政管理约束，获得了更大的发展自主权，它们能在规划、土地使用、税收、招商引资上享有一些原来没有的优惠政策。此外，为应对1994年推行的分税制改革带来的地方政府财政压力，各县级市最大限度地集中辖区内的自然资源和土地资源，并通过加强本地基础设施建设、招商引资等，积极增加本级财政收入。有学者形象地描述道，这时期的县市政府就像企业家一样经营着城市，好与相邻县市展开竞争[6]。城市多元竞争主体的分散化发展确实推动了区域经济水平再上台阶（见图2），但与此同时，也带来了市县同城的行政管理单元越来越"破碎化"（fragmentation）等问题[7]。

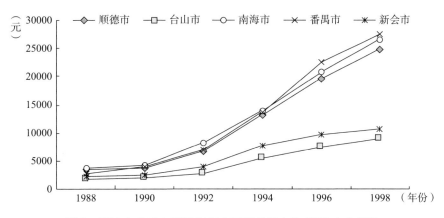

图2　1992年珠三角新设县级市区划前后人均GDP变化情况

随着经济全球化和一体化进程的加快，粤港澳原有的"前店后厂"合作模式逐渐转变。香港服务业向珠三角大中城市渗透，深圳迅速崛起，生产性服务业如物流、金融等部分取代了香港的"店"的功能。"后厂"向内地扩展，"后店"呈现本地化，珠三角逐渐形成了"后店后厂"的格局。总体而言，此阶段珠三角形成了多极化"拼图式"的区域格局，三地呈现"普遍繁荣、分散决策、全面竞争"的关系状态，地缘关系逐步从过去的互补性转变为竞争性。

（三）第三阶段（2003年至今）：大城市再中心化与政府制度性合作

至21世纪初，经过改革开放20多年的分权化发展，珠三角地区的工业化和城市化取得了举世瞩目的伟大成就。但与此同时，行政区经济的壁垒阻隔、区域发展不协调的问题也日益突出，主要表现为区域市场分割和市县之间矛盾不断。为进一步巩固分权化发展的成果，推进区域一体化发展，中央和地方政府开始在分权与集权中寻找平衡，主要措施包括以下两点。

1. 通过"撤县（市）设区"的行政区划手段实现大城市再中心化

如果说之前的"撤县设市"是为了增加行政主体，通过竞争促进经济发展的话，那么从 2000 年开始的撤县（市）设区，则是为了减少管理层次，以便集中权力，提升大城市的资源组织和配置能力，在更广阔的空间内进行调控。在此，撤县（市）设区成为突破行政壁垒最简单直接的手段[8]。

2. 通过政府主导的区域规划和制度性合作推动区域协调发展

在中央和省政府层面，通过区域规划手段，国家和省级的大政方针能更切实有效地转化成区域议程和城市政策[13]。2003 年，《珠江三角洲城镇群协调发展规划（2004－2020）》颁布；2008 年，国务院批准出台《珠江三角洲地区改革发展规划纲要（2008－2020）》；2009 年粤港澳三地联合编制完成了《大珠江三角洲城镇群协调发展规划研究》，作为我国第一个横跨不同制度边界的空间协调研究，其把统筹城乡和促进区域协调作为区域发展的主要任务[9]。在地方政府层面，创新性举措是尝试将权力上移到城市区域，建立区域联盟或区域协调机构：广佛肇、深莞惠、珠江中三大都市圈政府联席会议在此背景下相继召开。2010 年和 2011 年，《粤港合作框架协议》《粤澳合作框架协议》分别签署，三地合作逐步从产业经济延伸至科技教育、基础设施建设、社会民生等多个领域[10]。2015 年，深圳前海、广州南沙、珠海横琴三大"自贸试验区"启动，开始建设以点对接的合作平台。

进入 21 世纪，粤港澳的合作机制显现出以政府主导的战略性调控与制度性合作为主的特征。但事实表明，撤县（市）设区只是通过行政强制力把城市的"外部矛盾"转化为"内部矛盾"，内生性的体制问题仍然没有从根本上解决。近年来，粤港澳原有的互补性有所减弱，并在一些领域出现分歧，更削弱了自上而下的制度安排作用。

三 珠三角与港澳协同关系的挑战及其背后的制度瓶颈

在粤港澳大湾区城市群的发展过程中，一系列的制度改革与创新起到了重要作用。然而，制度有其时效性和局限性，随着国内外发展环境和条件的变化，一些旧的制度已经无法适应当前粤港澳城市群发展的新形势。仔细分析可以发现，当前粤港澳城市群面临的一系列问题背后都存在相应的制度瓶颈。

（一）三地尚未就共同行为目标达成共识

粤港澳三地涉及九市两区，每个城市都是独立的行政主体，政府在资源配置中依然起着十分重要的作用，而政府关注的重点仍是自身的"一亩三分地"，典型表现为行业的地方保护。比如香港的医疗服务和法律服务作为传统的优势服务业，为了保持其行业权威和经济地位，对内地一直持谨慎态度。相比内地在线支付及其衍生产品的发展，香港基于金融安全考量，对在线支付一直管制较为严格。此外，各市对于行政区划边界或跨行政区划的区域公共问题，并没有进行整体性和一致性的思考和顶层设计。例如海水、船舶污染等区域性污染问题涉及湾区中的多个城市，但从来没有被作为湾区共同问题去协调和处理。总的来说，粤港澳三地目前仍着眼于利益驱动的短期性、事项性的协作，对整合湾区的整体发展愿景和资源流动的机制设计探讨较少。

（二）区域协作治理机制尚不完善，深度融通面临制度挑战

粤港澳三地的紧密协作是粤港澳城市群发展的重要动力。近年来，尽管粤港澳三地在合作的形式和内容上有所改进，但在一些核心利益面前，依旧缺乏一个有效的协调机制，深度合作仅仅处于起步阶段。以港

珠澳大桥为例，从促进要素流动的角度出发，连通深圳前海的"双 Y"布局显然比目前的"单 Y"布局（连通珠海、澳门和香港）更加合理。然而，粤港澳三方出于自身利益的相互博弈导致这一方案未能落实。另外，"条块经济"与"空间破碎化"现象也反映了粤港澳城市群内部协同治理机制的缺失。目前，粤港、粤澳联席会议虽然持续召开多年，但由于行政法律制度的差异，过去很多事项都只停留在口头契约、君子协定层面，缺乏具有约束力的执行机制和公平的成本收益分担机制。总体而言，粤港澳城市群着眼于世界级城市群的协同治理机制还远未形成。

（三）创新能力不足，自主创新缺乏制度保障

如何提升粤港澳城市群的创新能力，已经成为粤港澳大湾区实现战略转型的关键问题。从粤港澳城市群的实际情况来看，有三个方面存在较大的不足。一是科研力量相对不足。根据 2010 年第二次全国 R&D 资源清查数据，作为中心城市的广州，各类科研院所仅有 975 个，远远低于上海（2084 个）与北京（2026 个）。同时，由于实体产业外迁珠三角，香港的研发创新水平已多年停滞不前。二是粤港澳创新人才缺乏互动与交流。香港有亚洲一流的教育资源，每年都培养大量的科技人才，但由于缺乏制度激励，很少有人进入珠三角地区创业就业。三是知识产权缺乏有效的法律保护，极大地影响了企业开展创新活动的积极性，导致很多企业不得不放弃自主创新，而采用以抄袭和模仿为主的创新策略。

（四）生态环境问题日益突出，跨区域环境治理存在制度性障碍

粤港澳三地的制度障碍已经成为区域环境质量总体恶化的一个主要因素。制度障碍主要包括两个方面，一是法律层面的障碍。由于粤港澳分属不同法域，广东环境部门在管理和协调区域性环境问题时，会涉及区际法律关系的处理，需要得到国家的授权才能执行。二是标准层面的障碍。粤港澳在环境质量标准和污染物排放标准方面存在一定差异，这也成为区域环境协同治理的主要障碍之一。

四 从"伙伴"走向"合伙人"：粤港澳大湾区 区域关系的重构与合作路径

新时代，粤港澳大湾区将迎来新的发展机遇。一个高品质、平等化、网络化的世界级城市群将会是中国更好地参与全球竞争、融入全球价值链的关键。而在"一国两制"下创新区域治理模式，应如何重构粤港澳区域关系，促进三者的深度连接和融合呢？笔者认为，从"伙伴"走向"合伙人"是粤港澳大湾区关系重构的方向。"合伙人"是法学中的一个概念，通常指以其资产进行合伙投资，参与合伙经营，依协议享受权利、承担义务，并对企业债务承担无限（或有限）责任，是一个基于长远共同目标的利益和命运共同体的概念。如果说以往的粤港澳合作是优势互补、各显神通、普遍繁荣的"伙伴"关系的话，那么未来的发展应当是目标一致、红利共享、共同缔造的"合伙人"关系，具体的合作路径有以下建议。

（一）探索建立更高层次的跨界城市协调平台

针对当前珠三角地区面临的"行政壁垒"和"空间破碎化"等问题，必须对现有的城市治理体系进行整合和创新，构建完善的、面向世界级城市群的协调治理机制。

首先，在加强横向的区域协作方面，可探索建立新型"中央集权"制度，由中央政府协调建立一个长期的跨界城市协调平台。这里的"平台"，是一种"弱化层级"的、通过连接实现双方或者多方对等交流的构建。在平台内部，一方面可以把湾区其他重要主体如商会、协会、学会、非政府组织等纳入，促进其与各级政府机构的沟通和"配对"（如资金供需或者区域发展战略）；另一方面，赋予此平台足够的协调组织权力、约束力和执行力，下设特别行动基金以及针对不同领域和事务的部门，在基础设施建设、营商制度环境构建、公共服务衔接、征税收费等方面进行全面的协调统一，实现合作收益和合作成本的合理分摊。此平台可在现行粤港澳联席会议制度基础上进行完善。

其次，在加强纵向部门协作方面，通过部、省、市的工商、人社、经济、科技等重点部门的衔接合作，推动城市群市场经济制度和社会保障制度的一体化，最大限度降低要素在城市群内部流动的成本。

（二）关注和顺应民心，加强三地非正式合作交流

要从"伙伴"关系走向合作无间的"合伙人"关系，除了切实加强跨界地方政府间的正式交流与合作之外，还必须与社会各界和普通民众达成共识。这方面可以做的事情比较多，包括推进区域旅游合作、加强人文交流、加快探索跨区域人口流动政策[11]、着力搭建粤港澳三地民间机构合作平台等，从而促进社会公众对跨界合作收益的认可，并通过整体的社会进步，促进背景不同的城市更进一步的发展。

（三）推动粤港澳产学研协同创新，构建良好的自主创新环境

要实现粤港澳大湾区由要素驱动向创新驱动的转型，就必须提升粤港澳城市群的自主创新能力。目前珠三角地区已经成为全球最重要的生产制造业中心和物流运输枢纽，香港是世界级金融中心并拥有亚洲一流的科教资源，深圳是高科技创新中心。因此，从粤港澳城市群的实际情况来看，推动粤港澳产学研协同创新无疑是提升粤港澳城市群创新能力的最佳路径。然而，目前粤港澳之间的产学研协同创新由于缺乏制度保障仍然较为滞后，亟须从以下三个方面进行制度改革与创新：第一，建立健全珠三角企业与港澳大学、研究机构的产学研合作体制机制，包括研发平台的合作建设、项目审批、人才培养、资金管理、知识产权和成果的分配；第二，建立港澳人才引入内地创业、就业的激励和保障体制机制，在通关、住房、税收、教育等方面给予一定政策优惠和支持；第三，探索成立知识产权保护法庭，完善知识产权保护的立法和执法，构建与国际接轨、适宜自主创新的知识产权保护制度环境。

（四）推进大湾区环境污染协同治理，营造高品质生活空间

目前粤港澳城市群的跨区域生态环境问题日益突出，亟须完善跨区域的环境治理体制机制。一是继续完善粤港澳现有的环境治理合作机制，建立统一的粤港澳环保合作协调组织；二是在环境规划、管理、标准、监测和评估方面实现统一，促进环境信息互通共享、治理行动同步和技术措施匹配；三是完善区域协调机制，充分发挥综合决策委员会、城市联盟等民间组织协调机构的作用，协调解决跨地区、跨流域的重大或突发环境问题，联合审批有区域影响的建设项目；四是尽快建立大湾区跨区域的环保联合执法机制，建立统一的环境执法工作台账和动态档案，联合解决跨区域环境问题和污染纠纷。

参考文献

［1］王缉宪：《粤港澳大湾区是一个"OPP"》，"城 plus"微信公众号，https://mp. weixin. qq. com/s/nmq39816 uEcwjfrl7pCWqg，最后访问日期：2017 年 4 月19 日。

［2］李立勋：《关于"粤港澳大湾区"的若干思考》，《热带地理》2017 年第 6 期。

［3］孙不熟：《广东为什么盛产大城市？》，界面新闻网，http://www. jiemian. com/article/2006293. html，最后访问日期：2018 年 3 月 20 日。

［4］许学强、李郇：《珠江三角洲城镇化研究三十年》，《人文地理》2009 年第 1 期。

［5］李郇、郑莎莉、梁育填：《贸易促进下的粤港澳大湾区一体化发展》，《热带地理》2017 年第 6 期。

［6］袁奇峰等：《改革开放的空间响应——广东城市发展 30 年》，广东人民出版社，2008。

［7］李斑、符文颖：《珠江三角洲城市空间形态及其演化机制对比》，《地理科学进展》2014 年第 5 期。

［8］李郇、徐现祥：《中国撤县（市）设区对城市经济增长的影响分析》，《地理学报》2015 年第 8 期。

［9］刘超群、李志刚、徐江：《新时期珠三角"城市区域"重构的空间分析——以跨行政边界的基础设施建设为例》，《国际城市规划》2010 年第 2 期。

［10］陆大道：《关于珠江三角洲大城市群与泛珠三角经济合作区的发展问题》，《经济地理》2017 年第 4 期。

［11］孙不熟：《争锋：粤港澳与杭州湾》，《同舟共进》2017 年第 11 期。

粤港澳大湾区打造全球跨境电商中心的路径与对策

刘　珍[*]

摘　要：目前跨境电商得到了飞速发展，交易规模持续扩大，粤港澳大湾区跨境电商交易规模已居全国首位。如何利用跨境电商方面的优势，打造全球跨境电商中心，是粤港澳大湾区跨境电商发展面临的巨大挑战。本文基于粤港澳大湾区跨境电商发展的现状，指出了其发展优势，并从人才、平台、物流、支付、政务等角度，分析了粤港澳大湾区在打造全球跨境电商中心过程中面临的主要挑战，并提出了相应的发展路径和对策建议。

关键词：跨境电商　全球跨境电商中心　粤港澳大湾区

一　引言

跨境电商作为"互联网＋外贸"的新业态，充分利用了电商全天候、跨地域、可交互等特征，弥补了传统外贸在交易时间、地域和沟通方式上的缺陷，业务发展迅速，在我国进出口贸易中占比不断攀升。随着跨境电商在进出口贸易中的重要性不断凸显，对粤港澳大湾区（以下简称"大湾区"）而言，能否持续保持进出口贸易方面的优势，跨境电商的发

---

*　刘珍，广东省商业职业技术学校讲师，主要研究方向为跨境电子商务。

展将起到决定性作用。因此，打造全球跨境电商中心，是大湾区保持进出口贸易龙头地位的必然选择，也是促进外贸转型升级的有力手段。

作为大湾区的重要城市，广州出台了《关于加快南沙跨境电子商务发展的工作方案》，明确指出要以自贸试验区、保税港区为核心区域，打造高水平对外开放门户枢纽和国际新型贸易中心。[①] 从大湾区来看，应通过整合各地区优势，构建以电商平台、制造企业、物流航运、服务商和产业基地为核心内容的跨境电商产业体系，从而打造全球跨境电商中心。

目前，打造全球跨境电商中心的模式分为两种。一种称为"环杭州湾模式"或者"平台模式"，这种模式依靠原有电商巨头，通过导入阿里系、网易系等超级流量，培育跨境电商平台的"巨无霸"，吸纳中小型商家在平台开展经营，依托平台优势逐步完善跨境电商上下游产业链，形成强大的竞争力。另一种模式可以称为"珠三角模式"或者"产业模式"，这种模式依托原有的产业能力，从商品的生产制造优势出发，以跨境电商为产品销售的手段，依托原有的外贸基础和电商中小商家聚集效应，从产业角度切入跨境电商，完善跨境电商产业链生态，从而进一步打造全球跨境电商中心。粤港澳大湾区采用"产业模式"，通过充分发挥广州、深圳、东莞、佛山等城市在产业方面的优势，再依托交通设施的高度互联互通，来打造全球跨境电商中心。

二　文献综述

由于研究视角的差异化，学术界对粤港澳大湾区发展跨境电商的认知也比较多元。舒阳、陈奇等（2017）从基础设施互联互通、管理手段便利化、跨境电商配套服务等方面分析了粤港澳大湾区跨境电商发展的

[①] 2018 年 11 月 29 日，广州南沙开发区管委会办公室《关于印发加快南沙跨境电子商务发展的工作方案的通知》中明确指出，要将南沙打造成华南跨境电商高端要素集聚区和资源配置中心。

优势。余萍、江佩怡（2018）从广东省跨境电商的现状分析探讨了其发展优势，如交易规模逐年扩大、业务模式成熟、产品结构多元化、市场分布广泛等。杨坚争等（2014）依据跨境电商的整体流程提出了跨境电商应用状况评价指标，认为对跨境电商发展有重大影响的指标分别为电子通关和物流因素、交易支付的工具因素、国际市场环境因素、与跨境电商有关的法律法规因素。刘云刚等（2018）从粤港澳地区的实际出发，研究并提出了粤港澳大湾区跨境协调问题的主要因素，包括两制三区、多重边界、差序格局、尺度政治等。洪振钦（2017）指出，广州建设跨境电商中心的优势主要包括极佳的区位和便利的交通、外贸产业高度聚集、电商平台发展成熟等，劣势主要有跨境服务贸易不到位、制造企业品牌效应差，面临的威胁主要有海外企业威胁、贸易信誉威胁等。

对于发展跨境电商并打造全球跨境电商中心的路径和策略，部分学者也从不同角度展开了研究。洪振钦（2017）指出，广州建设跨境电商中心的对策包括跨境电商支持政策、创建跨境电商产业园、建立涵盖数据互联的一体化平台、完善跨境电商人才培养体系、完善跨境电商物流体系等。罗谷松（2017）认为应该通过优惠政策倾斜、对接产业需求、引导高校加强跨境电商人才培养、加强校企合作、强化实训等措施建立跨境电商人才创新创业支撑体系，强化跨境电商的行业人才培养。王术峰（2016）认为粤港澳大湾区跨境电商物流产业发展呈现自发性区域分工趋势，并在分析各城市跨境电商物流资源特点的基础上，根据增长极理论，提出了将广州南沙区作为大湾区跨境电商远程配送中心，构建区域跨境物流支撑体系的建议。

三 粤港澳大湾区跨境电商发展的现状与基础条件

（一）大湾区跨境电商发展的现状

1. 大湾区进出口总额及跨境电商整体规模

2012～2016 年，大湾区的年进出口总额基本维持在 8 万亿～9 万亿美元，超过京津冀地区进出口总额的 3 倍，在全国进出口总额中占比达 40%，和国际著名湾区相比，是东京湾区的 3 倍以上（见图 1）。可以毫不夸张地说，大湾区外贸领跑全国，在同类世界级湾区中也属于佼佼者。

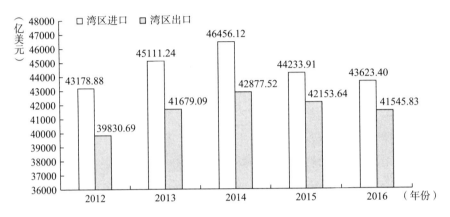

图 1　2012～2016 年粤港澳大湾区进出口总额

资料来源：参见广东省社会科学院《粤港澳大湾区建设报告（2018）》。

大湾区城市群中有 9 个城市位于广东省，下面我们以广东省为例来分析大湾区的跨境电商规模。2017 年中国出口跨境电商卖家中广东占比 24.8%，高出第二名浙江省 8 个百分点。在跨境电商进出口总额方面，2018 年广东省跨境电商进出口总额达 759.76 亿元，增长 72.0%，跨境电商进出口额位居全国首位①，由此可以看出广东省跨境电商发展的领先地位，也可以证实大湾区跨境电商发展的巨大潜力。

2. 大湾区跨境电商行业品类及市场

在大湾区，跨境电商的产品结构呈多元化发展。根据 2017 年的数据，在跨境电商出口品类分布中，3C 电子产品、服装服饰、家居园艺和户外用品等行业发展较快，分别占比 20.8%、9.5%、6.5% 和 5.4%②；

①　参见 2018 年 5 月电子商务研究中心发布的《2017 年度中国出口跨境电商发展报告》。
②　参见 2018 年 5 月电子商务研究中心发布的《2017 年度中国出口跨境电商发展报告》。

在跨境电商进口品类分布中，有美妆护理、鞋帽箱包、母婴用品、家居用品、运动户外、数码家电、生鲜水果、保健品等行业，其中美妆护理及母婴用品是消费占比最高的品类，发展最快。

大湾区的跨境电商市场分布广泛，其中出口产品主要流向了美国、欧洲等成熟市场的消费群，俄罗斯、巴西等新兴市场呈快速发展趋势，这是因为欧美日等发达经济体实施量化宽松等刺激政策后经济增速稳步回升，新兴经济体经济增速放缓，预计未来大湾区制造业的出口优势仍将继续保持。

（二）大湾区跨境电商发展的优势

1. 大湾区各城市跨境业务互补性强

在粤港澳大湾区发展跨境电商，广州和深圳是带头者，珠海和东莞是后来者。随着港珠澳大桥的建成通车，珠海在大湾区的地理位置优势越发凸显。它可以承接港澳的仓储、配送功能，也可以吸引葡语系商家参与跨境电商产业经营。东莞是跨境电商的后起之秀，是3C电子产品的集散地，同时集聚了大批服装、鞋帽、小家电工厂。东莞外贸色彩浓重，和环杭州湾的义乌发展跨境电商相比，行业人士用"10双手套抵不过东莞1辆玩具小汽车的利润"，形象地描述了东莞发展跨境电商的优势所在。总而言之，粤港澳大湾区城市的跨境电商发展各具特色，互补性强。

2. 大湾区内自贸区的政策优势

深圳前海、广州南沙、珠海横琴等广东自贸区依托特殊的海关监管区域优惠政策，利用电子港口平台优势和数据共享机制，积极开展跨境电商进口业务。截至2017年底，广东自贸区海关注册企业达10342家，进出口额达9898亿元，并形成了跨境电商平台、仓储、物流、支付等相关产业链。另外还有30多个投资额在5000万元以上的跨境电商园区，以及O2O体验店、跨境商品直购体验中心、进口直购消费展等新型跨境电商模式，广东自贸区的发展为粤港澳大湾区跨境电商的发展提供了丰富的资源。①

依托广东自贸区的政策优势，在与全球经济接轨、服务贸易自由化、产业协同、平台建设、创新创业等方面实现对粤港澳大湾区更高水平的开放，通过自由贸易区、贸易港建设，将高端资源"引进来"，推动自主创新成果"走出去"，为大湾区跨境电商发展的要素流动和服务贸易等提供了便利。

四　粤港澳大湾区跨境电商发展的主要挑战

（一）跨境电商行业人才缺乏

跨境电商是融合互联网、电子商务、外贸的新商业模式，整个业务流程融合贯穿了外语、外贸、电子商务等多种专业知识。物流管理、平台运营、金融管理、IT系统以及电商买手等跨境电商链条上的环节都需要复合型人才。从跨境电商的具体运营技能来看，相对于传统电商，跨境电商对人才要求更高。跨境电商运营人才需要具备的技能包括出色的网络营销能力、熟练的贸易平台操作能力、跨境电商网站运营能力、物流与供应链管理能力、小语种沟通能力等。

目前粤港澳大湾区的总人口数量达6600万人，人才基数非常大，但跨境电商方面的人才仍然极度短缺。以广州市为例，跨境物流、跨境电商、国际会展业等高级管理人才缺口达50万人以上。② 大湾区跨境电商生态要进一步发展完善，行业人才缺乏是主要瓶颈之一。

（二）大型跨境电商平台数量少

在环杭州湾大湾区，天猫国际、京东全球购等活跃用户超千万的大

---

① 参见2018年4月25日海关总署广东分署发布的《2017年中国（广东）自由贸易试验区贸易便利化绩效评价报告》。
② 林至颖：《大湾区开放包容，港人才凤栖梧桐》，《大公报》2018年12月20日。

型跨境电商平台，依托其强大的平台营销能力和超大的 C 端流量，能够整合上下游资源，促进地区行业发展，也能聚集行业人才。在各大湾区打造全球跨境电商中心的过程中，大型跨境电商平台可以起到关键的平台支撑和产业促进作用。

受地区定位、传统文化、商业氛围以及经营风格等因素影响，尽管来自大湾区的网购销售额早已跃居全国首位，但其缺少有号召力的大型电商平台。虽然粤港澳大湾区跨境电商采用的是"产业驱动模式"，但是在通过产业推动跨境电商发展的过程中，也应积极地引入和培育大型的跨境电商平台，形成产业推动和平台加持双轮驱动的良好发展态势。目前，全国 70% 的跨境电商在广东，超过 50% 的跨境电商在粤港澳大湾区，但排名靠前的国内大型跨境电商平台，仅有唯品会一家总部位于广州，华东地区坐拥 8 家超大型的跨境电商平台，相比之下粤港澳大湾区跨境电商强、平台弱的问题还十分突出（见表 1）。

表 1　大型跨境电商平台模式及总部所在地对照

平台名	进口/出口跨境电商	商业模式	总部所在地
天猫国际	进口跨境电商	B2C	杭州
唯品会	进口跨境电商	B2C	广州
网易考拉	进口跨境电商	B2C	杭州
京东全球购	进口跨境电商	B2C	北京
小红书	进口跨境电商	社区电商	上海
宝贝格子	进口跨境电商	母婴细分行业	北京
洋码头	进口跨境电商	买手模式	上海
淘宝全球购	进口跨境电商	B2C	杭州
苏宁海外购	进口跨境电商	B2C	南京
速卖通	出口跨境电商	B2C	杭州
跨境通	出口跨境电商	B2C	上海

资料来源：根据网络公开资料整理。

（三）物流仓储体系待完善

跨境电商在商品运送的及时性上面临巨大的挑战，配送成本高、周期长等问题十分突出。跨关境的报关、商检等环节阻碍了国际物流进程，使跨境运送的效率相比国内物流大打折扣。目前粤港澳大湾区跨境电商的物流以邮政小包为主，货量太大，包裹较小，由于运输距离长，从物流员工揽件到最后将物品送交到用户手上需要经历多次转运，包裹出现破损难以避免，且经常会出现丢件的现象，货损率居高不下，也是跨境物流存在的难点问题之一。

同时，大湾区从事跨境电商的企业以中小企业为主，它们的海外订单零散，碎片化趋势明显。受限于资金能力，大多数企业无力建设海外仓以实现本地配送，货物主要依靠跨境物流进行运输。跨境物流高昂的成本和滞后的速度，严重阻碍了中小企业产品在价格及便捷性上的优势发挥，减慢了粤港澳大湾区跨境电商快速发展的步伐。

（四）跨境资金支付结算效率待提升

跨境支付结算作为跨境电商的核心部分，涉及跨国或跨区域支付，支付方式较复杂。总体来说，跨境电商的支付方式包括两大类，一类是线上支付，如 PayPal、Cashpay、Moneybookers 等，这些支付方式都要收取一定的手续费，并且有一定的支付条件和限制；另一类是线下支付，如 T/T、MonefGram 等，这些支付方式手续烦琐，周期较长。大湾区的跨境电商企业，同样面临着传统支付方式效率偏低、到账时间不确定、小额高频成本居高不下等问题。

（五）对政务服务效率依赖性强

从宏观政策层面来看，自 2016 年 5 月以来，我国对跨境电商零售进口实行"暂按个人物品监管"的过渡期安排，有效促进了相关行业的发展。2016 年 3 月，财政部联合海关总署、国家税务总局发布了《关于跨境电子商务零售进口税收政策的通知》，原定自 2016 年 4 月 8 日起实施，也称"四八新政"①。后延期三次，并于 2019 年 1 月 1 日起实施跨境电商零售进口现行监管政策。跨境电商的零售进口政策对行业发展有着决定性作用，"四八新政"首次公布取消跨境产品免税额，造成了进口跨境电商成交额近 4 个月的"熔断"式下跌。从该事件可以看出，配套政策和行业规范是影响跨境电商发展的重要潜在因素。不过随着宏观政策和行业自律规范的不断完善，后续宏观政策对跨境电商的影响将越来越小。

从粤港澳大湾区地方政府服务来看，跨境电商在整个过程中涉及保税区及产业园规划、产品报关、检验检疫、关税优惠、离岸公司注册等商检税费政务服务的方方面面，政府能否在政务服务方面提供高效的支持，是影响跨境电商发展的关键要素之一。同时，随着粤港澳大湾区一体化规划的发布和深化，其内部跨境电商企业的业务往来和商业合作也将不断增多。各行政单位之间的政府服务互通互办，也将是粤港澳大湾区成为全球跨境电商中心的关键因素。

五 打造全球跨境电商中心的思路与对策

(一) 多方合力推动跨境人才培养

1. 充分发挥大湾区人才聚集效应

统计数据显示，在粤港澳大湾区，分布着近 150 所高校、43 个国家重点实验室。放眼未来，数量众多、发展迅速的广东高校，加上本身实力强劲的香港高校、潜力巨大的澳门高校，以及一批正在新建的高校，使这个区域正在快速成为我国最大的名校聚集地。仅广州一个城市就拥有在校大学生 100 余万人，居全国第一位，大湾区众多知名高等学府吸纳了大量的高素质人才。

---

① "四八新政"是指 2016 年 4 月 8 日，财政部联合海关总署、国家税务总局共同推出《关于跨境电子商务零售进口税收政策的通知》，要求跨境电商零售进口商品不再按物品征收行邮税，而是按货物征收关税、增值税、消费税等，行邮税税率也同步调整。

众多的高等学府和大专院校，为湾区发展提供了强劲的人才支撑。同时，凭借超高的经济发展速度和优越的就业环境，仅 2018 年大湾区就接收了 39.08 万名广东应届毕业生，占广东省毕业生的 82.65%。[①] 社会各界应从引才、留才和用才等方面全方位出台政策并创造条件，让人才愿意来大湾区，来了之后能留在大湾区，做到才尽其用。把大湾区对人才的虹吸效应，真正转化为建设全球跨境电商中心的动力源泉。

2. 政企联合培养跨境电商人才

要满足跨境电商人才的复合型要求，就需大湾区高校打破以往专业之间各自为政的局面，在人才培养上以市场需求为导向，以行业为纽带、企业为主体、高校为支撑，构建全方位、复合型人才培养模式。各方的分工合作，包括政府积极出台政策，高校顺应时势整合理论知识并加快实训基地建设，企业提供实践岗位以及有从业经验的师傅、行业协会有效整合行业资源并提供行业指导，政府、行业协会、企业和学校四方协同培养人才，实现跨境电商人才与跨境电商企业的无缝对接。

教育部于 2019 年 6 月 18 日公布了《中等职业学校专业目录》，跨境电商成为增补的 46 个新专业之一。目前，广东省商业职业技术学校等已率先开设跨境电商相关课程，随着新办法的出台，大湾区内中职学校应通过设立跨境电商专业，加大人才培养力度。在大专院校方面，广东外语外贸大学、广州市白云工商技师学院以及深圳技师学院等相继设立跨境电商相关专业，后续应利用院校自身优势，进一步深化跨境复合型人才培养模式，提升跨境应用型人才培养的质量。

3. 建立完善的人才标准认证体系

目前培训市场上专门针对跨境电商的证书数量少且缺乏权威性，过半企业认为虽然证书不能完全反映专业能力，但在招聘人才的过程中认可度高的证书还是能够帮助他们选择相关岗位人才。政府应组建由政府、行业协会、企业以及学校四方共同组成的专家团队，在市场调研的基础

----

① 参见广东省教育厅 2019 年 1 月 6 日发布的《2018 年广东省高校毕业生就业质量年度报告》。

上，构建区域性的跨境电商人才培养、评价体系。

粤港澳大湾区各方也在积极探索，由培训机构、广东财经大学及阿里巴巴集团联合主办的"百年橙师"跨境电商师资培训迄今已经举办了五期。老师通过培训成绩合格后可以获得"跨境电子商务师"证书，在业内认可度较高，通过培训的教师进而赋能学生，让学生学有所成。同时，以认证体系为驱动，吸引了来自全国院校的老师进入跨境电商企业实地调研，了解跨境电商企业的实际业务场景，从而进一步探讨培养懂理论、有技能的复合型跨境电商人才的新思路。

（二）积极构建大型跨境电商平台

1. 加强产业集聚园区载体建设

政府主导建立跨境电商产业园，为产业链提供前提条件，突破有形市场的地域空间限制、带动相关产业发展。以跨境电商产业集群为基础，以跨境电商和生态链企业为客户群，强调政府、开发商与入驻企业按照契约关系，推动跨境电商相关资源的整合和集约化，进而充分发挥市场优化资源配置的作用，为打造大型的跨境电商平台夯实硬件基础。

依靠电商共享技术，打造跨境电商产业链，提升大湾区制造、营销、研发的网络整合能力。针对跨境进出口业务打造的园区综合服务平台，具有提供物流数据、支付通道、政务服务等功能；服务进出口企业、国际物流企业、跨境电商企业、第三方服务商等，整合跨境电商相关资源，为打造大型跨境电商平台提供了软件支撑。

2. 引进和培育跨境电商主体

广州、深圳、珠海先后在引进和培育跨境电商主体方面出台了相关政策，从加大引入跨境电商交易平台奖励力度，到扶持自主品牌跨境电商主体，再到利用语言优势有针对性地扶持跨境龙头企业，大湾区内各地政府因地制宜、力度空前。

广州重点引进跨境电商交易平台、物流供应链、支付结汇、海外仓等服务企业，对在广州设立综合型、职能型或地区总部的跨境电商企业，按照政策进行补贴①。

深圳扶持一批有自主品牌、较高知名度和较强市场拓展能力的跨境电商经营主体做大做强，重点打造细分领域跨境电商行业龙头，推动垂直类跨境电商交易平台的规模化发展，吸引国内外知名跨境电商企业落户深圳②。

珠海力争建成粤港澳大湾区跨境电商重要一级、辐射粤西地区的跨境电商服务基地，与葡语系国家电商产业园区配套，引进和培育一批龙头企业。③

（三）构建多层次立体式仓储物流体系

1. 发挥物流基础设施互联互通优势

（1）推动大湾区物流区域优势互补

"一个国家、两种制度、三个关税区"的格局是粤港澳大湾区物流业发展的最大特点和优势。珠三角城市拥有一定的土地开发空间、丰富的物流园区资源和劳动力资源等比较优势，并逐渐从早期的纯粹货仓角色转向当前的现代物流服务。

得益于粤港澳三地物流业基础禀赋、角色定位和产业优势的不同，香港港口与大湾区内其他港口形成了明确的分工定位。随着粤港澳融合发展的深入，在运输、储存、装卸搬运、包装、流通加工、配送、信息处理等各个物流环节，粤港澳三地逐渐形成了优势互补、协作互动的良好关系。

（2）通过交通建设促进物流业发展

交通基础设施建设，是粤港澳大湾区建设的重要载体和主要内容，其发展完善对推动粤港澳大湾区的物流业发展至关重要。近年来，粤港澳大湾区大力推进基础设施"互联互通"，持续提升综合运输服务水平，

---

① 参见 2017 年 9 月广州市人民政府发布的《加快广州跨境电子商务发展若干措施（试行）》。

② 参见 2016 年 5 月广东省人民政府发布的《中国（深圳）跨境电子商务综合试验区实施方案》。

③ 参见 2018 年 11 月广东省人民政府发布的《中国（珠海）跨境电子商务综合试验区实施方案》。

内联外通的海陆空交通运输网络逐步形成，港珠澳大桥、广深港高铁相继开通，深中通道、粤澳新通道等交通基础设施重点项目开展顺利。

香港作为世界上最自由、最开放的港口之一，通过港珠澳大桥等湾区交通基础设施连接大湾区其他城市，可以更充分地发挥其作为国际物流枢纽和大湾区"超级联系人"的作用，极大地提升了大湾区国际物流效率。目前，众多跨境电商企业都在香港设立其海外进出口业务的分拨站和中转站。港珠澳大桥的建成，极大地缩短了内地和香港的陆路运输距离，原来从香港到珠海陆运距离超过 200 公里，依托港珠澳大桥可将海运距离缩短至 40 公里，陆运距离缩短约 80%。交通基础设施网络的完善，带动了物流业的发展，也为跨境电商带来了巨大的发展空间。

（3）打造世界级湾区物流平台

2018 年 11 月 27 日，粤港澳大湾区首个智慧物流平台——运易通在深圳蛇口对外发布。运易通以粤港澳大湾区为立足点，建立了覆盖全国的公共物流服务、可视化全程物流服务、数字化服务和在线科技服务体系。从客户的订舱、陆运、报关、保险、物流金融等需求出发，形成了大湾区独有的出口运输模式，使出口报关的等待时间减少了 1 天多，进口报关时间减少了 7 天多。

通过进一步推动粤港澳三地在基础设施、产业布局和公共政策等方面的融合协同，破除行政区划壁垒和阻碍，实现粤港澳三地供应链产业的融合发展、错位发展和物流要素自由流动。通过搭建大湾区共享的智慧物流平台，为粤港澳大湾区企业提供简单、便捷、节省、高效的全程物流体验，大大降低了进出口企业的物流成本，助力企业快速发展进出口业务，在市场竞争中占得先机，进而打造粤港澳大湾区绿色、节能、高效的世界级供应链。

2. 搭建多层次仓储体系

（1）积极建设保税仓

保税仓发货模式极大地加快了商品配送速度。相比海外直邮，在网购保税模式下，跨境电商企业先将货物存放在保税仓，在客户下单后，直接从境内的保税仓发货，整个配送流程与国内电商几乎一样，大大缩短了跨境配送时间（见图2）。

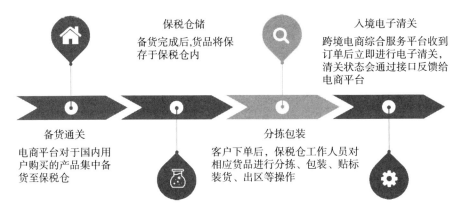

图2　跨境电商保税仓备货发货流程

保税仓发货模式也降低了物流成本。如果是海外直邮，那么单件商品的配送费用会较高。在网购保税模式下，国际物流段是批量运输的，这大幅降低了单个商品的物流成本。而通过保税区发货，从跨境电商渠道购买的海外商品可以享受免税额和优惠税率档次，相对于一般进口贸易税费更低。

在南沙、前海、横琴等地的保税区内已建成大批的保税仓，为湾区内跨境电商的发展提供了很好的物流支持。依托保税仓实现跨境购物，享有国内物流速度的巨大优势，湾区企业应充分做好保税仓的规划，积极推动保税仓的建设，进一步利用保税仓发货快、配送快等优势，提升跨境电商客户的购物体验。同时，做好湾区内的仓库规划，尽量避免单一商品在不同保税仓重复备货，造成不必要的货物损耗和保税仓资源浪费。

（2）大力发展香港仓

保税仓虽然能够提升跨境商品的发货速度，但因为需要批量从境外将商品运输到保税仓内，会带来产品品类单一等问题。跨境电商的进口及发货要求更加个性化。保税进口并不能完全满足跨境电商的需求，进口方式的多样化、操作的灵活性及不同产品采取不同进口方式的做法，在物流成本上节省了开支，从而衍生出香港仓。

香港作为自由贸易港，大多数商品进口享受免税，可汇聚多个国家货物进行分拨，根据订单发往周边地区。电商平台避免不了退货，退货产生的成本太高，所以商品很少会退回国外，一般会选择退回香港。因为香港临近广东省，退货到香港后可以做更多的处理。从香港直邮到内地可以给买家带来更好的消费体验，从发货到买家签收的物流耗时大大减少。建议湾区跨境电商企业在业务能力范围内，大力发展香港仓，充分利用区域内国际自由贸易港的优势。

（3）稳步推进海外仓建设

海外直邮模式根据是否集货又分为小包裹直邮模式和海外仓集货模式。从时效性来看，直邮模式由海外供应商直接发货，配送速度较慢，且前期需要承担较多的海外仓建设成本。从适用的品类来看，直邮模式可供选择的品类多，适用于非标和处于测试阶段的新产品。从商品退换成本来看，直邮模式下售后商品如果要退回的话，则回程寄送需要承担较高的国际物流成本。

海外直邮模式下有实力的电商平台会自建供应链，依托海外仓自行精准选购。以国内最早布局海外业务的大湾区电商平台唯品会为例，当前已建成包括德国仓、英国仓、法国仓、澳洲仓、美国仓等在内的数十个海外仓，基本覆盖了以时尚和品质著称的国家和地区。跨境电商企业通过建设海外仓，保证了跨境直邮全程的封闭性和连贯性，降低了其中的供应链风险，减少了中间环节，保证了产品品质，大大提升了交易的效率。

但是，海外仓也存在仓储成本高企、海外集货滞销风险大、熟悉海外业务的人才匮乏等问题。因此，大湾区发展跨境电商海外仓直邮模式，需要在综合评估国家政策等的前提下，优先依托互联网技术将世界各国和电商平台以及跨境物流联系起来，共同建设海外供应链，然后根据业务规模扎实推进海外仓建设，从而稳步推动大湾区跨境电商仓储体系向层次化和立体化发展。

（四）推动大湾区支付结算互联互通

1. 充分发挥粤港澳大湾区支付互联互通优势

建立高效、安全合规的资金转移渠道，可以极大提升跨境电商的资金支付结算效率，从而进一步提升湾区内跨境电商企业的综合竞争力。《粤港澳大湾区发展规划纲要》明确提出，"共同推动大湾区电子支付系统互联互通"。中国人民银行广州分行建成了粤港联合票据结算系统、粤港外币实时支付系统、粤港跨境缴费通系统等区域性支付与市场基础设施，并面向港澳两地大力推广人民币跨境支付系统，打造了安全、高效、便捷的跨境资金转移"高速公路"。作为金融基础设施的网联平台，于2019年3月起首次对支付机构的跨境业务提供支持，探索支付行业在跨境方面的业务模式，有效支持了湾区的互联互通。

2. 通过离岸公司降低支付结算成本并提升资金周转效率

跨境电商常常面临外汇资金收付问题，以进口跨境电商为例，销售平台常在国内，按照传统模式需要不断进行结汇、购汇操作，手续繁杂且交易成本高。依靠香港离岸账户，消费者可以一键在线换汇并以港元将支付款项转入进口电商在香港开设的账户，进口商也可以通过离岸账户购买美元向境外货物生产商支付货款，通过离岸账户结算的方式，可以极大提升进口商资金收付的效率，同时通过消费者直接购汇，有效避免了外汇管制对卖家外汇收款的限制，还可以减少外汇兑换的手续费（见图3）。

在实际操作中，由卖家提供资金来购买境外产品或支付平台营销、服务费用等。随着跨境贸易的做大做强，外汇管制也是大家不得不面对的一道难题，越来越多的跨境电商主体通过离岸账户来处理外汇收款问题。大湾区企业通过在香港注册离岸公司，提升外币资金调动的便利性。

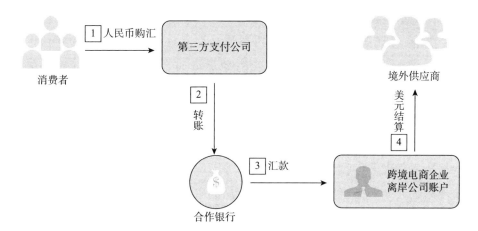

图3 跨境电商企业通过离岸账户进行资金收付

利用合规的离岸银行账户收付款方式，提升跨境电商企业的资金收付效率，减少不必要的货币兑换手续费支出，促进大湾区跨境电商业务的发展。

（五）打造便捷高效的政府服务体系

1. 创新跨境电商配套政策

大湾区应协调各地行政单位，建设共享跨境电商公共服务平台和消费者身份信息认证平台，完善公共服务平台企业接入功能模块。在通关检验、融资、结汇、退税方面提供便利，引导中小企业接入公共服务平台。同时，不断完善关检税等相关业务的数据对接，实现跨境电商数据的共享和协同管理。

打造跨境电商综合服务平台，实现"单一窗口"功能，推动跨境电商领域的"信息互换、监管互认、执法互助"，推进粤港澳认证及相关检测业务互认制度在跨境电商领域落地，实现"一次认证、一次检测、三地通行"。

2. 实现大湾区政务服务一体化

2019年5月，香港与内地首次以广东省佛山市三龙湾南海片区为试点实现了政务服务湾区通办。同日，澳门也与南海实现了政务服务湾区通办。这意味着粤港澳大湾区在政务服务方面实现了互联互通、跨境办理。香港、澳门的企业家和市民可通过当地的自助服务终端开办南海公司、办理南海涉税业务。这将极大方便粤港澳大湾区的市民远程办事，也将有效促进市场要素在粤港澳大湾区内流通。

此次开通的港澳办事业务包括商事登记、发票查验、出口退税率查询、气象查询、空气质量查询、企业基本信息查询、南海人才服务、企业红黑名单查询、营业执照打印等。佛山市南海区推动实现与港澳政务服务湾区通办，是湾区政务一体化迈出的象征性一步。对粤港澳大湾区而言，要促进湾区城市一体化，让人员和生产要素的流动更便捷，深化"互联网＋政务服务"，推动政务流程简化必不可少。

六 总结

依托大湾区坚实的外贸基础和跨境电商的良好发展势头，充分发挥湾区的人才集聚效应，进一步加大跨境电商复合型人才培养力度，为跨境电商的发展夯实人才基础。在政府方面，通过积极出台培育、奖励措施，引进和建设大型跨境电商平台。统筹规划粤港澳海陆空的交通布局，完善粤港澳大中小城市的交通体系，建立保税仓、香港仓、海外仓等多层次的仓储立体体系，为跨境电商发展提供全方位的仓储物流支撑。依托湾区跨境支付互联互通的天然优势，构建便捷、高效、低成本的跨境支付结算体系。加强制度创新，遵循粤港澳的营商规则，与国际高标准的经贸规则体系相连接，实现粤港澳经济一体化。完善大湾区跨境电商生态体系，全力打造粤港澳大湾区全球跨境电商中心，实现大湾区跨境电商由大到强的跨越式发展，为大湾区的区域协同发展注入新动能。

参考文献

［1］舒阳、陈奇：《基于粤港澳大湾区背景的跨境电商发展优势分析》，《现代经

济信息》2017 年第 15 期。

[2] 余萍、江佩怡：《广东省跨境电商的发展现状及对策》，《北方经贸》2018 年第 4 期。

[3] 杨坚争、郑碧霞、杨立钒：《基于因子分析的跨境电子商务评价指标体系研究》，《财贸经济》2014 年第 9 期。

[4] 刘云刚、侯璐璐、许志桦：《粤港澳大湾区跨境区域协调：现状、问题与展望》，《城市观察》2018 年第 1 期。

[5] 洪振钦、芮晓贤、崔蓉、肖锭：《建设跨境电子商务中心城市的对策研究——以广州为例》，《物流工程与管理》2017 年第 10 期。

[6] 罗谷松：《广州打造中国跨境电子商务中心的对策研究》，《当代经济》2017 年第 34 期。

[7] 王术峰：《粤港澳跨境电商物流资源禀赋研究——基于增长极理论的区域物流产业布局思考》，《商业经济研究》2016 年第 12 期。

[8] 冯然、陈万灵：《广州建设成为跨境电子商务中心城市的思考》，《广东经济》2017 年第 7 期。

[9] 王祖强、郑春峰：《促进跨境电子商务发展的思路与对策》，《电子商务》2015 年第 6 期。

[10] 唐臣、卢夏麟：《泛北部湾区 B2C 跨境电子商务物流模式的具体运用探索》，《现代经济信息》2017 年第 21 期。

[11] 李政、胡中锋：《“一带一路”背景下高职跨境电商人才能力需求研究——基于粤港澳大湾区中小企业的调查分析》，《高教探索》2018 年第 8 期。

大湾区发展战略

粤港澳大湾区和大城市群
城际轨道交通模式选择

——对地铁化运营＋高铁速度的城际轨道
交通系统的探讨

谢志岿*

摘　要：轨道交通是联结城市群的重要交通方式。当前我国城际轨道交通的规划建设和运营模式不完全适应城市群产业和人口转移的需要，存在客流不足和经营亏损等突出问题。创制一种结合高铁和地铁优势的世界一流的城际轨道交通模式，即地铁化运营的高速城际轨道交通系统，是满足粤港澳大湾区和大城市群内部产业和人口转移需要的模式选择。

关键词：粤港澳大湾区　高速城际轨道交通系统　地铁化运营　大城市群

一　城际轨道交通是联结城市群的重要交通方式

城际轨道交通在定位上属于区域轨道交通，在轨道交通体系中，是介于国家级干线交通和城市（城区）内部交通之间的一个交通层次。因

---

* 谢志岿，深圳市社会科学院社会发展研究所所长、研究员，研究方向为城市化和城市治理。

此它的全称是"区域性城际轨道交通"，在国外被称为 Regional Rail System，即区域轨道系统。城际轨道交通是指在经济发达、人口稠密的经济区域的主要中心城市之间或在某一大城市轨道交通通勤圈范围内构建的便捷、快速、运力大的客运轨道交通系统。[1]朴爱华将城际轨道交通系统划分为区域城际轨道交通主轴系统和大城市城际轨道交通通勤系统两大类别，两类城际轨道交通系统在通行距离、服务对象、客流特点、服务水平、运输组织等方面具有不同的特点（见表1）。[2]

表1　两类城际轨道交通系统比较

	区域城际轨道交通主轴系统	大城市城际轨道交通通勤系统
联结区域	主要中心城市之间	区域内部某一大城市中心与外围
通行距离	通常为100～300公里	通常在100公里以内，个别为100～150公里
服务对象	沿线各城市中有探亲、访友、商务、公务等交流需求的中短途城际旅客	中心城市、城市组团、部分次中心城镇之间有日常通勤、通学、购物、休闲、娱乐等交流需求的短途城际旅客
客流特点	以实现一日往返为主，具有明显的潮汐现象，客流具有早晚高峰的特点，早高峰出现的时间较早，晚高峰出现的时间较晚	以实现通勤为主，客流在具有潮汐现象的基础上，还具有明显的向心性，早晚高峰更加明显，早晚高峰出现的时间较城际主轴系统分别延后和提前
服务水平	单程旅行时间应不超过3小时	全程旅行时间应控制在1小时左右
运输组织	利用干线客运专线开行"高密度、小编组"的城际列车，一般不需要与干线客运专线并行修建同样标准的专用城际轨道交通线路	建设城际轨道专用线路，也可以将大城市内部的城市轨道交通线路向城市远郊区、周边城市延伸、扩展，还可以使干线铁路向区域中心深入或利用既有干线铁路的闲置资源开行具有通勤功能的公交化城际列车等

　　城际轨道交通是随着大都市区或大城市群的发展而产生，并随着轨道交通技术的进步而不断演进的交通方式。现代意义上的城际轨道交通多出现在经济发达的大都市区，如东京、纽约、旧金山、巴黎等大城市都是城际轨道发达的地区。或者说，正是发达的城际轨道交通促进了大城市群的发展。

　　东京市区面积达621平方公里，东京都面积达2186平方公里，大都市区面积达 19650 平方公里，是世界上城际轨道交通最发达的大都市之一。从 19 世纪到"二战"以前，东京在优先发展轨道交通的理念指引下，建设了比较完善的轨道交通系统。"二战"后，随着日本经济的恢复和发展，涌现了东京、名古屋、大阪等经济中心，当时连接这些地区的东海道铁路线只占日本铁路线总长度的 3%，却承担着全国客运总量的 24% 和货运总量的 23%。为满足大都市区发展的交通需求，20 世纪 50 年代中后期，日本启动新干线铁路建设。1964 年，最高时速超过 200 公里的东海道新干线投入使用。到 21 世纪初，东京城市轨道交通圈内的铁路线总长度为 2246.4 公里，城市轨道网络密度达每平方公里 222 米。[3]

旧金山湾区（San Francisco Bay Area）的陆地面积达 18040 平方公里，人口超过 760 万人，主要城市包括旧金山、奥克兰和圣何塞等，硅谷位于湾区南部。[4]旧金山湾区的公共交通非常发达，覆盖整个区域。公交线路通车里程为 11200 公里，其中轨道交通里程为 660.8 公里，主要的城际轨道有湾区快速轨道交通（BART）和半岛通勤列车等。公交化、通勤化是湾区轨道交通的重要特点。城际轨道交通已经不是以服务商务旅行为主要目的的旅客运输，而是以服务本地居民为主要任务（公交化）、以解决居民上下班问题为主（通勤化）的交通工具。区域城市之间实现公交化运营，使中心城市的集聚功能和核心作用更为显著，也带动了中小城市的繁荣，城市布局和城市分工更为合理。[5]

巴黎市中心区面积为 105 平方公里，近郊面积达 657 平方公里，远郊面积达 9433 平方公里。大巴黎地区的轨道交通系统分四个层次，分别为服务于市区的地铁（M），长度为 221.6 公里；服务于市中心外近郊 60 公里范围的市城快线（RER），长度为 589.9 公里；服务于市中心 60 公里外远郊范围的市郊铁路，长度为 1263 公里，连接 RER 和 M 线的是有轨电车（T）。因此，巴黎大都市区轨道交通总长度达 2074.5 公里。

纽约市区面积为 786 平方公里，纽约都市区面积为 7000 平方公里，纽约大都市圈面积为 33165 平方公里，人口达 2000 多万人。纽约大都市区轨道交通系统由三个层次构成，分别为服务于中心城区的地铁（M）线路26条共368公里、PATH线路4条共22.2公里和服务于大都市区范围内的通勤铁路。通勤铁路主要是大都会北方铁路和长岛铁路，前者有8条线路共618公里[6]，后者有8条支线，总长约1100公里。

大都市区（城市群）将轨道交通作为主要的交通方式，是由轨道交通的独特优势所决定的。第一，运力大。一条快速轨道线的客运能力，相当于5条高速公路，而一条高速公路的宽度，至少相当于两条复线铁路。[7]在人口密集的大都市区，只有轨道交通能够持续稳定地实现人口在不同地区的转移。第二，快速可靠。轨道交通由于专线行驶，误点率低，能确保在规定时间到达目的地，高速轨道的运行速度也超过汽车。第三，节能环保。相比而言，公交车和私人汽车的能量消耗分别是轨道交通的3倍多和11倍多，燃油车的碳、氮、硫排放是轨道交通排放量的2~3倍。第四，安全。汽车交通事故死亡率是轨道交通的200倍以上。第五，节约土地。同样运力的轨道交通占地仅为汽车的1/16左右。

二 我国城际轨道交通的运营模式和存在问题

（一）发展历程

随着城市群的发展和对城市群的重视，城际轨道交通被提上议事日程。虽然之前一些连接城市的铁路（如广深铁路）符合城际轨道交通的定义，但我国大规模的城际轨道交通规划和建设始于2004年1月通过的《中长期铁路网规划》。2004年，规划专门对城际轨道交通尤其是我国京津冀、长三角、珠三角城市群的区域城际轨道交通进行了布局，共规划线路15条，路网长度总计1659公里，投资规模约1373亿元。为了推进三大城市群轨道交通建设，2005年3月，国务院常务会议审议并通过了《环渤海京津冀地区、长江三角洲地区、珠江三角洲地区城际轨道交通网规划》。之后，其他省（区、市）和城市群也提出了建设城际轨道交通的要求，2008 年修编的铁路网规划新增城际轨道线路 18 条，里程达 3887 公里，投资规模约 2357.2 亿元。2016 年，国家发展改革委、交通运输部和中国铁路总公司印发了新版《中长期铁路网规划》，将"四纵四横"的高速铁路网升级为"八纵八横"，并对拓展区域铁路连接线、发展城际客运铁路等进行了规划。规划提出到 2030 年，中国铁路版图将基本实现"省会高铁连通、地市快速通达、县域基本覆盖"。

（二）主要运营模式

经过将近 3 个五年计划的建设，目前主要的城市群都建有城际轨道交通，经营模式主要有如下几种类型。

（1）高铁专线＋国铁运营。典型线路有京津城际等。该线路是北京和天津两大直辖市的城际客运专线，也是我国《中长期铁路网规划》中环渤海地区城际轨道交通网的重要组成部分。铁路起点为北京南站，终点为于家堡站（2019 年更名为滨海站），全长 165 公里。京津城际按高速客运专线标准设计，设计时速为 350 公里，最小行车间隔为 3 分钟。

（2）非专线高铁＋国铁运营。根据《中长期铁路网规划》，利用现有高铁和普速铁路承担城际交通是一个重要策略。这一策略对充分利用现有铁路资源、促进区域互联互通具有重要意义，尤其在旅客数量不是太多、现有国家干线铁路运力尚不饱和以及新线路暂未开通的情况下。目前非专线高铁用于城际交通的典型线路有厦深高铁等，从深圳市区去往坪山、惠州和深汕合作区等地的交通需求虽然很大，但由于没有别的轨道交通选择，在沿线居民和政府的要求下，该线路承担了城际交通的功能。

（3）普速专线＋国铁运营。典型的线路有长株潭城际和莞惠城际等。长株潭城际是联通长株潭城市群的城际铁路，全长 104.36 公里，设站 24 个，设计目标时速为 200 公里，初期运行时速为 160 公里，采用电力牵引，自动控制。长株潭城际由湖南城际铁路有限公司建设，委托中国铁路广州局集团有限公司管理。莞惠城际是东莞市和惠州市之间的城际客运专线，属于珠三角城际快速轨道交通的一部分。目前已开通运营的广莞惠城际铁路小金口站—道滘站全程为 103.1 公里，共设 18 个车站，设计运营时速为 200 公里，高峰期时每 6 分钟一班车。莞惠城际的管理模式与长株潭城际类似，也采用国铁管理运营模式。

（4）普速专线 + 地铁运营。典型的线路有广佛城际地铁。广佛线横跨广州市的海珠区、荔湾区和佛山市的禅城区、南海区、顺德区，呈东西走向。线路西起佛山市魁奇路，东达广州市沥滘，总长约 40 公里，全线共设站 21 个，其中广州市设站 10 个，佛山市设站 11 个。广佛线的列车为 B 型车，4 节编组，设计时速为 80 公里。全线通车后，从广州市到佛山市全程只需要 49 分钟。作为广佛同城的基础设施，广佛城际采用地铁方式运营。

（三）目前城际轨道交通存在的主要问题

国家发改委宏观经济研究院研究员董焰认为，目前城际轨道交通存在的主要问题包括：第一，对城际轨道交通概念的认识不统一；第二，各种通道重复建设，综合运输能力超出实际运输需求；第三，城际轨道交通定位（服务对象和技术标准）存在误区；第四，城际轨道建设不完全符合区域的发展阶段和需求。[8]朴爱华则通过技术论证，认为目前城际轨道交通存在追求过高的速度目标值与城际轨道交通站点布设、系统制式选择等不匹配的矛盾。[2]概括而言，目前城际轨道交通存在如下主要问题。

在规划和建设上，布局不尽合理，存在供给和需求脱节的问题。正如董焰所说，我国目前城际轨道的规划建设时序与实际需求相背离。通俗地说，就是特别需要城际轨道的特大城市群，供给严重不足；暂时不需要城际轨道专线的次发达城市群，却存在冗余现象。我国特大城市群的城际快轨规模比例，与国外大城市群城际快轨存在相当大的差距[9]（见图 1）。

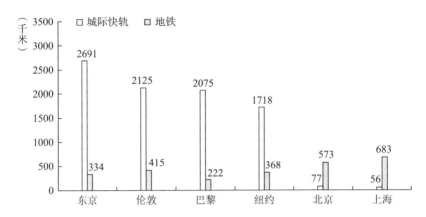

图1　世界大城市群城际快轨和地铁线路长度

说明：由于统计时点不一，不同来源的统计数据不尽一致。

城际轨道交通的市场定位不清晰，顾客黏度不高。城际轨道的优势应该是快速、可靠、便捷和经济。相对于长途高铁和汽车，它更加方便、可靠；相对于普速地铁，它更加快速。只有这样，才能吸引顾客选择城际轨道交通。目前，我国已开行的城际轨道交通要么速度较快但便捷性、可靠性不足，要么速度太慢或者价格过高，导致城际轨道没有比较优势，顾客选择度、黏度不高。如京津城际，虽然是高速城际，满足了速度要求，但需要提前购票、换票，提前进站候车、检票，进出站耗时多，并且繁忙时段不一定保证上车，可靠性、便捷性不足。而莞惠城际、长株潭城际，与高铁和高速公路相比，没有速度和价格优势，在便捷性上又不如汽车，加之目前城际轨道大多是单一线路，没有形成轨道交通网络，可及性差，因此，难以吸引更多的旅客。

在运行模式上，对区域性城际交通需求的响应不足。目前我国城际交通多数由国铁运营，多数城际轨道交通与长途铁路共用通道和交通场站，采用传统的长途列车运营方式，如提前购票（高峰期购票存在不确定性）、候车、进出站，采用与地铁分离的安检系统，与城市轨道交通的换乘时间长（重新安检）等。同时，国铁制式的城际轨道，在铁路、车辆和信号系统等方面，与地铁系统难以衔接。因此，亟须开发能够与地铁系统相衔接并适应城际轨道交通这一细分市场领域的铁路、车辆和信号系统，以满足城市间快速、便捷、大运量的交通需求。目前，高铁经营方虽然做了一些便捷化的安排，但由于其运营体制和规划上的问题，难以做到像地铁那样便捷。如果购票、进出场站耗时长且不确定，即使其本身运行速度较快，总时间消耗也没有优势。

在功能上，城际轨道还不能满足疏解特大城市产业和人口的需要。在世界大城市群中，城际轨道的一个核心功能是疏解中心城市的人口，发挥中心城市产业和人口的溢出效应。东京、纽约、旧金山湾区的城际轨道，主要功能之一是满足中心城区与周边地区之间的通勤需要。目前，我国多数城际轨道交通发挥的主要功能还是商务和旅游等，与现有的高铁和汽车的功能重叠（赶时间的旅客选高铁，讲究便捷的旅客选汽车，导致城际客源缺乏），北上广深等产业和人口需要疏解的特大城市则缺乏与周边城市之间的轨道交通通道，导致一线城市过于拥挤的人口难以向周围扩散。

在经营效益上，多数城际轨道交通处于亏损状态。目前，城际轨道交通多数线路由于速度、可靠性、便捷性和经济性等方面存在的问题，优势没有发挥出来，客流较少，处于亏损状态。[10] 城际轨道交通叫好不叫座的问题，引起了业界对城际轨道交通的质疑，导致一些城际轨道交通项目被叫停。

三　关于城际轨道交通供需的理论分析

城际轨道交通的供给主要基于现实和潜在的客流需求。对于交通客流预测，主流的方法为四阶段法，以 1962 年美国芝加哥市发表的 *The Chicago Area Transportation Study* 为肇始。初期的交通预测只是关于交通发生、交通分布、交通分配三个阶段的预测。20 世纪 60 年代后期，日本广岛都市圈的交通规划增加了对不同交通方式进行划分这一新的内容。此后，交通规划变成了交通发生、交通分布、交通方式划分和交通分配四个步骤，即交通规划的四阶段法（也叫四步法）理论。各种客流预测虽然有所差异，但都是以四阶段法为蓝本的。王树盛等将定性和定量分析相结合，提出了城际轨道客流的预测方法，即对各重要节点进行排序→确定各节点的重要度→初步生成轨道交通网络→划定各节点的吸引范围→产生虚拟交通小区→进行虚拟交通小区分析（包括出行现状调查与分析、虚拟交通小区间的客流增加预测和虚拟交通小区间的诱增客流预测）→生成各小区的产生和吸引客流→进行交通方式分担预测→生成网络流量→评价与调整。[11]肖建平综合了城际轨道交通的客流预测方法，从轨道交通影响范围、交通小区分析、交通方式分担预测、预增客流预测、时间价值等方面，讨论了城际轨道交通客流预测的特点。[12]程乐兵等采用基于运营组织的城市群轨道交通客流预测方法对长株潭城际轨道交通客流进行了预测，这种方法弥补了城市群交通、轨道交通及现有预测方法的不足，是改进的"四阶段"综合线网分配预测法，主要改进在于加入了交通运营组织，更加微观地考虑了各种公共交通方式之间的合作与竞争，并提出了对分配结果进行检测及多次分配验证的思路。[13]该方法先进行传统的发生、吸引预测及分布预测，然后通过交通方式预划分得到公共交通类 OD，再将公共交通方式 OD 以及交通运营组织方案载入综合公共交通线网中进行合作竞争方式的划分，最后对分配结果与交通运营组织进行验证，若未达到设定的精度则调整运营组织继续分配，直到得到轨道交通客流的稳态结果及最佳交通运营组织方案。

作为一种比较成熟的客流预测方式，以四阶段法为蓝本的客流预测无疑具有不可替代的作用。但是，很多同样以四阶段法为蓝本所做的客流预测与实际客流产生偏差的原因，与城际轨道交通的实际运营方式有关，也与城际轨道的客流预测和线路规划建设有关。本文认为，在城际轨道客流预测和线路规划中，除了常规因素，还有如下一些因素需要特别考虑。

一是城市人口的流动趋势与城际轨道建设时序的关系问题。城际交通的主要功能之一是疏解城市群核心城市的产业和人口，其标志是核心城市从产业和人口的输入型城市转变为输出型城市，按照集聚经济学的说法，即核心城市发展到一个临界阶段，由于拥挤效应和溢出效应，需要向周边扩散。对城际轨道而言，如果一个城市群的核心城市存在人口和产业向周边扩散的需要时，城际轨道交通的时间窗口就开启了，北上广深就属于输出型城市。如果城市群的核心城市仍然主要处于人口和产业的输入阶段，城际轨道交通的必要性和紧迫性就相对较弱，武汉、长株潭、郑州等就是这种情况。当然，从建设策略来看，处于输入型阶段的城际轨道建设成本相对较低。

二是城市发展的异质性与人口流动的动势能问题。城市中产业和人口的结构状况，对城际客流具有极大影响。类似能量的传导和转移，城市间产业和人口转移的动势能与中心城市产业和周边地区的高度、密度、成本方面的差异成正比。如果城市间产业和人口的质量、结构、密度等方面的同质性强，则相互之间转移的动势能小；如果异质性强，则相互之间分工和交换的动势能大。这在很大程度上解释了现有城市的人口流动问题。比如，北上广深等城市与周边区域的发展差异较大，产业和人口结构的异质性强，营商和生活成本差异大，产业和人口转移的势能较大，而发展水平、质量、密度相近的地区，分工交换的需要相对较小。如东莞与惠州、长株潭等城际铁路，由于相邻城市发展水平和生产、生活成本差异较小，产业和人口转移的动势能相对较弱，所以客流量较小。

三是轨道交通供给和运行方式与需求之间存在的诱增和诱减效应问题。客流预测与现实需求之间的偏差，既有预测本身问题，也有供给方式导致的诱减效应的问题。比如长株潭城际，运营上采用长途火车的方式，运行速度是普速，票价执行甚至高于直达高铁的价格，在经营方式上可以说是取短避长，加之站点偏僻，结果赶时间的旅客选择高铁或者汽车，不赶时间的旅客则选择更为经济便捷的其他交通方式。这种供给运营方式，产生了交通需求的诱减效应，即覆盖的交通区域内现实存在的客流成为潜在的客流。相反，如果交通供给方式得当，则会产生客流的诱增效应，甚至将本来不现实的客流转变为现实客流，即合适的交通供给方式会制造新的客流需求。比如，对北上广深这些产业和人口输出型城市，如果其中心城区与周边城市（区）150公里范围内，有像"地铁式便捷+高铁式速度"一类的城际交通，则会使由于拥挤效应需要转移的产业和人口，有效地向周边成本较低的地区扩散，从而出现大量的通勤人口。

四是交通满足率、交通自给率与交通方式分配问题。交通方式分配是不同交通方式之间竞争协同后形成的交通分配格局。增量交通的分担与现有交通的满足率、自给率有密切关系。交通满足率是指现有交通与居民交通需求的比率，交通自给率是指当地的交通供给量与居民的交通需求之间的比率。如果现有的交通方式能够基本满足需要，那么增量交通方式对现有交通的分担作用就相对不明显；如果一个城市的交通满足率和自给率低，增量交通方式的分担作用就比较明显。如长株潭和武汉城市群在城际交通开通之前，其原有交通基本能够满足居民出行需要，因此，新的城际交通具有很高的可替代性，其分担作用相对较弱。而北上广深等城市，由于人口规模较大，现有城际和长途轨道交通总体偏少，不能满足出行需求。尤其是深圳，城际轨道数量少（长途火车开行的班次也少，经常要到广州中转），交通满足率和自给率都较低，城际轨道的分担效果将比较明显。

五是城市规模、经济发展水平、住房自有率等指标与城际交通的规模问题。城市的规模和经济发展水平与客流的关系作为常规的分析工具毋庸置疑，但住房自有率很少被作为现有城际交通规划和客流预测的影响因素。与城际发展的结构、成本异质性相联系，住房自有状况与拥挤效应和城际客流有很大关系。如果城市住房成本低，居民住房自有率高，则向外转移的动能较低；如果住房成本高，居民住房自有率低，则向周边转移的动能较高。以广州和深圳为例，广州城市居民的住房自有率达70%，而深圳住房自有率仅为30%，这是由于深圳土地有限，住房成本高，没有住房的就业者向周边扩散转移的动势能强劲，而广州向周边转移的动势能则相对较低。

综上分析，城际客流预测的主要变量的函数关系可简要归纳如下：$Y = F（X_1，X_2，X_3，X_4，X_5，X_6，X_7，X_8\cdots）$。其中 X_1 为城市人口，X_2 为经济发展水平，X_3 为城际产业结构和梯度差异，X_4 为营商成本和收入差异，X_5 为居民住房自有率（逆向），X_6 为时间成本（逆向），X_7 为通行经济成本（逆向），X_8 为区内轨道网络状况（影响城际吸引客流的范围），等等。城际轨道客流规划，要综合考虑上述因素。

四 城际轨道的创新模式：地铁化运行的高速城际轨道交通系统

（一）粤港澳大湾区城际轨道交通系统的创新模式

粤港澳大湾区是指由香港特别行政区、澳门特别行政区和珠三角九市组成的城市群，粤港澳大湾区建设是重要的国家战略。粤港澳大湾区面积达 5 万多平方公里，人口有 6000 多万人，2017 年 GDP 总量逾 10 万亿元，规模总量居世界大湾区前列。如此巨大的人口和经济总量，需要世界一流的交通系统。目前，粤港澳大湾区内部之间的交通与国际一流湾区的定位还不匹配，突出表现为广州、深圳等中心城市与周边城市的公路交通已经基本饱和，城际轨道交通还不适应粤港澳大湾区未来发展的需要。构筑世界一流的粤港澳大湾区的交通系统，除了继续完善公路交通设施外，非常重要的是加强城际轨道交通建设。这不仅关系着一般意义上粤港澳大湾区内部的人流物流和资源一体化，还事关粤港澳大湾区的长期发展（如实体经济发展和人才吸引力）。当前，以深圳、广州为代表的湾区较发达地区的一大发展困境是以房地产成本为核心的营商成本、生活成本过高导致对人才的吸引力下降和产业有可能空心化的风险。而周边地区面临的困境是由于交通和公共服务设施等方面存在的问题，尚不能很好地引进和承接发达地区的产业和人才转移。而一流的城际轨道交通系统，是破解粤港澳大湾区内部发展瓶颈的有效手段。因此，必须从粤港澳大湾区未来发展全局的高度认识城际轨道交通问题。同时，对粤港澳大湾区城际轨道交通模式的探讨，也对我国长三角、环渤海城市群的城际轨道交通建设具有参考价值。

目前的普速地铁和高（普）速国铁城际轨道，由于运行体制/速度等方面存在的问题，无法满足粤港澳大湾区150公里左右范围内产业和人口转移的需要，因此必须充分利用轨道交通的先进技术，创造一种结合地铁的经济便捷优势和高铁的速度优势的轨道交通方式，建立世界一流的地铁化运行的高速城际轨道交通系统。只有这样的轨道交通系统，才能满足湾区内部同城化、一体化发展的内在需要。世界一流的高速城际轨道交通系统，具有如下特点。

第一，从功能上看，它是满足粤港澳大湾区核心城市的产业和人口向周边城市（区）转移需要的轨道交通系统。向周边城市（区）疏解产业和人口，是中心城市发展的必然结果，也是周边城市发展的内在要求。在粤港澳大湾区城市格局中，广州、深圳两个特大城市是产业和人口的最大流出地，而其他城市主要是产业和人口转移的承接地。尤其是深圳，由于城市空间狭小，产业与人口的规模和密度大，营商成本高，向周边疏散转移的动能和势能均很大。广州由于辖区面积大，产业和人口密度乃至营商成本较深圳低，向周边城市转移的动能和势能则弱于深圳。而东莞、惠州、佛山与中山等地，由于产业和人口的同质化，产业转移的动能和势能均较低。目前，粤港澳大湾区城际轨道交通规划和建设时序没有充分反映城市间产业和人口流动转移的阶段、方向和内在趋势，导致轨道交通脱离实际需求、客流量不足。而最需要城际轨道交通的深圳，由于线路过少，远远不能满足产业和人口向周边城市（区）疏散转移的需要。因此，粤港澳大湾区城际轨道交通系统，必须因应湾区内部产业和人口转移的内在趋势，更好地发挥中心城市的溢出效应和辐射带动作用。

第二，从管理体制和运营方式来看，必须采取地铁而非国铁体制。由于需要承担中心城市人口向周边城市（区）疏散的功能，通勤是城际轨道的重要任务。因此，城际轨道的生命线是快速、可靠、便捷和经济。国铁与长途火车站共用车站，需要提前购票、换票、候车、检票，进出站耗时多，并且繁忙时段无法保证上车，使它不能满足对时间比较敏感的城市间通勤的需要。而城际普速地铁虽然便捷性和可靠性高，但由于速度慢，旅行时间长，也不满足50公里以上较长距离乘客的通勤需求。因此，粤港澳大湾区应该规划建设一个区别于国铁的自成体系的快速轨道交通系统。这一轨道交通系统以广东省和粤港澳大湾区主要城市的地铁公司为主体运营，主要与湾区城市地铁（包括轻轨等）无缝换乘（一卡通换乘，无须另行出站和安检），它可以采用现有的高速铁路制式，也可专门研发一套适合湾区需要的高速轨道、信号系统和列车制式。

第三，在运行速度上，粤港澳大湾区城市之间必须以中高速轨道为骨干网络。对承担湾区50～150公里之间人口疏散转移的城际交通而言，运行时间是一个关键问题。除了地铁式运营节约时间外，较高的运行速度也是必要前提。因此，粤港澳大湾区城际干线网络必须是一个高速轨道系统。在速度上，它是一套高速铁路和列车系统，设计时速依通行距离应在250～350公里，并满足大站停和直达需要。在站点设置上，城际干线铁路平均站距宜在20公里以上，以提高运行速度，干线站点主要与区内地铁和其他交通衔接换乘，以扩大干线铁路的客流覆盖范围。交通组织可采取站站停、大站停乃至直达的方式，保障一些距离较长的区域可以在30分钟左右达到核心城市的中心区域。通过加强场站、轨道建设，有效解决城际轨道运行速度问题。

（二）湾区自成体系的干线网络举要

根据《珠三角城际轨道交通规划》，规划期内湾区共规划建设城际轨道线路 15 条左右，其中连接广州的有十多条，连接深圳的只有穗莞深和惠深城际两条，并且惠深城际深圳至惠阳段计划利用厦深铁路，但由于厦深铁路本身运力基本饱和，完全不能承担其间巨大的交通需求。据相关数据统计，目前深圳不到 2000 平方公里的土地上日活动人口达 2500 万人，1200 万常住人口中住房自有率只有 30% 多（广州为 70%）[14]，另有 70% 也就是 800 万以上常住人口无自有住房。另外，目前环深圳地区的东莞、惠州以及深中通道中山侧的商品房，80% 以上为深圳人购买，总量估计达 100 万套。由于交通通达性、可靠性不足，约 80% 没有入住，造成楼房的大量空置和浪费。也就是说，大运量、可靠的交通方式的缺乏，已经严重影响了深圳的产业和人才向周边地区的转移和流动。如果这些区域通往深圳中心城区的高速轨道交通得以建设并运行，将引导数百万人在深圳工作并到周边居住，如此多的人口每日在深圳和周边地区流动，产生的通勤客流将是百万级别的。因此，连接深圳的城际轨道交通将具有良好的经济社会效益。城际轨道交通只有顺应产业和人口流动的规律，才能贴近真实的客流需求，发挥应有的作用。

因此，构建一流的湾区轨道交通系统，必须以广州、深圳两大产业和人口输出城市为核心，构筑完善的自成体系的高速城际轨道交通体系。尤其是要全面加强产业和人口转移动势能都非常强劲的深圳、广州、惠州、东莞、中山和湾区其他城市之间的快速轨道交通建设规划，使高速干线城际铁路将湾区主要城市更紧密地联结起来，促进各种生产要素在粤港澳大湾区内充分流动。在深入分析产业和人口转移势能、OD 两端比较优势和潜在客流的基础上，粤港澳大湾区近期应加快建设如下线路（见表 2）。

表 2　粤港澳大湾区地铁化运行的高速城轨干线举要

线路	联结地区和主要站点	设计和运营特点	核心功能
1	白云机场、广州南沙区、东莞、深圳机场、前海合作区、南山科技园、坂雪岗科技城（设华为站）、坪地区、惠州仲恺高新区、博罗县、惠州市区、惠州机场	高速专线，设计时速达 250～350 公里，平均站距 20 公里以上，地铁式运营，主要与城市地铁接驳换乘，可开行大站停和直达列车	联结粤港澳三大机场和沿线重要产业及城市区域
2	深圳前海合作区、福田区、龙岗区、坪山区、惠州南站、惠州机场、惠东区、深汕合作区	高速专线，设计时速为 350 公里，平均站距 20 公里以上，地铁式运营，主要与城市地铁接驳换乘，可开行大站停和直达列车	联结深圳中心区域与深汕合作区沿线区域
3	珠海、中山、佛山、广州南沙区、东莞市区、松山湖、塘厦镇、坂雪岗科技城（设华为站）、布吉街道、罗湖区、盐田区、大鹏新区、大亚湾、惠东区	高速专线，设计时速为 250～350 公里，平均站距 20 公里以上，地铁式运营，主要与城市地铁接驳换乘，可开行大站停和直达列车。如条件许可，考虑深中通道兼容城际轨道交通，最大限度发挥深中通道作用	联结广深科技走廊暨深圳东部滨海重要产业和城市区域
4	香港、福田区、龙华区、清溪镇、陈江街道、博罗县	高速专线，设计时速为 250 公里左右，平均站距 15 公里左右，地铁式运营，主要与城市地铁接驳换乘，可开行大站停和直达列车	联结深港与北向核心腹地
5	广州白云机场、天河区、东莞厚街、深圳光明区、石岩街道、西丽街道、深圳科技园	高速专线，设计时速为 250～350 公里，平均站距 20 公里以上，地铁式运营，主要与城市地铁接驳换乘，可开行大站停和直达列车	联结湾区中线的广州、东莞和深圳高新区等

　　注：线路 2 与深圳地铁 14 号线福田到惠州南站貌似重叠，实则不然，通过重要节点的衔接，深圳地铁 14 号线正好可以为城际干线组织客流；其他区域的普速地铁也是这样，与城际干线构成轨道交通网络，以扩大城际干线的客流吸引范围。

　　如果以满足 150 公里通勤为目标，在粤港澳大湾区主要城市和区域间构建起时速 250～350 公里的高速城际轨道交通大站干线系统，辅之以区域内更细密的轨道交通网络，形成城际干线和区内轨道交通相互贯通的轨道交通网络，将为实现粤港澳大湾区的一体化和高质量城市化奠定坚实的基础，也将使粤港澳大湾区在世界城市群的竞争中赢得先机。

五 结语

交通关乎城市群的发展，大城市产业、人口的转移和扩散，集聚和溢出效应的发挥，都依赖交通。世界一流的城市群和湾区，都是以城际轨道交通为支撑的。在北上广深等特大城市日益拥挤、营商和生活成本高企的今天，产业和人口向周边扩散已经有了内在的需求，高速轨道交通技术的进步则为产业和人口转移提供了条件。目前，城际轨道交通由于规划建设和运营方式存在的问题，还没有充分发挥其在产业与人口集聚和扩散中应有的桥梁作用。针对目前城际轨道交通存在的问题，大城市群唯有大胆创新，发展适合城市间中短距离的高速、便捷、经济的轨道交通方式，才能更好地实现产业和人口的集聚和溢出效应。城市间地铁化运行的高速轨道交通系统，是兼具高铁（速度）和地铁（便捷可靠）优势（地铁运行＋高铁速度）的交通方式，是实现城市间产业和人口转移的必然选择。

参考文献

［1］ 孙章、杨耀：《城际轨道交通与城市发展》，《现代城市研究》2005 年第 12 期。

［2］ 朴爱华：《关于城际轨道交通发展相关问题的探讨》，《综合运输》2009 年第 4 期。

［3］ 冈田宏：《东京城市轨道交通系统的规划、建设和管理》，《城市轨道交通研究》2003 年第 3 期。

［4］ 贾颖伟：《美国旧金山湾区的城际轨道交通》，《城市轨道交通研究》2003 年第 2 期。

［5］ 宗晶：《国外三大城市轨道交通模式研究》，《交通标准化》2011 年第 17 期。

［6］《从 0 了解纽约交通系统——铁路》，房天下网，http://us.fang.com/news/18307231.htm，最后访问日期：2018 年 3 月 26 日。

［7］ 周翊民、孙章、季令、何宁：《构筑"长三角"城际轨道交通网》，《城市轨道交通研究》2003 年第 2 期。

［8］ 董焰：《我国城际轨道交通规划实施现状及存在的问题》，《综合运输》2008 年第 5 期。

［9］ 张沛、王超深：《中国大都市区市域快轨发展滞后的原因》，《城市问题》2017 年第 11 期。

［10］ 林小昭：《火爆城际铁路的上座率考验》，《第一财经日报》2014 年 12 月 24 日。

［11］ 王树盛、黄卫、陆振波、俞先江：《都市圈轨道交通客流预测方法研究》，《城市轨道交通研究》2004 年第 1 期。

［12］ 肖建平：《区域性城际轨道交通客流预测方法研究》，《城市轨道交通研究》2006 年第 2 期。

［13］ 程乐兵、管菊香、李安勋：《长株潭城际轨道交通客流预测》，《中小企业管理与科技》2008 年第 21 期。

［14］ 李晓旭：《深圳常住人口住房自有率为 34%，住房租赁市场活跃》，金羊网，http：//news. ycwb. com/2018－05/31/content_30021885. htm，最后访问日期：2018 年 5 月 3 日。

从名城保护到文化兴湾的广州思考[*]

王世福　　陈丹彤^{**}

摘　要： 广州作为国家历史文化名城，其老城区的保护更新与文化复兴一直是社会关注的焦点，亦是广州探索平衡发展、协调发展的重要策略之一。本文通过梳理广州城市更新的实践经验，对其如何从国家历史文化名城走向世界文化名城进行思考，提出以包容与创新的态度和方式促进广州对大湾区建设做出积极回应，进而实现文化兴湾。

关键词： 城市更新　名城保护　文化兴湾　广州

一　引言

拥有两千多年历史的广州是海上丝绸之路的重要起点，是 1982 年公布的第一批中国历史文化名城。自古以来，广州是岭南文化的中心地；近代以来，广州是中国近现代民主革命策源地；改革开放以来，广州是

---

* 本文系国家自然科学基金面上项目"基于影响评估的城市设计理念与方法优化研究"（51878285）、广州市哲学社会科学发展"十三五"规划 2019 年度课题"城市更新中彰显岭南文化特色路径与对策研究"（2019SK03）及广州市哲学社会科学发展"十三五"规划 2019 年度课题"广州实现老城市新活力研究"（2019GZWTZD01）的阶段性成果。

** 王世福，华南理工大学建筑学院副院长、亚热带建筑科学国家重点实验室教授、博士生导师，研究方向为城市设计、城市开发与规划管理；陈丹彤，华南理工大学建筑学院硕士研究生。

社会主义先进文化的重要前沿地。如何在发展中重视文化资源、树立文化自信、传承优秀文化，是广州需要思考的问题。

广州老城的保护更新与文化复兴，是广州探索平衡发展、协调发展的重要策略之一。回顾国内当前的老城区历史保护与更新，政府主导的公共项目推进仍是主流做法，政府、社会、市场的协作共治仍有待积累经验。随着历史保护意识的加强，政府与社会对于老街老房高度关注，开发项目时也没有贸然拆除具有传统风貌的老建筑，而如何进行更高品质的旧城更新改造，以及如何活化利用既有的老建筑，仍然需要深入探索、积极实践。

粤港澳大湾区的发展建设，不仅要站在区域经济发展层面进行考虑，也应当从文化内涵层面出发。文化是城市的"软实力"，大湾区应共建粤文化并实现世界级人文湾区的战略定位。因此，广州历史文化名城的保护和活化创新必须具备相应的国际视野，以文化自信协同粤港澳大湾区融合发展。本文旨在梳理广州城市更新实践的经验，通过对广州从国家历史文化名城走向世界文化名城的思考，对粤港澳大湾区建设提出相应的对策建议。

二 历史文化名城保护与活化创新问题的思考

（一）广州城市更新历程回顾

20 世纪八九十年代，广州进入高速建设的时期，城市建设向郊区迅速扩张的同时，老城区也进行了一定规模的改造，政府由于资金不足选择引入市场资金进行"大拆大建"，以经济利益驱动的开发模式导致原本的旧城肌理与历史文脉受到破坏。[1]

1999 年，广州市政府宣布禁止开发商在旧城大拆大建，这一转机使虽已物质衰败的历史城区留下了尚可挽救的底子，为名城保护工作的开展打下了重要基础。其间，解放中路改造项目作为试点，在政府主导下实现了就地平衡，在延续老城文脉上做了示范，形成一种有机更新的范型。

2004 年广州成功申办亚运会之后，旧城改造随之松绑，这一契机下猎德村成为广州首个整体改造的城中村。猎德村在改造过程中引入市场资金，通过政村企合作，在实现区位价值最大化的前提下保护当地的历史文化资源，譬如迁建宗祠、修缮沿河旧建筑等。[1] "猎德模式" 可谓村民心中的理想模式，是一种略带乡愁的高强度都市主义范型。

2008 年，国土资源部与广东省联合启动 "三旧" 改造试点工作，旨在探索旧城、旧厂、旧村改造中盘活土地资源和创新更新的模式。总体上看，"三旧" 改造政策在尊重原业主产权利益、确保公共利益等方面取得了非常宝贵的经验，在旧厂改造方面成功地推出了均衡开发模式，在旧村改造方面推出了市场融资与村集体合作开发的模式。相对而言，旧城改造面临着更多的困难。以首批试点项目的恩宁路地块为例，代表在地利益的社区居民始终与政府、市场处于难以协同的状态，早期因拆迁引起的社会矛盾一直难以化解，居民抗议与媒体报道引起政府的反思与公众的关注，但作为示范案例，多元主体的介入也带来了积极影响。[2] 随着荔枝湾涌揭盖复涌方案的提出与实施，粤剧艺术博物馆公共文化设施的建设，以及以公房活化利用市场化为特征的永庆坊项目的实施（见图1），恩宁路街区的公共性和空间品质也在持续强化与提升，虽然积极有效的社区规划还在沿着 "共同缔造" 的思路不断推进，多元合作共享机制也未能建立，但作为旧城更新改造的样本，其仍然为广州乃至全国提供了宝贵经验。

2015 年，广州在原 "三旧" 改造办公室的基础上成立了国内第一个城市更新局，以恩宁路永庆坊为试点推进 "微改造" 更新。永庆坊微改造创新性地提出将公房 15 年运营权打包给市场，市场在承担房屋修缮责任的同时可通过运营获得收益，这一政策开创了政府主导、开发商介入、居民参与的改造模式，通过使用权的市场化实现三方共赢，但项目本身的社区意愿、商业运营与历史街区文化保护之间的矛盾比较突出。[3] 2018

图1　荔枝湾涌揭盖复涌工程与粤剧艺术博物馆工程的实施

资料来源：由作者拍摄。

年恩宁路共同缔造委员会成立，联合各方开展"共同缔造"参与式工作坊，立足于社区文化，把日常生活环境修复与社会管理现行模式相结合，利用政府或社会资本等实施主体的力量，实现社会治理中的共建共治共享，[4]但也面临着各方冲突、利益矛盾等问题，如何协调各主体间的关系，仍需探索与磨合。

2018年10月，习近平总书记视察广州恩宁路，肯定了"微改造"的方式，并指出城市规划和建设要高度重视历史文化保护和地方特色，注重人居环境改善，让城市留下记忆，让人们记住乡愁。其要求城市在发展提升的同时留下记忆，正如广州永庆坊不同于"新天地"模式的商业化：生活气息浓郁，网红店的隔壁就是未拆迁的私宅，居民的衣服仍然晾晒在自家门口。这是最真实的街坊生活，游客在这里打卡，居民在这里居住，继承了广州包容开放的文化传统，成为广州最可爱的地方。

（二）广州城市更新模式反思

城市更新，包含了有机更新、复兴和可持续再生，需要从物质、社会、精神与文化等层面实现城市空间的修补、文脉的传承和功能的复兴。城市更新的模式可分为三种类型。一是自上而下的政府公共项目型，通过政府的力量得到强有力的实施，有利于更好地控制城市空间发展，但需要大量的政府资金投入，极大地增加了政府的财政负担。[5] 二是自下而上的社区自我改善型，这一模式建立在社区赋权的基础上，更多地出现在西方社会，以社区自发为主导力量，但我国目前相关制度不完善与社区自组织能力较弱，[6] 使其表现出效应不明显、改造进程缓慢等缺点。三是市场主体开发投资型，在商业利益导向下实现改造资金的到位，但利益实现过程中往往难以保障公共利益，同时会带来社会资本的减损。

不同的模式各有利弊，最佳的更新改造模式因城而异（见图2），广州亦在寻找合适的更新模式道路上不断探索。当前国内的老城区保护与更新仍以政府主导的公共项目推进为主，2015年广州出台了城市更新政策并首次提出"微改造"模式，即在维持现有建设格局基本不变的前提下，通过建筑物局部拆建、功能置换、保留修缮，以及整治改善、保护活化、完善基础设施等办法进行更新，主要适用于建成区中对城市整体格局影响不大，但用地功能与周边发展存在矛盾、用地效率低、人居环境差的地块。[7] "微改造"如同中医的针灸疗法，通过局部改善促进整体代谢，它强调社会的多元参与、各方合作，从政府大包大揽转向"共建共享、共治共管"，从自上而下决策转向上下结合，从大规模拆除重建转

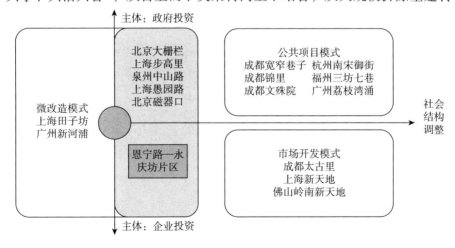

图2　城市更新改造模式

向小规模、分步骤、多样化、创新性的改善方式，从运动式改造转向渐进式谨慎再生。[8]

在以永庆坊为代表的广州"微改造"模式中，政府给予市场一定的主导权，以共同参与社会治理。这一模式不同于上海新天地、佛山岭南新天地等模式，并非完全的商业化改造，永庆坊保留了世居民众的日常生活空间与市井文化，与"入侵"的商业在杂糅中共同形成了独特的空间环境。但永庆坊实际上面临着一系列挑战，强势的自外而内与自下而上的效应仍然比较明显，社区居民的合作信任仍旧难以建立，私房修缮、更新、活化利用的相关政策保障仍有待完善。

广州"微改造"的城市更新模式在发展中指向社区的"共同缔造"理想模式。社区居民何时能够达成共识、信任政府，并和开发商共同建设自己的小区，与居民的社会参与意愿、能力以及相关利益都有关系，这一过程在不断地冲突摩擦中缓慢推进。日本在 2016 年提出"社会 5.0"的概念，意在强调从解决社会问题出发，重视协同创新的开放性，回归以人为中心，实现社会和经济的同步发展。[9]从"工业 4.0"到"社会 5.0"，如何从物质空间与社会经济空间层面提升城市的魅力与活力，是当下值得思考的问题。北京大学城市与环境学院的吕斌教授认为，老城区是文化与自然价值经过层层历史积淀而形成的，其本身超越了"历史中心"或"建筑群"的概念，具有极高的文化经济学价值，需要通过可持续的、和谐的、共同合作的、以人民为中心的社区营造来实现有机更新。从文化经济学角度来看，老城区的非利用价值，即心理价值，可转换成期权价值、代位价值、情感价值，而基于情感价值和心理价值的有机更新无疑将收获更高的性价比。基于社区营造的有机更新将是老城区魅力再生的有效途径，社区营造最重要的内涵并非单纯追求设计行为所覆盖的物质空间，而是参与式的设计，基于人的行为诉求进行场所营造，以人为本，将老城区的空间以及原有的生活方式和文化记忆以一种可持续的方式传承下去，通过社会、市场、政府的多元力量，增加活力，创造新的价值。

（三）历史文化名城保护与活化的思考

改革开放以来，我国的快速城镇化建设取得了举世瞩目的成就，但长期的粗放式发展导致"城市病"的爆发，建成环境和自然环境问题陆续暴露。2015 年，住房和城乡建设部在全国范围内开展了城市"双修"活动，提倡城市修补，开展生态修复，由此确立了新时代城市转型发展的指导思想。[10]"城市双修"强调对城市物质环境品质问题的纠偏纠错导向，实际上是对改革开放以来工业化、城市化发展进程的反思，聚焦点在于承载城市发展的建成环境和自然环境。这一"短板"实质上反映了城市的生活空间和生态环境品质与经济增长不匹配、社会进步和文化弘扬与城市化进程不匹配。更为重要的是，城市品质这个"短板"如果不予以解决，将影响未来的可持续发展。这也促使我们思考：城市修补是否蕴含着历史保护规划的新常态？

答案是肯定的。城市修补是一种都市主义思潮的新常态，其指向的城市建成环境与规划待建的城市新区不同，更多地与旧城、历史保护相关联，其核心在于以"维育、渐进"的方式解决城市问题，在留住城市文脉与历史记忆的前提下，最终实现品质的全面提升。[6]在这一新常态的要求下，广州名城保护规划应当以历史保护为前提、文化传承为目的、活化创新为关键。真正考验时代能力的是创新，中国科学院院士常青说过"与古为新"，设计通过汲取文化遗产的精髓以促进今天的创造。联合国教科文组织同样强调创造源于遗产，倡导保护遗产的多样性和保护创造的多样性并重，保护与传承、转化与创新正是"与古为新"的内核所在。[11]

由此，对历史文化名城保护与活化的思考有如下两点。

从保护的角度来看，要求在不乱拆旧的同时学习如何积极修缮。历史城区保护[12]并非静态的保存，其实质是价值重现。历史城区拥有丰富的物质文化与非物质文化遗产，不乱拆旧建新是对建成环境遗产价值最为基本的保护。历史城区的遗产价值不仅是博物馆中展览式的陈列与保存价值，更应该是引导教育下一代人的文脉价值，是渗透在日常生活空间中可感知理解的文化价值，这要求历史保护规划在物质空间上保护整体的建成环境，以及生活于其间的社区人群，只有这样才能够真正地延续与传承历史记忆。

从活化的角度来看，要求积极探索旧房子旧街区的功能与内涵。历史城区活化的实质是价值创新，[11]活化正是为了将建成环境的遗产价值进行吸收与传承，并转化为当代的再创造，价值的创新是老城、旧城走向文化名城的关键。创新不仅包括设计上的突破，也包括制度上的革新，历史城区的空间形态肌理是产权地块的拼贴和长时间的日常生活积淀形成的，应当确立适应历史城区的土地细分、合并以及出让制度，以及适合历史城区的开发赋权、规划许可、审查等制度，积极开展使历史城区变得更好的治理创新，使历史城区活化工作不受各种现代规范和章程的束缚，将自身的空间价值完全释放。设计创新是为了"过去的"未来，制度创新是保障实施的重要举措。构建有利于历史城区价值创新的制度体系，鼓励和支持活化创新，使老城焕发新生活力，任重而道远。

三　粤港澳大湾区走向世界级人文湾区的前瞻

（一）粤文化是粤港澳大湾区的文化内涵

粤港澳大湾区建设不仅是区域产业、经济等方面的一体化发展，也是三地文化的融合发展。粤港澳大湾区要发展为世界级城市群，就需在文化建设上拥有国际视野。世界级人文湾区需要具有全球认同的地方性，需要大湾区共建粤文化。粤文化是大湾区天然的黏合剂，能有效地将港澳与珠三角各城市联系在一起，其共建共享也是大湾区共同体文化凝聚的需要。

当前，以粤语、粤菜、粤剧等为代表的粤文化正影响着世界上的许多地方。粤语作为粤文化的代表之一，是联合国官方语言，使用人群与地区遍及全球，更是国际化程度最高的中文语言。粤菜作为全球知名菜系，在世界范围内广为流传，猫途鹰网站统计的粤菜点评数全球网络体系显示，粤饮食文化已经传播至东亚、欧洲、美洲、澳大利亚等主要地区，在英国、法国、德国和美国的认可度最高。粤剧作为世界非物质文化遗产，在全球有较高知名度，粤语歌等流行文化传播久远，有一定的国际影响力。

以具有相当国际影响力的粤文化来统筹更加广义的文化建设、交流与传播工作，形成一种湾区合力，将成为粤港澳大湾区走向更高水平国际化的内在动力，有助于形成并发挥跨制度的资源整合，强化文化自信的全球华人共鸣效应。这种基于文化的合力是一种潜在的竞争力，能使粤港澳大湾区共同体具有除经济、物质增长之外的社会内涵，并在全球化语境中形成具有地方性乡愁联系的文化积淀。

（二）世界文化标准的借鉴

粤港澳大湾区要实现文化兴湾，需要具备国际文化视野。广州作为粤文化的根源地，需要在文化领域加大建设力度，树立文化自信，传承文化精髓，这也要求广州在名城建设及历史保护中以国际文化标准要求自身。由联合国教育科学文化组织主导的一系列世界文化标准值得我们研究探讨。

1. 世界文化遗产

世界文化遗产是由联合国发起、联合国教科文组织负责执行的国际公约建制，以保存对全世界人类都具有杰出普遍性价值的自然或文化处所为目的，是文化保护与传承的最高等级。世界文化遗产的审批标准，要求文物、建筑群一直能够代表独特的艺术成就，或作为人类历史与文化的展示与见证，或与具有特殊意义的事件相联系。目前，各国列入的世界遗产数量共 1092 项，中国已有 55 项世界文化和自然遗产列入《世界遗产名录》，其中世界文化遗产 37 项、世界文化与自然双重遗产 4 项、世界自然遗产 14 项，在世界遗产名录国家中排名第 1 位。

2. 世界遗产城市

世界遗产城市是指城市类型的世界遗产，其性质类似于中国的"国家历史文化名城"，可以说是世界级的历史文化名城，由世界遗产城市联盟（或译世界遗产城市组织，OWHC）发起。OWHC 是联合国教科文组织下属机构，是一个非营利性、非政府国际组织，旨在借鉴各遗产城市在文化遗产保护和管理方面的先进经验，进一步推进各遗产城市的保护工作。世界遗产城市的申报要求城市具有一处能够代表城市自身、被列入世界遗产名录的环境遗产，同时遵守 OWHC 的价值观。若不满足但有兴趣加入 OWCH 网络的城市，可申报观察员。目前，世界共有 307 座城市入选联盟，其中中国有 7 座城市，包括 3 个正式成员（苏州、都江堰、澳门）与 4 个观察员（承德、丽江、平遥、厦门）。

3. 世界记忆工程

世界记忆工程旨在保护世界级文献遗产，是世界文化遗产保护项目的延伸，其目的是对世界范围内正在老化、损毁、消失的文献进行记录，通过国际合作与使用最佳技术手段进行抢救，从而使人类的记忆更加完整。1978 年，联合国教科文组织第二十届大会提出，"文化遗产除了不可移动文化遗产外，也包括文献形态的可移动物品，即作为记录和传递知识、思想的文献遗产"。1992 年联合国教科文组织启动了旨在国际范围内广泛开展抢救和保护手稿、档案、图书以及口述历史记录等具有突出的、普遍价值的世界级文献遗产的"世界记忆工程"，设立《世界记忆名录》。世界记忆工程的审批标准要求文件具备真实性、独特性、不可替代性和世界重要性，要求文件可以成为时代、社会、文化或不同领域的代表，成为人类与世界记忆的载体。目前全世界共有 527 项文献遗产入选名录，其中中国入选的文献遗产共有 13 项。

4. 湾区对比

若把研究的目光投向湾区，以国际文化标准进行评判，可以发现粤港澳大湾区的文化本底相比东京湾区、旧金山湾区和纽约湾区具有一定的优势（表1）。以世界文化遗产为例，粤港澳大湾区拥有开平碉楼与村落和澳门历史城区两项世界文化遗产，而其他三大湾区，仅纽约湾区有自由女神像一项遗产；再看世界遗产城市和世界记忆工程，粤港澳大湾区中澳门已进入世界遗产城市的观察员名单，另外"汉文文书"（清代澳门地方衙门档案1693～1886）也被列入世界记忆工程，而其他三大湾区暂时没有世界遗产城市与世界记忆工程。这一比较并非要求粤港澳大湾区以多少项内容进入世界名录为目标，而应当以世界文化标准要求自身和评判自身文化，从中挖掘与找寻符合标准的文化战略意义。

表1 四大湾区世界文化标准对比

	粤港澳大湾区	东京湾区	旧金山湾区	纽约湾区
世界文化遗产	开平碉楼与村落（2007）澳门历史城区（2005）	—	—	自由女神像（1984）
世界遗产城市	澳门	—	—	—
世界记忆工程	"汉文文书"（清代澳门地方衙门档案1693～1886）（2017）	—	—	—

资料来源：参见《世界遗产名录》，联合国教科文组织官网，http://whc.unesco.org/en/interactive-map/；世界遗产城市联盟官网，https://www.ovpm.org/；《世界记忆工程名录》，联合国教科文组织官网，https://en.unesco.org/programme/mow/register。

（三）广州走向世界文化名城的前瞻

1. 推动海上丝绸之路申遗

海上丝绸之路是古代中国与外国交通贸易和文化交往的海上通道，是重要的线性遗产，也是具有保育价值的文化线路。海上丝绸之路作为一个时代联系沿线各地各国的纽带，是古代人类文化跨海交流的表现[13]，其整体价值远远大于线路所有遗产要素相加之和。2012年，中国海上丝绸之路被列入中国世界文化遗产预备名单。2016年7月，广州南越国宫署遗址、南越文王墓、光孝寺、怀圣寺光塔、清真先贤古墓、南海神庙及明清古码头遗址等史迹点被列入"海上丝绸之路·中国史迹"首批申遗遗产点名单。2017 年 4 月 20 日，国家文物局在广州召开海上丝绸之路保护和申遗工作会议，广州被推举为申遗牵头城市。目前，广州以海上丝绸之路项目为突破口的世界遗产申报工作，处于稳步推进阶段。推动海上丝绸之路申遗，有利于促进广州从中国历史文化名城迈向世界文化名城，也要求广州传承海上丝绸之路城市积极对外开放的特点，以更加包容的态度面向世界。

2. 申报"世界记忆工程"

广州作为千年商都，是岭南文化中心地、海上丝绸之路发祥地、近现代革命策源地和改革开放前沿地，从一口通商到西方唐人街，广州十三行以及 CANTON（广州的英文旧称）的文化地名已然代表了一个特定历史时代的记忆，其中的文献遗产价值值得保护。广州大学广州发展研究院、广州市蓝皮书研究会发布的《2018 年中国广州文化发展报告》中《关于广州申报"世界记忆工程"的几点建议》提出，广州不妨着力推动以"世界记忆工程"为新路径的世界遗产项目申报，通过世界各地珍藏的手稿资料，佐证广州十三行的文献遗产历史价值，同时唤醒全球7000 万广府人的"广州记忆"，助力"世界记忆工程"，催生"广府文化新活力"，在"一带一路"建设和粤港澳大湾区的新机遇中提升城市文化软实力。

3. 申请"世界遗产城市"

世界遗产城市可以说是世界级的历史文化名城，其设立的意义在于促进执行《保护世界文化和自然遗产公约》《保护历史城镇与城区宪章》，推动世界各地历史城市之间开展合作，交流信息和专业知识。广州作为海上丝绸之路的重要节点，是一个时代国家对外交流与贸易的缩影，也是多项非物质文化的承载地，具有深厚的历史底蕴。广州应该将申请世界遗产城市作为工作目标，从中国历史文化名城走向世界文化名城，这也是大湾区给广州的一个鞭策。虽然广州目前暂未有世界文化遗产，但仍可以将申报"世界遗产城市"观察员列入计划，以世界遗产城市的价值观要求自身，未来通过海上丝绸之路申遗，或可进一步申请成为正式成员。

四 反思与总结

从历史古城走向文化名城，需要重视以下两点。第一，创新能力是关键。贝聿铭先生在卢浮宫入口大胆采用现代玻璃材质设计金字塔、塞维利亚建在世界遗址之上的都市阳伞等案例，都用独特的手法联系历史与现代，体现了在历史情境中的再创造。第二，包容发展是根本。广州老城具有丰富的建成遗产、多元的文化民俗和真实的社会生活，这些都表明必须以包容的态度走共治共享共赢的发展之路。

广州是广府文化的发源地与中心地，也是粤港澳大湾区的文化枢纽，作为中国历史文化名城，广州具有深厚的历史文化底蕴，而改革开放更加彰显了广州开放包容的特性，在海上丝绸之路的推广与粤港澳大湾区的建设中，广州应积极扮演对外开放、包罗万象的角色，不应仅满足于建设国家历史文化名城，而应从国家历史文化名城走向世界文化名城，从名城保护走向文化兴湾，借此提升以广府文化为纽带的粤港澳三地文化合作水平，提升粤港澳湾区文化的统合力和凝聚力，增强文化自信，在着力保护城市中的"旧"历史建筑与传统文化的同时，创新打造"新"广州文化品牌。

参考文献

[1] 王世福、卜拉森、吴凯晴：《广州城市更新的经验与前瞻》，《城乡规划》2017年第6期。

[2] 刘垚、田银生、周可斌：《从一元决策到多元参与：广州恩宁路旧城更新案例研究》，《城市规划》2015年第8期。

[3] 谭俊杰、常江、谢涤湘：《广州市恩宁路永庆坊微改造探索》，《规划师》2018年第8期。

［4］黄智冠、徐里格、李筠筠：《治理语境下广州历史文化名城共同缔造实践与策略》，《规划师》2018年第S2期。

［5］唐婧娴：《城市更新治理模式政策利弊及原因分析——基于广州、深圳、佛山三地城市更新制度的比较》，《规划师》2016年第5期。

［6］吴凯晴：《"过渡态"下的"自上而下"城市修补——以广州恩宁路永庆坊为例》，《城市规划学刊》2017年第4期。

［7］广州市城市更新局：《广州市城市更新办法》，2016。

［8］蔡云楠、杨宵节、李冬凌：《城市老旧小区"微改造"的内容与对策研究》，《城市发展研究》2017年第4期。

［9］丁曼：《"社会5.0"：日本超智慧社会的实现路径》，《现代日本经济》2018年第3期。

［10］汪科、邵凌宇、李昕阳、蒋锐：《城市双修与城市转型发展——我国城市双修的意义、作用和实践路径分析》，《建设科技》2017年第21期。

［11］常青：《瞻前顾后　与古为新——同济建筑与城市遗产保护学科领域述略》，《时代建筑》2012年第3期。

［12］王世福：《历史城市的综合价值与保护活化思考》，《城市规划学刊》2018年第1期。

［13］沈阳、燕海鸣：《申遗背景下的中国海上丝绸之路史迹研究》，《中国文化遗产》2018年第2期。

粤港澳大湾区城市文化特质的战略思考

李人庆[*]

摘　要： 粤港澳大湾区城市群需要培养怎样的城市文化特质，才有可能承担起中国走向和融入世界的桥头堡责任，建立起不仅具有经济硬实力还具有文化认同融合发展软实力的亚太和国际化中心城市？构建粤港澳大湾区的文化发展战略，使其与总体发展规划要求相适应和配套，是粤港澳大湾区建设规划中一个不可回避的课题。

关键词： 粤港澳大湾区　城市文化　都市文化

一　大湾区建设最严峻的挑战是文化上的挑战

粤港澳大湾区（以下简称大湾区）建设中的文化问题与议题是全球化背景下后发国家城市文化建设与发展的问题。外在的物质和经济发展是表象，关键还在于作为芯的文化和文明的重建与复兴。要成为国际中心城市，人们往往看到的是文化文明的显性层面，也就是科技的发达与经济的发展，而忽视了其背后的文化制度内涵。实际上，全球化背景下的国家竞争，不仅仅是经济或军事层面的，更重要的是文化和制度层面

---

[*] 李人庆，中国社会科学院农村发展研究所组织制度研究室副研究员，研究方向为农村社会转型的社会问题、发展治理、政治经济学。

的。其核心问题不仅是经济总量和实力，还在于其有没有文化文明的根基，是否具有先进文化示范引领的作用，是否具有吸引力、包容性和创新力。在新技术革命所带来的信息化和经济全球化迅猛发展的今天，文化和文明的冲突也在日益加剧。作为现代化的后来者，如何对待源自西方的现代化，采取何种姿态应对文化上的挑战，是能否跨越文化差异走向文明的关键。

大湾区文化建设的核心是解决文化发展滞后于经济社会发展的问题，以实现协同发展。目前世界公认的三大著名湾区是旧金山湾区、纽约湾区、东京湾区。三大湾区为实现可持续发展所采取的发展模式的共同特征可归结为以下几点：创新开放包容的文化，城市功能分工明确，成熟的交通设施，人才机构高度密集，宜居的生活环境。三大湾区具备合理的产业分工、法制约束、产权保护、环境治理以及高度发达的对外贸易，充分利用"拥海抱湾连河"的地理优势，形成了"港口群+产业群+城市群"的叠加效应，通过不断拓展周边腹地，建成了国际金融、航运、贸易、创新和先进制造业中心，引领全球经济的发展，其发展经验为粤港澳大湾区的建设提供了借鉴。湾区经济是以海港为依托、以湾区自然地理条件为基础发展起来的一种开放型区域经济的高级形态，具有开放的经济结构、高效的资源配置能力、强大的集聚外溢功能和发达的国际交往网络，以开放性、创新性、宜居性和国际化为重要特征，带动区域经济的发展以及科学技术的变革。从区位和经济总量来看，粤港澳大湾区已经初步具备国际化湾区发展的基础性条件，无论是从区位特征还是人口和经济聚集能力来看，均已经超越了部分国际化湾区。但是能否实现高质量发展和成为国际中心而不仅仅是中国的区域经济发展中心，关键还在于文化与社会发展能否跟上经济发展的步伐，摆脱后发国家文化发展滞后于经济社会发展的"文化惰距"困境。对于后发国家而言，发展往往是一个学习发达国家发展经验的过程。至于扮演亚太地区和国际中心的主角并发挥引领作用，更是取决于其在城市群文化上的创新、包容和在本土特色等领域实现跨越发展，以及在博采众长、取长补短、兼容并蓄、进取创新的基础上取得广泛的国际认同，代表先进的文化发展趋势和潮流。通过文化自觉、文化自省、文化批判和文化重建，找回文化自信，开拓文明新局。这需要在本土和全球化之间建立双向运行的文化体制。

区域和国家之间的竞争归根结底是文化和文明的竞争。大湾区城市群发展的关键是文化上的开放、融合和竞争。城市文化，说白了就是如何让生活在城市中的人过得更好的现实问题。城市、社会和人以及他们之间的交互作用所造就的生存状态、生活方式和价值准则，同时塑造了城市的精神气质和文化面貌，这就是城市文化。既要从城市层面看历史与文化，也要从历史与文化角度分析和看待城市发展历程。它既表现在应当有怎样的外观和功能上，也体现在应当给人怎样的"感觉"上。文化是我们自我表达和相互理解的方式，只有通过文化才可以将人们团结在一起，才可能实现同一个世界、同一个梦想。全球化本身就是一个开放的进程，无论对一个城市还是城市群来说，开放都是恒久的主题。世界"三大湾区"的发展和壮大，都离不开开放的环境；而它们之所以能登上世界城市群的金字塔尖，正是因为其站在了经济全球化的开放前沿，成为引领全球先进科技文化发展的创新之地。聚集是城市的本质。发达城市群的发展经验表明，经济活动所包含的逻辑就是快速聚集和高效流动，然后再聚集、再流动，直至人口、经济和财富在地理上集中到特定区域并实现效益最大化。城市的本质是聚集效益和密度，国际大都市群很大程度上是为了汇聚全球性资源，包括资本、人才、技术等生产要素，从而促进城市和城市群的发展。城市化是人口聚集推进经济聚集、反过来再刺激人口聚集的动态进程。城市或者城市群，在全球化竞争中面临的一个核心问题就是靠什么来聚集全球性资源。从空间规划的角度来看，核心问题就是为这些机构和人员提供充足的就业机会和生活空间。全球网络中具有资源支配能力的机构从哪儿来？为什么以及以什么样的方式集聚？要成为全球城市，与核心功能相关的高端人才是必需的，这些人才目前主要靠引进，那么有着不同文化背景的人的生活需求是什么？促进城市经济稳定和可持续发展的关键在于城市居住生活成本和生活质量的比较。因此，广州要不断扩大改革开放，提高国际化程度，增强文化的包容性、丰富性，创造不同文化和地区人才宜居的社会文化环境，拓展投资创业企业所需的新型专门化空间，为人才创新发展提供新的机遇和成长空间。显而易见，要达成这一目的就离不开吸引人才、技术、资本等一系列适宜其生活生存的文化环境。

二 大湾区建设需要重新审视城市发展的文化历史脉络和设计及美学问题

刘易斯·芒福德说过："城市是文化的空间，城市的首要功能是文化的传承和教化。"[15]城市文化是城市的灵魂，城市特色是城市文化的标志，有文化特色的城市才有魅力。城市文化特色的重塑，首先在于对城市文化特色的挖掘和认知，其次在于对城市文化特色的保护和继承。不同的自然环境、历史环境、社会环境中的城市有着不同的文化特色。经济是血肉，文化是灵魂。一个卓越的全球城市，必然根植于一个国家和民族的文化底蕴。我们的城市面临着特色失落与文化衰落的问题，梁思成先生1944年在《为什么研究中国建筑》中写道："一个东方老国的城市，在建筑上，如果完全失掉自己的艺术特性……事实上代表着我们的文化衰落。"[17]经济发展能让城市变大，但唯有文化灿烂才能使城市变得伟大。因此，保存文化特色、追溯特色之源、彰显特色之美、塑造特色之心是提高城市文化价值的根本，需要经历保护、传承、创新三个步骤。只有通过文化自觉和自省，才可能实现文化重建，并增强文化自信。许多著名的世界城市，都建立在历史文化特色鲜明的高水平的城市设计基础之上，我国古代的城市规划与设计具有完整的逻辑体系。北京，作为我国的首都以及历史上五个朝代的建都之地，以中轴线为城市设计的核心特色，并严格遵照了《周礼·考工记》中记载的"九经九纬""左祖右社""前朝后市"等一系列建城规制，被梁思成先生誉为"都市计划的无比杰作"。我国现有的历史文化名城以及各地城市，是不同历史时期与不同地域文化特色在人居环境方面的深度沉淀，具有深刻的文化内涵。2016 年《中共中央 国务院关于进一步加强城市规划建设管理工作的若干意见》中明确指出，应当通过加强城市规划、塑造城市特色风貌、提升城市建筑水平、营造城市宜居环境等九个方面，提升我国城市规划建设管理工作水平。2017 年 6 月 1 日起施行的《城市设计管理办法》第 4 条规定明确指出：城市设计应当"尊重城市发展规律，坚持以人为本，保护自然环境，传承历史文化，塑造城市特色，优化城市形态，节约集约用地，创造宜居公共空间"。城市文化与风貌保护是全球城市的一个重要支撑维度。城市文化遗产，特别是历史建筑与历史街区，在建设全球城市的过程中扮演着极其重要的角色，它们往往成为重要文化机构和高品质城市文化活动的空间载体。城市特色反映了城市的个性，代表着城市的文化品格和气质，是城市在形成发展中所具有的自然风貌、形态结构、文化格调、历史底蕴、景观形象、产业结构和功能特征以及人的行为方式特征的总和。它包含了一个城市的自然特色和人文特色。认识一个城市的特色，要从一个城市的整体脉搏跳动中把握住这个城市独特的气息，找到城市之魂。既要了解城市建筑的外在感，也要了解整个城市拥有的知识个性、人文个性和环境个性的内在感；既要把握住城市的根源，也要触摸城市发展的轨迹，为城市未来的发展、设计和改良奠定良好的基础。

对特色的把握是城市规划设计和城市文化底蕴的核心所在。多样化的文化环境有利于吸引人才，从而为城市经济发展创造条件。城市文化绝不仅仅体现在外在的建筑和环境美上，更体现为内在的富有、人与人之间的人文关怀和人与自然和谐共处的价值理念、行为方式和生活状态等。

大湾区文化特色建设需要深刻理解设计文化在协同发展中的意义和作用。党的十九大关于我国的基本矛盾论述，反映了现阶段中国转型发展的基本特征，已从简单地解决物质匮乏问题转变为追求美好生活的问题。美好生活的价值指向反映了全人类的共同诉求，所涵盖的绝不仅仅是物质层面的问题，更有与主体体验和幸福感知密切相关的问题。它不仅是一个经济问题，还是一个人文和美学问题。当前物质建设中不充分不平衡的核心特征和短板就是物质发展并没有带来相应的文化变化，也没有带来与之对应的幸福感和获得感，反而是一种剥夺感、无力感和空虚感。单向度的唯 GDP 发展观所导致的片面的、畸形的发展，是造成社会割裂和不稳定的主要原因，也是社会秩序失衡、无法实现可持续发展的根本原因。人文主义是美好社会的重要组成部分，体现人文关怀的幸福设计是打造幸福美好城市家园的基础性工程。如何通过人文制度环境设计，延续人类文明中伟大的人文主义传统，避免产生过度物质化的疏离感和剥夺感，在物质泛滥和文化溃败的今天，重新塑造应有的文化，也是城市文化建设的深层内涵。粤港澳大湾区建设绝不仅仅是外表的装饰，更在于打造有颜值、有温度的人文湾区。我们强调要深刻理解设计文化在协同发展中的意义和作用，不仅要从当前理解发展协同的问题，还要从历史和未来的时间维度和空间维度理解问题；要从产业角度、生活和生命的角度，把城市看作生活与生命的共同体。与此同时，还需要认识到所谓协同绝不是传统意义上的千篇一律，而是既有融合又有包容和差异的体制机制建设。

三　文化是大湾区发展战略规划的重要组成部分，也是产业和社会发展的重要内容

21 世纪，人类已步入后工业化和知识经济时代，文化本身已成为最

重要的生产要素和资源。文化与经济的互动影响，构成了经济社会发展的基础。文化创意产业的发展方兴未艾，日益成为引领新经济发展最主要的创新驱动力之一。法国作家阿苏利在《审美资本主义：品味的工业化》一书中，以不同于一般哲学家和美学家的视角，论述了"审美资本主义"这一重要社会现象，探讨了审美活动怎样从经济因素的对立面转化为经济发展动力的问题[3]。后工业化时期，资本主义需要解决的是市场几近饱和的问题，之前在市场上占主导的"便捷、优惠、标准化"等工业生产要素和特征在这一时期逐步失去优势，企业经营者们不得不通过施展审美营销手段来刺激和维持消费。从 20 世纪末至今，发展的主要趋势是审美资本主义，它的特征就是审美动因成为经济增长的主要动力。资本主义将美丽、娱乐、审美这些描述感官刺激的词转化为可以估价、买卖并覆盖社会生活大部分领域的价值，文化从此进入经济领域。"审美资本主义说明了一种经济的变革，这种经济在本质上不是有用的商品流通和购得的问题，而是一个服从审美判断的吸引力和排斥力的审美空间。"[3]无处不充斥着"审美符号"，然而人们也在如此丰富的美学现象中越发感到审美疲乏，甚至逐步丧失了审美能力。究其原因，审美意识形态的本意主要是从精神层面为人们输送一种非功利的价值观念，在这种观念的引领下，人们更注重心灵世界的内部建设，更愿意关注和讨论种种形而上命题。然而现如今的人们却习惯于将形而上的"精神"引向形而下的"物质"，在这种情势下，文化消费极容易披上审美的外衣，各种文化产品无论好坏都被大众缺乏批判性地全盘接受，拜物主义、消费主义、享乐主义成为吞噬现代人精神的黑洞。"人与世界的审美关系，更多的是一种价值关系，或者反过来说，价值关系是审美关系的本质属性"[3]，因为美的体验形成于主客体的关系之中。这段话不仅为"何为美"做了阐释，也对我们评判当下日常生活审美化的"美"与"伪美"提供了标准，即美的事物应该符合"善"，符合公众乃至全人类的利益，美即正义。

设计与文化在城市产业和建设发展中的互动影响越来越突出。城市设计创意产业已成为服务贸易的主要内容之一。设计本身就是一种文化现象，设计无时无刻不受文化的影响，与此同时，设计作品的文化形式和内涵也反映了文化。设计不断地创造新的文化，文化作用于设计，又更新着文化。设计的文化内涵和人文价值，承载并延续文化、诠释并创造新文化。文化消费的审美是内涵浸润，绝不仅仅是表面上的美学包装。芒福德说："城市最好的经济模式是关心人和陶冶人。"[15] 需要将以人为本的人文关怀落实到城市更新的过程当中，反映为在更新规模与节奏上的节制，在塑造城市街区尺度上的合理把握，在更新主体方面的多元化、多主体化趋势和多中心治理结构，在都市文化传承与发展中的平衡，以及经济与社会发展的和谐。因此，需要用"小规模、渐进式、多元化的城市更新模式"，代替大规模的破坏性建设行为。

城市设计既反映了特定民族的精神特质，也见证了城市经济、科技与社会的发展和进步。文化也可以转化为商品，"文化消费"开始成为一个重要的文化课题。在知识经济时代，设计的竞争中文化含量的竞争比例凸显，设计的文化内涵决定着设计的市场前景。设计可以说是文化的结晶，如何承前启后、推陈出新促进设计与文化的新融合、提高设计的文化品位，将功能性需求和审美文化内涵有机融入产品中，以产品为载体，将文化投入产品设计中，满足消费者日益增加的审美需求，提高其审美品位，是摆在城市文化发展面前的一个重要议题。同时，在满足人们功能性需求的基础上，更好地满足非物质心灵需求，将产品的美学属性最大限度地转化为经济价值，是文化创意产业的生命力所在。因此，新兴产业发展中的产品美学价值挖掘和创新，业已成为未来产品核心竞争力的一个重要因素。

打造广州城市名片的战略思考需要结合广州在大湾区的战略定位——"美丽宜居花城，活力全球城市"，强化广州的岭南文化核心区特征。美丽城市最根本的就是让生活中充满美，让生活更有意义和趣味。

城市设计不仅可以从宏观角度对美丽城市进行空间上的构造和构思，也可以从微观角度着手。在城市特色文化打造中要突出广州在大湾区城市群中的历史文化、饮食传统、千年商都、城乡风貌、原生本土等多种差异性特征，将开放、宜居、多元、创新、活力作为城市文化战略的主导方向。在文化建设过程中避免"一刀切"，注重文化的区域性和在地性特征。城市发展的活力来自创新和文化融合，要通过开放、引进、吸收，促进文化和科技及产业融合与创新。通过加强岭南文化的保护和传承，促进岭南特色文化的生成与发展；通过引进和培养优秀文化人才，促进文化事业与文化产业协调发展，提升广州的文化创造力和影响力，打造兼收并蓄的文化聚集之都和文化创新之都。将城市建筑景观和街道以及相关设计纳入打造宜居和活力城市的具体行动中，践行"设计改变城市，设计创造美好生活"的发展理念。

四 在借鉴吸收国际大都市文化发展战略基础上构建大湾区和广州的文化发展战略

他山之石，可以攻玉。作为后发国家的大湾区城市群的建设要少走弯路，就需要在学习和借鉴前人发展经验的基础上，构建粤港澳大湾区国家中心城市——广州的文化发展战略，并辅之以相应的体制机制改革和项目措施行动来推动其文化和总体发展战略规划的实施。

如伦敦早在2010年就制定了《文化大都市——伦敦市长的文化战略：2012年及以后》（*Cultural Metropolis—The Mayor's Priorities for Culture*），作为其八大发展战略（经济发展战略、空间战略、交通战略、文化战略、城市噪声战略、空气质量战略、市政废物管理战略和生物多样性战略）之一。该战略提出伦敦仍然是世界上最为重要的文化艺术城市，在世界城市定位中，文化和创意产业起着至关重要的作用。为此确定了"全球卓越文化中心"等12个重点领域，提出了"增进文化财富和文化多样性"

等 6 条发展思路，出台了"区域文化机构能力建设"等 6 项政策和实施举措。12 个重点领域包括：维持伦敦作为全球卓越文化中心的地位；打造面向 2012 年乃至更久的世界一流文化；加强面向年轻人的艺术与音乐教育；扩大艺术覆盖面，提高艺术参与率；增加外伦敦的文化场所和文化设施；为新人提供发展之路；打造一个充满活力的公共空间；支持草根文化发展；营销伦敦；为创意产业提供有目的性的支持；捍卫文化在各领域中的地位；加大政府对伦敦文化的支持力度。

在确立文化城市的发展思路上提出了 7 个方面的内容：（1）为了巩固伦敦作为世界之城的地位，应当增进它的文化多样性，组织重要的国际活动，寻求全球性的文化伙伴；（2）增强作为一个多元化和具有创造性的城市居民在文化认同方面的自豪感；（3）开拓公共场所，不管是公园、图书馆、街道还是地铁车站，都应该成为人人参与并对城市文化更新做出贡献的场所；（4）通过保证城市的文化生活使所有伦敦人都能够参与并做出贡献；（5）大力发展旅游业，以确认文化多样性的价值，使其成为吸引旅游者的主要因素；（6）在教育领域推动创造性发展，确保在伦敦生活的年轻人有机会提升并增强他们的创意技能和活力；（7）将创意工业（文化产业）作为促进地方经济发展和社会整合的手段。

通过成立伦敦文化产业发展推进中心来具体实现其发展目标，其被作为促进伦敦创意产业和文化产业发展的一个专业性支持机构。机构定位职能内容具体准确，拥有专业的服务队伍，通过政府机构和公共团体进行资金注入，免费为个人和组织机构提供全面且实用的信息和服务。其文化促进政策包括以下几个方面的内容。在政策理念上从公益性向创造财富转变，在此目标思维下，文化活动变成产品，观众变成了消费者，而政府的艺术补助变成了一种投资。过去传统的文化政策都将市场排除在外，但市场实际上反映了大部分民众的文化消费行为。1984～1985 年，英国政府在艺术理事会投资了 1 亿英镑的文化"税金"，回收了 2.5 亿英镑，创造了 2.5 万个就业机会。在文化创意产业管理与扶持政策上主要着手建立优质健康的发展环境，包括设立专门机构制定发展规划来协调创意产业发展。打造公民创意生活环境，发挥大众文化对经济创新发展的重要作用。促进多发展主体之间的合作，实施创意产业计划，激发企业参与的积极性，为创意产业发展提供融资支持。

伦敦实施国际化大都市文化发展战略的创新性举措对于大湾区文化战略的制定和落实具有十分重要的参考借鉴作用，主要表现为以下几个方面的内容。首先是推动文化发展战略与城市整体发展战略的融合。其文化战略的核心是推动伦敦成为一个创新型城市，让伦敦成为生活、工作和学习的宜居地。其次是确立了"世界文化中心"的城市发展定位，目标是使伦敦的城市文化具备多样性，以满足不同市民群体的文化需求，强调将文化创新作为城市发展的核心动力；保证参与性，使市民人人有机会参与文化活动；实现价值，通过开发利用，从城市文化资源中获取最大价值。其中最为重要的是追求卓越，即推动伦敦成为 21 世纪"卓越的创新文化国际中心"。将文化创意产业作为城市的核心产业之一，组建"伦敦文化战略特别工作组"并牵头建立多文化部门合作体系，推动城市更新与城市文化融合发展。拓宽文化工作领域，开设引领世界文化发展的项目。吸引公众参与，并加强文化方面的教育培训；在空间层面，力图解决中心城区和郊区之间文化发展的不均衡问题；制定"绿色创意产业手册"和发展方案；提供具有文化创意的商务服务，开展专业孵化项目，并予以基金资助。

从以上可以看出，国际大都市文化发展战略的制定具有明确的战略目标、手段，清晰的发展思路与具体的实施项目。要实施人文大湾区的文化发展战略，需要在借鉴国际大都市发展经验的基础上，通过厚植人文底蕴汇聚民心，直面和解决城市发展中的现实问题，避免在"媚外"和"排外"的两极交替徘徊。在大湾区人文建设过程中，要解决好人文发展与经济发展的关系问题。总之，实施文化发展战略打造人文大湾区既是实现大湾区高质量可持续发展的要求，也是实现其国家战略目标的重要基础和保障。

参考文献

[1] 富兰克林：《城市生活》，何文都译，江苏教育出版社，2013。

[2] 贝克、吉登斯、拉什：《自反性现代化：现代社会秩序中的政治、传统与美学》，赵文书译，商务印书馆，2014。

[3] 阿苏利：《审美资本主义：品味的工业化》，黄琰译，华东师范大学出版社，2013。

[4] 马特尔：《论美国文化——在本土与全球之间双向运行的文化体制》，周莽译，商务印书馆，2013。

[5] 贝淡宁：《城市的精神：为什么城市特质在全球化时代这么重要？》，吴万伟译，台北：财信出版有限公司，2012。

[6] 布鲁格曼：《城变：城市如何改变世界》，董云峰译，中国人民大学出版社，2011。

[7] 奥姆斯特德：《美国城市的文明化》，王思思等译，译林出版社，2013。

[8] 戈德斯通：《为什么是欧洲？——世界史视角下的西方崛起（1500—1850）》，关永强译，浙江大学出版社，2010。

[9] 亨廷顿：《文明的冲突与世界秩序的重建》，周琪、刘绯、张立平、王圆译，新华出版社，2002。

[10] 巴尔赞：《我们应有的文化》，严忠志译，中信出版社，2013。

[11] 青木保：《日本文化论的变迁》，杨伟译，中国青年出版社，2008。

[12] 山本由香：《北欧瑞典的幸福设计》，刘惠卿、曾维贞译，中国人民大学出版社，2007。

[13] 伊东丰雄：《建筑改变日本》，寇佳意译，西苑出版社，2017。

[14] 克拉克：《欧洲城镇史（400—2000年）》，宋一然、郑昱、李陶译，商务印书馆，2015。

[15] 芒福德：《城市文化》，宋俊岭、李翔宁、周鸣浩译，中国建筑工业出版社，2009。

［16］邓智团：《伦敦全球城市发展研究——历史方位与现实方略》，上海社会科学院出版社，2016。

［17］梁思成：《为什么研究中国建筑》，外语教学与研究出版社，2011。

［18］刘东：《再造传统——带着警觉加入全球》，上海人民出版社，2014。

［19］孙逊、陈恒主编《刘易斯·芒福德的城市观念——都市文化研究》，上海三联书店，2014。

［20］《中国城市文化竞争力研究报告（2017）》，知识产权出版社，2018。

粤港澳大湾区设计与相关产业融合发展的战略研究[*]

方　海　安　舜[**]

摘　要：粤港澳大湾区的设计文化立足于岭南的传统文化和区域优势，探讨设计与产业融合发展的策略，有利于推动设计创新与相关产业的整合，引领产业升级转型，促进粤港澳大湾区协同发展。通过分析粤港澳大湾区在设计与产业融合上的现状与趋势，本文明确了大湾区的定位与作用，并结合其地理优势、文化优势、设计人才和产业园区优势，从多方面阐述了设计应与文化遗产、博物馆、艺术社区等相关产业实现融合发展。

关键词：粤港澳大湾区设计　产业融合发展　设计共同体

习近平总书记在参加十三届全国人大一次会议广东代表团审议时指出，要抓住建设粤港澳大湾区重大机遇，携手港澳加快推进相关工作，打造国际一流湾区和世界级城市群[1]。粤港澳大湾区的设计发展应加快推动设计创新与相关产业的融合，在抢抓转型升级新机遇的同时，推动

---

　*　本文系粤港澳大湾区发展广州智库 2018 年度重点课题"一带一路背景下粤港澳设计与相关产业融合发展战略研究"（2018GZWTZD32）成果。

**　方海，广东工业大学艺术与设计学院院长、教授、博士生导师，研究方向为家具设计、建筑与环境设计；安舜，广东工业大学艺术与设计学院博士研究生，研究方向为传统工艺文化与当代粤港澳设计产业的关联互动。

广州成为世界级城市，引领粤港澳大湾区的产业升级转型，进而使设计战略为"一带一路"建设服务。

一 粤港澳大湾区设计与相关产业融合的意义

粤港澳大湾区设计作为一个分支研究，应从多层次、全方位、多领域与纽约湾区、东京湾区等世界知名湾区进行对比，通过横向比较总结自身优势和劣势。目前，中国50强企业中有21家来自粤港澳地区，占全部数量的42%，远远高于国内其他城市和地区。在政府大力提倡设计与相关产业融合发展的进程中，加快产业转型升级，让以绿色设计和可持续发展为核心的设计带动相关产业的国际交流合作。

（一）设计与产业融合推动粤港澳大湾区协同发展

粤港澳大湾区的协同发展应形成优势互补。一方面，粤港澳大湾区可以借助港澳的优质设计和国际化平台广泛地聚合全球设计资源，提高制造业的自主创新能力，为加快形成国际竞争优势提供支撑。另一方面，港澳设计服务企业可依托广东完备的产业链和强大的市场潜力，实现设计创新成果产业化，在内地形成新的消费市场需求并向国际市场拓展。推动设计创新与相关产业的融合发展，加快粤港澳产业升级转型，增强民族产品的全球竞争力，通过设计战略推动"一带一路"建设，使广州成为世界级城市文化品牌，促进设计文化的国际交流与合作，引领粤港澳大湾区协同发展。

（二）设计与产业融合促进产学研协同合作

促进产学研的协同合作能够使产业优势、技术创新优势与设计资源优势在大湾区内形成扩散效应，可强化粤港澳设计驱动的协同创新模式，这种模式的确立有利于促进设计驱动的创新联盟的建立，从而更好地发挥各地设计优势，实现资源互补。

第一，在院校方面，可健全和完善产学研有效结合机制，提升创新平台服务能力。粤港澳大湾区拥有国家一流和世界一流的教育、科研资源，建构起设计创新与商业化之间的桥梁，让知识创新与技术进步成为经济发展的引擎。产学研有效协同，将成果提升转化成生产力，通过研发、孵化、专利和产品交易等提升各种平台的服务水平，提高设计驱动创新的成果转化效率。

第二，在产业方面，可吸引港澳设计人才到珠三角地区，增强凝聚力和向心力。开展创新创业、设计交流和服务活动，有利于增进港澳青年一代与内地的密切联系。产业开展基于新技术、新材料、新工艺、新装备的设计应用研发，促进设计与产业协同发展，推动设计服务向高端综合设计层面拓展。

政府、院校和企业共同开展基础性、前瞻性的设计研发，对粤港澳大湾区在"中国制造2025"战略中持续发挥引领示范作用提供有力支撑。

二 粤港澳大湾区设计发展的现状与优势

（一）设计与产业发展的现状

自2010年广东提出打造"粤港设计走廊"以来，涌现出华为、中兴、美的、格力、广汽等一批设计引领创新型企业。设计与产业融合不仅提升了产品的质量，增强了品牌影响力，也推动了"广东制造"向"广东创造"的转变。目前，大湾区设计服务产业发展居国内领先地位，仅工业设计企业就有1200余家，设计创意产业园区有100多个，已形成以广州、深圳为中心，向珠海、东莞、佛山、中山等城市发散的设计产业城市群。

以公共艺术、设计博物馆和产业园区为主要发展方向的设计产业群已初见成效。"2018艺术深圳"举办期间，粤港澳大湾区内重点艺术机构相继推出展览活动，为强化湾区内部的艺术联动效应创造了有利的环境。与此同时，粤港澳大湾区文创设计产业研究院正式启动，将集合政府、媒体、金融、智库等各方优势，聚集专家、人才、信息、资金等高端资源，为设计文化的建设提供强有力的资源平台和支撑。

（二）设计与产业融合的优势

1. 地理位置优势

粤港澳大湾区交通便利，拥有香港国际航运中心和吞吐量位居世界前列的广州、深圳等重要港口，以及香港、广州、深圳等具有国际影响力的航空枢纽。并且，随着"1小时生活圈"的构建，港珠澳大桥、广深港高铁、深中通道和南沙大桥等重要交通设施的不断发展，粤港澳大湾区将成为华南地区重要的物流中心、交通中心和航运中心。早在2016年大湾区港口集装箱吞吐量（6520万标箱），就已远超世界三大湾区，是全球港口最密集、航运最繁忙的区域。人流、物流、信息流等要素的自由流通，必然会使设计与产业加快升级。

2. 历史文化优势

粤港澳大湾区有着悠久的历史和深厚的文化积淀。从秦朝开始，广州一直是华南地区的政治、经济、军事、文化中心，是岭南文化的发源地和兴盛地；自东汉时期起成为海上丝绸之路的主港。明清时期，广州、香港、澳门作为对外贸易大港是中国通往世界的南大门。近代以来，中西文化的碰撞交融促使多元化设计理念在粤港澳地区空前发展，既继承和发扬本土文化精神，也积极吸收借鉴国际前沿设计理念和先进的设计管理体制。南越王墓博物馆、陈家祠、中山纪念堂等文化遗产见证了广州的历史发展进程，而石湾陶瓷、香云纱等工艺的发展也展现了传统文化因素的强健活力。在"一带一路"理念的引导下，以广府历史文化为根基，充分整合粤港澳大湾区内文化资源，探索传统设计文化服务当代的新路径，必然成为粤港澳大湾区文化自信的重要表现。

3. 设计人才优势

2012年12月，习近平总书记视察广东工业设计城时提出，下次来时希望看到 8000 名设计师。至 2017 年，设计城已聚集了海内外优秀设计研发人员 8120 名。粤港澳大湾区集中了众多知名学府，其中香港理工大学、广东工业大学、华南理工大学、广州美术学院、澳门科技大学等高校均设立了与设计相关的专业和课程。这些高等学府每年向该地区输送大量的设计人才，为粤港澳大湾区提供了丰富的人才资源。

4. 产业园区优势

广州、深圳、香港、澳门吸引了国内外众多设计企业来此发展，大湾区完全可以发挥本身科技优势，对接全球创新资源，加快推进区域协同创新，构建三地设计与产业融合的创新体制，使新材料、新技术、文化创意等新兴产业发展壮大。广州设计之都被定位为"粤港澳大湾区设计产业聚集的'国际品牌摇篮'"，将引进城市设计、建筑设计、工业设计、时装设计等设计全产业链，打造集研发、设计、展览、教育等于一体的粤港澳大湾区设计产业聚集地。目前，大湾区拥有 16 家世界 500 强企业总部，2016 年的进出口贸易额约 1.7 万亿美元，是东京湾区的 3 倍以上。2018 年 10 月 22 日，习近平总书记在格力电器公司考察时指出，制造业的核心就是创新，就是掌握关键核心技术，必须靠自主创新争取。我们要有自主创新的骨气和志气，加快增强自主创新能力和实力[1]。粤港澳大湾区要抓住建设机遇，将设计创新与相关产业融合作为该地区发展的战略核心，以核心增长作用带动大湾区共同发展，向国际一流湾区迈进。

三　粤港澳大湾区设计与产业融合的主要建议

（一）提升城市形象，以设计打造旅游、文创、影视等相关产业的融合模式

2019 年 2 月 18 日中共中央国务院印发的《粤港澳大湾区发展规划纲要》（以下简称《规划纲要》）指出，要优化提升中心城市的核心引擎作用。将香港、澳门、广州、深圳四大中心城市作为区域发展的核心引擎，

继续发挥比较优势，增强对周边区域的辐射带动作用。《规划纲要》还指出，应当深化供给侧结构性改革，着力培育发展新产业、新业态、新模式，支持传统产业改造升级，加快发展先进制造业和现代服务业，按照国际先进标准提高产业发展水平，促进产业优势互补、紧密协作、联动发展，培育若干世界级产业集群。提升粤港澳大湾区中心城市形象，以设计为切入点寻求产业融合模式，正是这一规划精神的有效体现。

第一，以广州申报"设计之都"为抓手，以设计驱动创新为引擎，促进产业升级和城市转型，打造设计明星城市群。作为集经济、信息、科技、文化于一体的国家重点区域规划地，粤港澳大湾区充满活力的形象更需要设计文化的全方位展示。香港、澳门的设计服务业实力雄厚、开放程度高，强大的需求带动了旅游、文博、酒店、影视、展览等相关产业的发展，而广州、深圳作为广东省的经济双子星，本身就具备通过设计融合相关产业的潜力，打造粤港澳大湾区设计明星城市群正是对这种地域经济文化优势的有效利用。可立足于各地产业优势，借力大湾区内外的文化需求，使大湾区成为全球制造业的创新中心和国际化设计产业的聚集地。

第二，以大湾区文化建设与传播为路径，有效利用设计产业资源，寻求文创、旅游、影视等产业融合的新模式，打造城市文化名片。例如目前粤港澳（深圳）影视文化创意产业园已经是集影视艺术创作、影视技术制作、影视人才孵化、时尚创意设计、文化主题酒店、文化创客空间、特色餐饮于一体的"产业聚合型影视文化创意产业园"，应该在这种产业园发展模式中进一步挖掘设计的杠杆潜能及提升城市文化气质的意义。可整合旅游资源推动文创设计、影视创作，发展相关主题文化产业园，构建大湾区文化形象传播网络。

第三，发展旅游文创业。一方面，旅游业为文创产业提供了设计载体和创意平台，让设计创意能够得到更广泛的应用与反馈；另一方面，旅游业为设计文创产业提供了丰富的文化资源和创意思路，让设计文创在粤港澳大湾区的新经济环境下不断开拓创新。目前涉及的相关内容仅有文化设施规划以及某些专项性的文化规划，如历史文化保护规划、旅游规划及公共文化设施规划等，内容分散交叉，且未形成真正意义上的文化规划。其中，艺术手段通常仅作为某些孤立的、片段式场所的营造方法，而缺乏一种整体引导。在粤港澳大湾区的发展规划中，艺术与社区共生是一条可持续发展的长久之路，随着城市之间的联系越来越紧密，各地区也展示着独特的地方文化。

（二）发展艺术社区，以设计探索商业、文教与城乡建设的共生路径

《规划纲要》指出，要发展特色城镇。充分发挥珠三角九市特色城镇数量多、体量大的优势，培育一批具有特色优势的魅力城镇，完善市政基础设施和公共服务设施，发展特色产业，传承优秀传统文化，形成优化区域发展格局的重要支撑。同时，要促进城乡融合发展，建立健全城乡融合发展体制机制和政策体系，推动珠三角九市城乡一体化发展，全面提高城镇化发展水平，建设具有岭南特色的宜居城乡。粤港澳大湾区拥有丰富的教育科研资源、雄厚的经济实力以及多元化的城乡面貌，推动粤港澳艺术社区的建设，是积极促进艺术与社区、城市与乡村协同发展的良性途径。

第一，促进艺术社区的商业发展。艺术社区强调根据自身的历史、文化、经济和社会背景，采取相应的艺术手段介入生活[2]。粤港澳大湾区经济发达、文化传播迅速，已经成为全球最大的城市体，而在大湾区诞生的混合型新文化艺术也将成为引领全球的文化艺术形态。深圳、香港是世界上重要的艺术品交易中心之一，大湾区将继续走引进道路，用良好的前景和政策吸引大批资本与一流人才为艺术产业服务，为有现代商业能力的专业艺术服务机构提供商业发展机遇[3]。粤港澳大湾区的艺术社区发展相比内陆地区交流性更强、文化环境更宽松，艺术社区的发展不仅能够配合大湾区的地域塑造形式美感，而且能以艺术的方式共同

协商、共同参与，从而反映大湾区的利益主体与公共精神、贡献与价值理想。

第二，实现艺术社区与校园对接。教育在粤港澳大湾区的发展中具有基础性、长远性意义[4]。艺术社区建设作为高校艺术设计类科研的主要内容之一，由高校教师带领学生在校外进行教学实践，形成从校内到校外的培养模式，有利于学生了解市场、认识相关产业。本着项目辅助教学的原则，以学生自主实践为导向开展相关教学工作，教师的教学方式不再局限于课堂的理论讲学，而是走出课堂进行艺术实践。艺术实践教学要重视培养学生素质，帮助、引导学生养成良好的思想道德品质，提升学生的艺术实践素养[5]。

同时，艺术教育是一个大的文化教育范畴，在全民艺术的倡导下，越来越多的艺术内容和形式走入社区、走进人们的生活。对社区文化建设来说，艺术具有不可代替的作用。首先，艺术丰富了社区的文化生活。我们过去的社区生活比较封闭，业余生活也呆板无趣，居民更多关注的是自己家的生活状态，或者因为忙于工作而忽略了文化精神方面的发展[6]。现今，粤港澳大湾区内许多学校将艺术社区作为新型的教学模式，使艺术知识以入驻的方式扎根于校园，让校园文化具备多样性，也让教学过程充满趣味性和实践性。在人工智能时代，教育面临着极大挑战，现代互联网正推动以大数据为代表的前沿科技与教育的深度融合，教育应该跟上时代的步伐实现变革创新。

第三，调研自然村落，推进城乡建设。调研粤港澳大湾区的传统乡镇村落，将现代设计文化策略引入乡村建设，既不破坏传统社区的人文生态，又有效推动乡村振兴。发展具有本土特色的艺术社区有三个好处。一是打造出植根于本土文化的艺术社区，强调自身的文化历史性和居民参与性从而促进地域文化交流。二是分析其所处的社会环境，结合当地的文化特性进行对应的艺术实践。三是当地艺术家就地取材，与居民在社区空间进行艺术创作，共同完成具有本土特色的优秀艺术作品。社区艺术最为重要的功能是以艺术的力量解决当代社会问题。它所彰显的是公众的文化诉求，体现了城乡居民的生存境遇，从而传递了价值观念、缓解了社会矛盾，给公众提供了思考的空间。

位于广东佛山顺德区的青田自然村，地处平原地带，河网交错，是典型的岭南水乡，这里仍然保留着较原始的村落形态和历史遗存。2016年，广东工业大学城乡艺术建设研究所将青田作为城乡建设的实践基地，提出了中国乡村建设新理论，并发布了《青田范式：中国乡村文明的复兴路径》。"青田范式"是用艺术融入的方式促进乡村复兴，通过尊重大环境和谨慎使用当地元素，赋予空间新意义：不仅要保留村落多样性的自然遗产，还要保存乡村文化及信仰体系，建立多主体联动的"情感共同体"，重塑被市场经济击垮而逐渐消逝的礼俗社会。

（三）建立设计博物馆，以设计促进文化遗产的传承、活化，构建粤港澳大湾区设计共同体

《规划纲要》指出，要塑造湾区人文精神，坚定文化自信，共同推进中华优秀传统文化传承发展，发挥粤港澳地域相近、文脉相亲的优势，联合保护跨界重大文化遗产，合作举办各类文化遗产展览、展演活动，保护、宣传、利用好湾区内的文物古迹、世界文化遗产和非物质文化遗产，弘扬以粤剧、龙舟、武术、醒狮等为代表的岭南文化，彰显独特的文化魅力。大力推动设计博物馆的建设，是完全符合这一发展规划的。

第一，以设计博物馆展现和宣传地域特色文化。博物馆本身作为设计和产业融合的作品，可以同时引入大湾区的传统工艺、非物质文化遗产和近现代以来中外交流背景下大湾区内的各类设计，打造具有地域产业特色的设计博物馆，使博物馆成为集中展现城市文化形象的窗口。2016年位于荔湾区恩宁路的广州粤剧艺术博物馆向公众开放，该馆充分体现了岭南文化特色和西关文化风情，并整合周边历史文化资源，吸收西关传统园林建筑之精华，成为一座展示粤剧艺术的博物馆。随着文化

与旅游的融合发展，具有区域特色的目的地逐渐成为游客出行的热门选择。品牌形象消费是信息社会发展和商品经济发达的共同结果，人们的消费行动力开始从实物消费发展到品牌形象消费[7]。借鉴这一理念，打造大湾区独特的品牌形象，将传统工艺如潮州木雕、肇庆端砚、剪纸玉雕、酸枝红木家具、龙舟等文化元素纳入设计博物馆，在宣扬传统文化的同时也能推广设计博物馆的品牌形象。

第二，结合城市发展历史建设设计博物馆。北京、上海和深圳分别于2012年、2010年和2008年被联合国教科文组织提名为"设计之城"，同时被作为兴建设计博物馆的备选城市。"设计之城"的称号不仅表明设计被大众所关注，也表明设计为城市振兴做了贡献。例如清华大学艺术博物馆以"彰显人文、荟萃艺术、涵养新风、化育菁华"为己任，坚持中西融汇、古今贯通、文理渗透，通过不懈努力把艺术馆打造为世界一流的大学博物馆。再如上海当代艺术博物馆由南市发电厂改造而成，它见证了上海从工业时代到信息时代的城市变迁，2010年上海世博会期间曾是"城市未来馆"。设计博物馆为公众提供了一个展示当代设计艺术的平台，促进了不同设计艺术门类的合作和知识生产。粤港澳大湾区城市群的发展历史与设计博物馆相融合，既是对历史的回顾，也传达了人们对历史的见解，在一定程度上是城市文化发展的根基，是民众精神家园的寄托，为城市的振兴奠定了文化基石。

第三，以设计博物馆为依托，构建产学研有效协同模式。健全和完善的产学研制度是创新创业、设计交流和开展服务活动的基础，是粤港澳大湾区构建设计共同体、走向一流创新型湾区的关键一步。以设计博物馆为依托，汇集相关产业资源与教学科研力量，使设计博物馆成为培养设计人才、促进设计与其他产业融合的重要平台。粤港澳大湾区的教育目标是建设世界一流大学，打造"环高校知识经济圈"和全球创新中心，以及"东方硅谷"。要不断加强与港澳高校的联系、交流与合作，共同助力粤港澳三地协同创新发展，服务粤港澳大湾区建设[8]。设计博物馆作为孵化器不仅给学生提供实践和研究的平台，还为设计师提供交流、策划与互动的机会。例如，广东工业大学浩泽莱德设计博物馆是广东省唯一一座坐落在高校的设计博物馆，收藏了 15～20 世纪欧洲经典的工业设计产品 4000 多件，包括 1913 年法国生产的老爷车、1909 年的雷诺汽车等。该馆主要用于教学、科研、国际学术交流与合作，同时向社会免费开放，为青少年设计与科普教育提供基地，必将成为粤港澳大湾区的文化新名片。设计博物馆与高校的设计学科相结合，可为学生提供学习和信息交流的平台，构筑创新要素集聚的环高校创新圈，构建政府、产业、高校、金融、中介多要素融合的"造血"式集成创新体系[9]。

第四，设计博物馆要实现主题专业化与信息智能化。博物馆作为公共文化建筑之一，其主题表现在自身的定位中。公共文化建筑的集中建设能使不同的文化建筑在功能上实现互补[10]。以设计和艺术为主题的博物馆或单独为某些艺术设计流派、设计品牌设立的博物馆，除了展出各式各样的展品之外，同时具备文化价值和品牌价值的传播功能。设计博物馆作为文化建筑群的一个子集，在功能复合化的情况下更倾向于专业化。就其形态而言可分为两种，第一种是在综合性单体建筑中以一种元素展开，而各项功能都集中在单体建筑中；第二种是将各个单体建筑组合起来，而这个单体建筑具有各种功能。

信息智能化既是科学技术发展的趋向，也是创新产业和未来产业的目标之一。对于设计博物馆而言，智能化不仅体现在陈列的展品上，也表现在博物馆的日常内部管理中。陈列展示作为"前台"是博物馆走向现代化和未来的重要指标。设计博物馆在展品的陈列上采用跨媒介的技术来完成基本职能，如电影、电视、投影、录像等，尤其在近年来迅速发展的人工智能方面取得了巨大进展，AI、VR 等交互式的沉浸体验技术日趋成熟。日常管理工作是博物馆的"后台"，主要围绕藏品的储存、研究、教育、修复展开对外的信息交流与传递，如数字化博物馆、藏品分类数据、信息数据库、展览设计辅助系统、公共服务平台等方面。这些智能化技术是连接博物馆与公众的桥梁，也是维系博物馆与观众情感的链条，有助于唤起当代公众对传统地域文化记忆的精神共鸣。但这些都是博物馆的辅助内容，不能替代传统博物馆的地位和作用。粤港澳大湾区设计博物馆的建设应该合理有效地利用信息化和智能化技术，寻求传统博物馆周边产业群与新媒体技术产业群优势互补的创新路径。

总之，推进粤港澳大湾区设计与相关产业的融合，要坚守"一国之本"，发挥"两制之利"。利用制度优势并创新体制机制，合理开发湾区传统文化资源，激活本土设计文化创新，是推进新一轮改革、实现高质量发展的重大机遇。

参考文献

［1］《习近平报道专集》，新华网，http://www.xinhuanet.com/politics/leaders/2018-10/23/c_1123599163.htm，最后访问日期：2018年10月23日。

［2］陆唯：《艺术介入社区：美国社区艺术案例研究》，《公共艺术》2018年第4期。

［3］《粤港澳大湾区将取代纽约，成为全球文化艺术中心》，搜狐网，http://www.sohu.com/a/231324743_120711，最后访问日期：2018年5月11日。

［4］《发展粤港澳大湾区经济，教育是基础》，搜狐网，https://www.sohu.com/a/208132502_529087，最后访问日期：2017年12月3日。

［5］康小曼：《校外实践活动对学生文化素质教育的影响——以广州某高职院校社区艺术教学实践与活动为例》，《太原城市职业技术学院学报》2017年第1期。

［6］董雪：《艺术教育在社区文化建设中的发展研究》，《北方音乐》2017年第17期。

［7］刘天骄：《历史文化街区寺街品牌形象设计对旅游产业的影响研究》，《美与时代（上）》2018年第3期。

［8］广东省委：《关于粤港澳大湾区战略下打造面向世界的南方教育高地的建议》，2018。

［9］《粤港澳大湾区 5 高校入围世界大学》，新浪网，http://news. sina. com. cn/c/
2018 – 01 – 24/docifyqyqni1821719. shtml，最后访问日期：2018 年 1 月 24 日。

［10］宋江涛：《珠三角地区当代博物馆设计的地域性研究》，《华南理工大学》
2012 年第 6 期。

平民艺术家与粤港澳大湾区文化导向型城市更新改造

韩林飞*

摘　要： 在当前城市更新进程中，经济和技术已不再是制约城市发展的决定性因素，人文艺术才是城市发展的核心内涵，而平民艺术家的创作力是城市更新的重要因素。以粤港澳大湾区历史文化底蕴为基础，解构大湾区历史艺术文化内涵，探究文化艺术创新的驱动模式，分析总结平民艺术家对于城市设计的影响力。以广东为例浅谈其对城中村、城乡接合部艺术生命力的培育，总结出培养方案，推动平民艺术家激发城市活力，助力城市更新。

关键词： 平民艺术家　粤港澳大湾区　城市更新　文化导向　艺术开发

在当前城市发展更新进程中，经济增长、技术创新固然是城市发展的主旋律，但艺术文化的发展也是城市发展的核心。处于国际交通枢纽腹地的粤港澳大湾区，承担着传递中国文化、与世界交流沟通的责任。因此，在建设粤港澳大湾区的今天，通过文化导向型策略引导城市更新发展、激发城市活力、传递城市信息，变得尤为重要。

---

* 韩林飞，北京交通大学建筑与艺术学院学术委员会主任、教授，研究方向为城市规划与设计。

一　粤港澳大湾区文化底蕴探究

珠三角几个城市作为粤港澳大湾区的重要组成部分，其文化底蕴成为着重研究的对象。就历史文化底蕴而言，广东七城以历史悠久的广府文化而闻名，诸如粤语文化、粤剧文化、粤式戏曲文化、岭南建筑文化、粤式民俗礼仪文化等，给人们留下了深刻的印象。在现代文化创新发展中，又以广州、深圳、珠海为文化创意产业发展的重要先导。这三个城市中分布着如广州小洲村、深圳大芬村、珠海会同艺术村等创意文化聚落，文化艺术底蕴深厚，将陆地文化与海洋文化相结合，使中国传统的历史文化艺术走向世界。

作为"亚洲国际都会"的香港，是不同文化交流的中心点，是观察中西多元文化的窗口，是西方艺术盛事来亚洲的首选城市，也是中国与西方国家交流、沟通的文化桥梁。在香港这方自由和广阔的舞台上，除了世界级的艺术家及作品频频亮相，也出现了不少剑走偏锋的小众艺术。

澳门因其独特的地理位置和历史背景，在 400 多年中葡文化的交汇中形成了丰厚的文化遗产，其中望德堂区已发展为澳门文化产业基地。

二　文化导向型城市更新概念的提出

（一）文化导向型概念产生背景

随着后工业时代的到来，城市模式随着工业的发展逐渐演变，城市轮廓也不断扩张，原有的城市历史肌理也根据人们的物质文化需要不断发展、变形、更新。随着经济全球化带来的产业兴替和经济产业结构重建等问题对城市发展的影响，文化导向型城市更新模式应运而生。

（二）文化导向型概念发展概述

与更早出现的地产导向城市更新模式不同的是，后者通过资本的投入来改善人们的物质生活环境；而文化导向型模式注重城市内部原有的文化底蕴，将文化视为城市复兴的催化剂和动力引擎，将文化作为一种新的机制去加强社会各个阶层、片区之间的联系，与社会学、经济学、城市地理学、城市设计学之间产生联动效应，同时引起政府对文化导向型城市更新模式的重视，完善管理制度，协同城市各部门做好城市更新工作。英国与美国是最先将文化导向型城市更新方式加以运用的国家，并获得了令人瞩目的成就。

（三）文化导向型发展的主要模式

文化导向型模式引导城市更新发展，常见的有以下几种模式：大型文化设施导向型、艺术与娱乐导向型、艺术文化生产导向型。

大型文化设施导向型开发是指以大型文化设施（如歌剧院、博物馆等）为核心，综合利用土地进行开发，同时包括一些小型文化创意企业和机构，构成城市文化竞争力的核心，一般坐落于城市中心区域或较为富饶的地方。艺术与娱乐导向型是指由私人艺术画廊、酒吧、小剧院等小型聚会场所构成，常坐落于城市待更新区域以及城市中心区域。艺术文化生产导向型主要由艺术家工作室、艺术画廊、艺术培训机构等组成，通常以输出艺术文化产品为主，常坐落于城市中的待更新区域。而针对粤港澳大湾区的文化特性，尤其是广东省现有的艺术村落集聚现象，艺术文化生产导向型城市更新将会产生很好的效果。

三 艺术文化生产引导城市更新

广州作为广东省的省会，是广府文化凝聚于城市的集中表现。而深圳作为中国的"创意之城""设计之都"，从小渔村发展到如今经济高速发展的新型现代化城市，除了科学技术的创新外，更离不开文化创意的发展。在如今改革发展的攻坚期、解决城市问题的关键期，广州、深圳这样的一线城市已经不满足于传统文化城市的符号象征，而是极力向创意城市转变。艺术文化生产导向型城市更新模式与其他两种模式的不同之处在于：艺术文化生产离不开艺术创意的开发、艺术产业之间的相互合作以及与整个城市的融合发展。

（一）打造创意城市需要艺术文化生产

从文化城市向艺术创意城市的过渡主要涉及三个方面：一是文化聚落，二是创意聚集，三是产业集群。创意城市的风格，如同文化产业的价值一般，并不是简单的物质类商品的贩卖，而是为整个城市、社会赋予一种新的精神价值。创意以艺术开发生产为主要手段，以文化艺术创作为这个城市最重要的生产动力，是最重要的发展变量，是城市精神文化发展的重要体现，也是城市的名片和一种富有魅力的象征。

在鳞次栉比的高楼大厦间，千城一面的建筑群落使城市失去了鲜明的文化特性。而创意城市的开发，通过发展艺术产业，将城市原有的艺术资源进行整合、将艺术能力进行提升，对城市创意集群发挥引领作用。而这离不开平民艺术家的参与，那些由艺术家主导的民间工作室、创意工作坊和各种新奇的艺术实验室，实现了各式各样的艺术连接和创意分享，最后反馈到市场上，由城市居民买单，从而获得巨大的市场回报和社会价值。

在艺术文化生产导向开发模式中，常见的有对破败工厂的更新开发，将废旧工业区变废为宝，打造出具有后工业艺术风格的艺术工业区。还有文化创意园区的开发，内含多种创意集群，以其鲜明的艺术风格著称，是游客们的"打卡"胜地。还有对艺术村的改造开发，它们通常具有较大尺度且可容纳多种创意产业开发模式，主要进行创意输出。而这些创意艺术集群与艺术产业之间的相互连接，都离不开共同的创造人——平民艺术家。

（二）平民艺术家的参与和贡献

以广东地区为例，广州、深圳、珠海拥有艺术村、艺术区、创意中心、文创园区、创意旅游基地等一系列以艺术文化生产为导向的创意片区，其中比较著名的有深圳大芬村、广州小洲村、珠海会同艺术村，它们往往是由平民艺术家自发聚集，在此生产大量画作并对外售卖，最后逐渐演变成一个个创意艺术文化聚落。

据网络相关数据，深圳大芬村现有 5000 余名艺术家进行批量艺术创作，是全国最大的油画生产基地，甚至有不少外国友人慕名前来购买艺术家们的画作。艺术家们的辛勤耕耘，使破败的大芬村不断发展，由一个无人问津的城中村摇身一变为国内外著名的艺术村。随着政府管理的加强，如今的大芬村也增添了不少艺术文化类建筑和对外开放的观赏性艺术培育基地，其经济产业得到了一定的发展，同时艺术家也能解决自身的温饱问题。而广州的小洲村、珠海的会同艺术村亦是如此，艺术家们可在此安心地进行艺术创作，发挥他们的艺术才能，从而使这些村庄、城乡接合部都得到了更新和二次开发。

这种艺术文化生产导向型更新模式，不仅可以解决部分老旧城中村亟待更新的问题，还给这些平民艺术家提供了一个落脚之处，在发展文化艺术产业的同时增强了城市片区的活力。这种三方共赢的局面是当今城市发展中最令人期待的，那么到底应该如何引导和安置平民艺术家，使他们融于现代艺术村落与艺术聚集地，发挥最大价值去激发城市片区活力呢？这是一个令人深思的问题。

四　国内外平民艺术家参与城市更新典型案例

随着文化城市、创意城市思维的普及，欧洲众多国家成为发展文化创意模式的先驱。在政府的大力推动下，艺术家们受到了鼓舞，纷纷前往艺术区、艺术村发挥他们的艺术才能，同时为城市片区增添活力。

（一）巴黎蒙马特高地

法国巴黎的蒙马特——这个曾经被贫穷艺术家寄予希望的天堂，不仅是凡高、毕加索、雷诺阿、高更、卢梭等世界著名画家度过早年艺术生涯的地方，在21世纪的今天还是许多平民艺术家、流浪艺术家的伊甸园。这里每天聚集着近百名艺术工作者，他们为艺术创作来到这里。其中以为游客画自画像最为引人注目，来往的游客也纷纷为其买单。尽管有的画作仅售5欧元一张，可是画者与被画者之间所构成的独特景象，成了蒙马特高地上一道亮丽的风景线，也成了世界各地旅行者前来旅游观光的一个景点。对艺术家而言，这里有了自给自足的生计；对城市而言，这里有了生机。用艺术点缀的蒙马特，更是别具特色。

（二）阿姆斯特丹 NDSM-werf 艺术区

荷兰阿姆斯特丹的 NDSM-werf 艺术区，在1984年还是一个废弃的造船厂。随着后工业时代的来临，铁路和航空运输对传统的海陆运输造成了极大冲击，大多数船厂、码头都受到了影响，NDSM-werf 造船厂也不例外，迅速衰败后成为城市空间中一处残败的灰色风景。而后艺术家们看中了这个破败工业区中的闲置建筑，陆续搬到这里并自发地组织了许多与艺术文化相关的活动。

1993年，艺术家们在此举办了名为"横跨 IJ 河"的戏剧节，此后随着各类艺术文化戏剧团的加盟，NDSM-werf 声名大噪。政府看中了 NDSM-werf 艺术区的发展潜力并致力于开发更新，将其打造为一个国际闻名的艺术工业园区。随后，改造废弃房屋并将其出租给平民艺术家们，这吸引了大批有才华、有艺术梦想的年轻人加入。为了使艺术家能够为其所用，政府也设立了一定的限制，他们需要考察艺术家是否潜心于艺术创作而非受其他经济利益因素影响，让有潜力的年轻艺术家群体在这片土地上发挥所长，起到用艺术生产激发片区活力的作用。

（三）北京798艺术区

早在20世纪90年代，798艺术区就因其包豪斯式的厂房格局和便宜的租金受到众多艺术家的青睐，而且有着地理位置上的优势，与当今中国顶级艺术类学府中央美术学院相距仅 4 公里。随着大量艺术家的涌入，闲置厂房与现代艺术相结合，画家们在此作画、交流，开展各式各样的文艺活动。

2003 年，艺术家徐勇和黄锐组织策划了名为"再造 798"的艺术活动，包括艺术类特别展出与艺术工作室开放，这个活动的举办引起了社会各界人士的强烈反响，进一步提高了 798 艺术区的知名度。随后，政府参与开发建设。2006 年，798 艺术区被列为北京市重点扶持的创意产业园，邀请了著名规划设计公司 SASAKI 为其做更新改造设计。2007 年成立了由朝阳区委宣传部、酒仙桥街道办和七星集团共同组成的 798 建设管理办公室。至此，798 艺术区成为我国第一个被官方承认与保护的艺术区。随着 2008 年北京奥运会的举办，798 艺术区在国际上声名大噪。现在的 798 艺术区里，有数个艺术家工作室、艺术展厅、文艺画廊、商业艺术设施等，文艺气息浓厚，每日游客络绎不绝。

五　广东城中村、城乡接合部艺术生命力的培育

如今，在广州、深圳、珠海等城市中，出现了大量由艺术家自发聚集而成的艺术村。平民艺术家激发了原本沉寂的村庄的活力，促进了当地艺术文化产业的发展，对城中村、城乡接合部起到了一定的经济振兴、产业激活的作用。

曾经的广州小谷围村有着"中国的巴比松"的美誉，每年都会定期举办艺术节与相关艺术文化活动，声名远扬。2004 年随着广州大学城规划方案的落地，艺术村被迫"让位"，平民艺术家们瞬间"流离失所"。

如今，政府逐渐认识并了解到了平民艺术家对于城市更新的重要作用，发现了平民艺术家的潜力，于是协同艺术家开发艺术村、艺术小镇、艺术区等，加强对艺术生命力的培育。

（一）自发性聚集艺术古村落——广州小洲村

小洲村建于元末明初，是广州城区最具岭南特色的水乡古寨，村庄外部四面环水，内部被河道贯穿，形成多个景观区域，场地现种有大批果树农林，生态资源良好，其特色景观风貌和传统民居建筑吸引了大批游客，并被广州市政府设立为首批历史文化保护区，同时被先后评为省级生态示范村、国家级生态村。

小洲村本是广州城市边缘的一个普通的城中村，但是在20世纪80年代，画家关山月、黎雄才看中了小洲村独特的风景资源，在此进行创作。后来在小洲村村委会及相关领导的大力支持下，开始投入资金开发建设小洲艺术村。由于关山月、黎雄才两位大师的入驻，加之这里曾经是城市的边缘村而房租低廉，以及临近广州美术学院等，有越来越多的艺术家入驻小洲村进行艺术创作，使小洲村成为名副其实的艺术村。也正是由于这些原因，越来越多的人开始关注小洲村。同时，这里增添了艺术画室、艺术培训机构等，村经济也得到了一定发展。

（二）政府引导开发——深圳梧桐山艺术小镇

深圳梧桐山艺术小镇位于深圳经济特区东部，西临深圳水库，东至盐田港，南北均临近特区边界。整个小镇面积为31.82平方公里，与香港新界起伏的山脉相连、与潺潺的溪水相通，是以河流、山地和自然植被为景观主体的城市郊野型自然风景区，其中著名的"梧桐烟云"景观有深圳新八景之一的美称。

在政府的管理和规划下，将梧桐山村等7个自然村打造成集文化、创意、艺术、旅游于一体的"艺术小镇"。除了传统的自然景观外，梧桐山小镇同样以其艺术文化特色而闻名，既有传统艺术如皮影戏剧场，也有新时代艺术家的工作室，半城市化半自然村的梧桐山艺术小镇不仅符合现代人的审美，也体现了对传统艺术的保护与开发。

在这里，艺术家的创作更是为小镇增添了色彩。站在由古色古香的百年历史老街改造的艺术街上，触目可及缤纷鲜艳的涂鸦和各具艺术特色的门面。

（三）城中村改造文化创意园区——深圳大芬村

大芬村位于深圳市龙岗区，在 20 世纪 80 年代初期是个偏僻、贫困的小村庄，借着深圳经济特区的政策优势，经过 20 多年的发展和改造，如今已经成为以油画批量生产为主，兼顾国画创作、书法创作等多种艺术创作，颜料、画框等艺术创造配套产品销售，以及传统工艺、书画培训等文化服务的产业基地，拥有数座集交易、创作、展示等功能于一体的大型展销中心和若干家大规模油画生产企业，是一个聚集了 8000 余名艺术家、画家、画商、画工等从业人员的文化产业园区。

大芬村是世界知名的油画生产基地，海内外油画市场流通的大部分作品都来自大芬村。基于独特的地理优势，大芬村致力于开发属于自己的艺术文化品牌并将其推广，在各种博览会、广交会等艺术会展平台上得到了社会各界的认可。

2016 年 1 月，大芬村入选"十大特色文化街区"，顺利完成了由城中村到新型文化艺术地标的转型。以生产油画艺术作品和销售为产业核心、兼顾社会市场需求和文化艺术发展的"大芬模式"，开始进入公众视野，并逐渐为城市居民所熟知，使油画的出口率和大芬村的经济效益有了一定提高。

（四）文化艺术旅游村——珠海北山村（在建）

该项目占地面积约 5 平方公里，按照总体规划，北山村将引入"十字轴"规划理念，植入相关的功能业态，将其改造成集文化、娱乐、旅游、商业于一体的城市客厅。其中，"十字轴"包括"南北功能轴"和"东西文化轴"，将场地分为两个功能片区，延续古老文化记忆的同时增加了新时代创新特色产业，使两条轴线互相串联、互相作用。与此同时，北山村还将植入"文化 + 旅游 + 创意 + 商业 + 居住"等业态，形成业态混搭、具有国际氛围的历史更新区，打造特色鲜明、风貌协调的综合性文化旅游服务中心和生态文化区。

历史文化底蕴深厚的北山村将被改造成珠海标志性的文化艺术区，使艺术家们在此栖息创作，创办艺术之家，发展推广文化艺术品牌。将北山村打造成广东省级文化艺术基地、全国知名的文化艺术旅游村、具有世界影响力的文化品牌，使其成为承载珠海历史文化、艺术、民俗的城市文化标识和现代都市休闲旅游的新地标。

表 1　广东部分创意艺术聚集地

名字	性质	年份
广州小洲村	艺术家自发聚集（后政府参与）	1980 年至今
广州小谷围村	艺术家自发聚集（后衰败）	1994~2004 年
深圳大芬村	艺术家自发聚集（后政府参与）	1989 年至今
深圳牛湖艺术村	艺术家自发聚集	2013 年至今
深圳梧桐山艺术小镇	政府打造	1993 年至今
深圳 22 艺术区	政府打造	2007 年至今
珠海会同艺术村	高校学生、艺术家自发聚集（后政府参与）	2007 年至今
珠海北山村	政府打造	在建

资料来源：根据网络资料整理。

六　平民艺术家的生命力

文化与艺术是一座城市的软实力象征，是城市精神层次的重要体现。在粤港澳大湾区蓬勃发展、走向世界的今天，文化产业是城市群落发展的核心。城市群落需要整顿城市现有的文化产业，用文化产业激发城市活力，增强城市之间、社会与人之间的交互关系。文化艺术是城市的灵魂所在，城市更新与改造需要文化艺术的大力参与。城市在发展过程中，留存下许多历史文化遗迹和尚未被开发的文化艺术资源，对于待开发、待激活的旧城片区和城乡接合部，平民艺术家将扮演重要角色，以自己独特的创造力去发掘创意与艺术产业的潜力，从而进一步引导城市的更新开发。

根据 798 艺术区、大芬村、小洲村等案例可知，大多数平民艺术家都具有自发性聚集的特点，普遍具有进行艺术创作的动力。艺术是一种生活常态，更是平民艺术家赖以生存的本能，他们对于城市文化发展具有显著的推动力。城市的更新发展，离不开艺术产业的培育，更离不开平民艺术家的创造力。对于平民艺术家，政府应该重视他们的创造力与激发城市活力的潜能。在城中村、城乡接合部与艺术生命力的融合中，应该保留场地的廉价租金，调节平民艺术家与开发商之间的矛盾，抵御商业开发对艺术的侵蚀，尽可能保证平民艺术家的基本生活，如此方能促进平民艺术家的创造力得到充分发挥，使艺术村、艺术区顺利平稳运行。

艺术家的入驻激发了破败工业区或城中村、古村落的活力这一现象，看似是"无心插柳柳成荫"的偶然之举，却是生活发展中的必然现象。艺术本是对无趣生活的点缀，正是因为有了艺术文化，有了设计与艺术创造，我们的城市和生活才会变得丰富多彩。物质文化日益丰富的现代，需要更有价值内涵的艺术文化去浇灌人们的心灵。而艺术家或是还未成名的平民艺术家，有极大的发挥空间，应该给予他们生长空间，让他们为城市发展注入活力，创造城市的美好明天。

参考文献

[1] 洪祎丹、华晨：《城市文化导向更新模式机制与实效性分析——以杭州"运河天地"为例》，《城市发展研究》2012 年第 11 期。

[2] 孟璠磊：《艺术驱动废弃工业用地复兴——阿姆斯特丹 NDSM 艺术区启示》，《世界建筑》2017 年第 4 期。

[3] 刘贵文、罗丹、李世龙：《文化主导下的城市更新政策路径演变与建议——基于政府角色分析》，《建筑经济》2017 年第 9 期。

［4］李蕾蕾：《中国城市转型之艺术干预基本模式初探》，《深圳大学学报》（人文社会科学版）2015 年第 5 期。

［5］高晓雪、郭君君：《创意城市语境下"文化区"概念与西方实践的探讨》，《现代城市研究》2014 年第 11 期。

［6］傅天漪：《基于因子分析法的城市艺术区影响因素研究——以北京十大艺术区为例》，《经济研究导刊》2018 年第 33 期。

大湾区政策创新

粤港澳大湾区科技金融生态体系的构建与对策[*]

陈远志　张卫国^{**}

摘　要： 在打造国际科技创新中心、建设国际一流湾区和世界级城市群的重大背景下，围绕粤港澳大湾区科技金融生态体系的构建及对策问题，分析比较粤港澳大湾区与国际知名湾区科技金融的发展现状与特征，深入研究国际湾区科技金融创新的发展动态，准确把握前沿趋势。在此基础上，提出了粤港澳大湾区科技金融生态体系的结构布局、总体发展战略及实现路径。

关键词： 粤港澳大湾区　科技金融　科技创新　生态体系

一　引言

建设粤港澳大湾区是"一个国家、两种制度、三种货币与三个独立

＊　本文系粤港澳大湾区发展广州智库 2018 年度重点课题"粤港澳大湾区多层次科技金融创新生态圈的构建与对策研究"（2018GZWTZD22）、广东省自然科学基金项目（2018A030313932）阶段性成果。

＊＊　陈远志，经济学博士，华南理工大学工商管理学院财务管理系主任、副教授，研究方向为科技金融、资本市场与公司财务；张卫国，华南理工大学工商管理学院院长、教授、博士生导师，广州市金融服务创新与风险管理研究基地主任，主要研究方向为金融工程和信息科学计算。

关税区"背景下的重大国家战略与探索性实践，以何种可行路径先行突破湾区建设的前期约束是重点研究的问题。在《粤港澳大湾区发展规划纲要》的初期实施阶段，湾区建设的路径及创新发展问题备受瞩目。从全局战略及有序推进的角度看，粤港澳金融合作与协同创新先行是大湾区建设的重要突破口，科技金融创新合作先行可以为大湾区后续的全面战略合作奠定坚实的基础、提供必要的融合时间及更大的发展空间。从国际知名湾区尤其是美国旧金山湾区的动态演进经验和前沿发展趋势来看，应该以金融创新引领区域合作，并将湾区内具有坚实的发展基础且更为活跃的科技创新合作及相应的科技金融服务创新作为粤港澳大湾区建设的方向，推动湾区以科技金融、生态资本或生态基金引领战略性新兴产业的创新发展，进而促进湾区后续建设中其他关键要素的流动及常态化跨境合作机制的建立与完善。

科技金融概念在我国萌生于20世纪90年代，之后科技金融从主要研究严格分业经营背景下的科技信贷创新与科技支行等问题，转为研究科技小额贷款、风投创投、科技股权投资与科技信贷的投贷联动创新机制、政府的科技信贷风险补偿机制等。美国总统科技顾问委员会（PCAST）在2004年首次提出了创新生态系统（Innovation Ecosystem）的概念。近年来，有关科技创新体系尤其是硅谷的科技创新生态体系方面的相关研究较为丰富，但是，科技金融生态体系的相关理念仍缺乏深入的研究分析。2015年10月，浦发银行在银行业内首推"科技金融生态圈"服务模式，提出科技金融应由"工具角度"向"生态角度"转变，并自2015年起逐年发布《中国科技金融生态年度观察》。但总体而言，有关科技金融生态体系的深入研究仍较为鲜见，对湾区科技金融生态体系的专题研究更是匮乏。

从国际知名湾区的成长经验及发展趋势来看，湾区的科技金融创新是一个由多元要素构成的内生高效、共生关联的生态体系，包括极富活力的科技信贷体系，风投创投引领的科技直接融资体系，科技信贷与风投创投网络的有效关联机制，政府引导与支持机制，科技保险、科技担保、再担保、信用互换等风险缓释及信用增级机制，以及绿色金融、生态资本、前沿金融科技与保险科技引领的内生创新驱动机制。

在全球经济由传统的"技术寻找资本""科技创新催生金融创新"模式向"资本寻找技术""生态资本引领战略性新兴产业的创新方向"模式急剧转变的大背景下，并非只有科技创新会促进科技金融的发展，生态资本及前沿科技金融创新对于城市群区域的颠覆式科技创新及战略性新兴产业的发展也具有重要的方向引领及加速促进作用。在此背景下，把握国际湾区科技金融创新的发展动态及前沿趋势、深入研究粤港澳大湾区科技金融生态体系的构建及对策建议问题，有助于以科技金融的创新合作引领湾区科技创新的高速发展，推进粤港澳大湾区先进制造业的创新升级，发展壮大湾区的战略性新兴产业及"独角兽"企业群，推动湾区建成具有国际竞争力的现代产业体系，有效推进粤港澳大湾区国际科技创新中心的建设，进而实现"建设国际一流湾区及充满活力的世界级城市群"的总体发展目标。

基于上述背景，本文在比较分析国际湾区的科技金融发展经验、准确把握国际湾区科技金融创新的发展动态与前沿趋势的基础上，深入研究粤港澳大湾区科技金融生态体系的结构布局、总体发展战略及实现路径，并提出相应的对策建议。

二 粤港澳大湾区与国际湾区的科技金融比较分析

放眼全球，纽约、东京、旧金山、伦敦等国际知名湾区的前沿科技创新高度发达并持续推动经济高速增长，其深层次原因在于，各湾区拥有完备的引领基础科技创新及前沿科技颠覆式创新发展的科技金融创新生态体系，并且各具特色，优势特征明显。这对于将粤港澳大湾区打造成新兴的国际科技创新中心、实现"国际一流湾区和世界级城市群"的战略目标，具有重要的启示意义。

（一）国际知名湾区的金融体系都比较完善，特色鲜明、优势明显

从湾区包含金融服务业的第三产业所占比重来看，东京、纽约、旧金山湾区 2016 年的比重分别达到 82.3%、89.4%、82.8%，而粤港澳大湾区 2016 年和 2017 年仅分别为 62.2% 和 64.9%。从金融业增加值占 GDP 的比重看，三大国际湾区分别为 15.10%、27.14%、16.09%，粤港澳大湾区则是 14.93%，其中香港的金融业增加值占 GDP 的比重已达到 18%，但由于制度差异与体制约束，与内地金融业仍处于相对割裂状态。

从各国际湾区的金融特色来看，纽约湾区是全方位金融创新的"激进派"，汇聚了全球市值最高的两大证券交易所，其证券总市值是粤港澳大湾区深港交易所总市值的 4.6 倍，全球 100 家最大银行中的 90% 以上在纽约设有总部或分行。东京湾区则聚集了全球最多的银行机构，是传统银行金融和产业金融的坚定守护者，据风投数据公司 CBInsights 统计，日本投资界在 2015 年之前几乎没有涉及金融科技领域。而旧金山湾区被誉为"科技湾区"，其金融创新采用传统银行与新兴科技金融的协同创新路径，核心特色为富有活力的风投创投网络以及内生高效的湾区科技金融创新生态体系。

（二）国际知名湾区的国际金融中心地位稳固，综合实力及金融竞争力较强

从英国 Z/Yen 智库 2018 年 3 月 26 日发布的全球核心城市金融中心指数（GFCI）排名情况看，四大国际湾区核心城市中的伦敦、纽约、东京、旧金山分别位列第 1 位、第 2 位、第 5 位、第 8 位，而粤港澳大湾区中的香港、深圳和广州则分别位列第 3 位、第 18 位、第 28 位。其中，纽约综合实力位居全球第 2 位，东京以银行与产业金融为特色，旧金山则以风险投资与科技直接融资优势见长。另外，风投创投增速较大的旧金山、

深圳、广州等城市均较上一期排名有所提升，其余 3 个城市则持平。

2018 年 9 月 12 日发布的"全球金融中心指数（GFCI 24）"显示，伦敦、纽约、东京、旧金山分别位列第 2 位、第 1 位、第 6 位、第 14 位，而粤港澳大湾区中的香港排名不变，仍位列全球第 3 位，深圳和广州则分别跃升至第 12 位和第 19 位，粤港澳大湾区的国际金融中心地位持续提升。

（三）以科技湾区和风险投资著称的美国旧金山湾区，拥有高效的科技金融创新生态体系，作为全球领先的国际科技创新中心，其优势地位仍较为突出

旧金山湾区以其发达的风投创投网络著称，其科技金融创新生态体系对于粤港澳大湾区建成以科技金融创新引领的新兴国际科技创新中心具有重要的借鉴意义和研究价值。

旧金山湾区的科技信贷体系涉及以硅谷银行为代表的专业科技银行、以 WTI 与 Triplepoint Capital 等为代表的非银行信贷机构以及相应的科技信贷服务中介体系，对于粤港澳大湾区建立相应的科技信贷创新合作平台，推动科技信贷的发展，探索及推进湾区普惠式科技金融服务的创新实践，均具有重要的借鉴意义。相比而言，我国商业银行当前在国内设立的科技支行，普遍受制于非独立法人实体资格以及银行禁止持有企业股权或股票期权的严格分业经营约束，商业银行无法获取贷款利息以外的股权或认股权证收益，因此种子期、初创期企业的科技信贷面临着"高风险、低收益"的困境，因而，国内普通商业银行从事科技信贷业务的积极性普遍较低。即便是目前国内的投贷联动试点银行，由于缺乏明确的风险隔离与控制机制，其业务发展也面临着困境。

除此之外，旧金山湾区以 WTI 与 Triplepoint Capital 等为代表的非银行信贷机构作为湾区科技信贷的有力补充，也极富活力，其运作模式近年来在中国本土化为天津模式和江苏模式两类科技小额贷款公司。而在粤港澳大湾区，广州以及其他内地城市的科技信贷业务仍以商业银行的

科技支行为主要载体，并缺乏与风投机构的紧密合作，主要为服务于高新科技企业的专业科技银行。2016 年 12 月《广东省人民政府金融工作办公室关于进一步促进小额贷款公司规范发展的意见》降低了广东小额贷款公司的准入门槛并拓宽了投融资渠道，港澳资本设立境内小额贷款公司的门槛降低，股东持股比例限制也被取消，但各类专业科技信贷企业仍有待培育和发展；而优质小额贷款公司虽然可以试点开展投贷联动业务，但其股权投资比例仍严格受限。总体来看，粤港澳大湾区内地城市与港澳之间仍缺乏科技信贷的互联互通与合作共建平台，整合潜力巨大。

（四）国际湾区是全球风投创投资本的高密度聚集地，优势区域的自我强化趋势明显

全球 68.6% 的风险投资集聚于美国，全美 48.28% 的风投总额又聚集于加利福尼亚州，而其中的旧金山湾区更是高密度集合了加州 87% 的风险投资（截至 2018 年上半年）。从全球角度看，旧金山湾区在风险投资领域仍处于明显的领先地位，占全美风险投资总额的 42%、全球风险投资总额的 28.81%，并且该区域的风投创投集群趋势还在增强。

在全球吸收风险投资 20 强城市中，美国有 12 个，并且前 6 名均为美国城市，其合并额约占全球风投总额的 45%。旧金山湾区中的两座城市旧金山和圣何塞分别占全球风险投资 20 强城市总投资额的 15.4% 和 9.9%，合计 25.3%；纽约和伦敦分别占 5.0% 和 2.0%，分列第 4 位和第 7 位。北京和上海分别占 1.8% 和 1.2%，位列第 9 位和第 14 位，香港、深圳、广州等城市均未能上榜。可见，虽然深圳的风投创投发展趋势强劲，但距离全球领先水平还有明显的距离。2017 年，广东省的天使、风投、私募股权基金的总投资额为 1626 亿元，仅占 GDP 的 1.81%，落后于北京和上海，居全国第 3 位，与美国的全国平均水平（3.6%）相比仍存在不小差距。

（五）国际湾区引领着金融科技、保险科技、绿色金融与生态基金、战略性新兴产业的最新发展趋势，并成为助推湾区未来科技金融创新的强大动力

美国聚集了全球众多的顶尖金融科技企业，位于旧金山湾区的同类企业则占据了美国最具创新力金融科技企业的 52%，纽约湾区占 22%。深圳的金融科技在移动支付、智能投顾、数字货币、区块链等领域持续快速发展，并且在某些领域具有全球领先优势。科技金融创新也推动了广东制造业的智能化转型以及互联网科技金融的高速发展。深圳的网贷平台排名全国首位，互联网众筹平台急速发展，但目前仍以粗放扩张为主，亟待规范监管。香港在全球金融科技枢纽中位列第 5，目前也有 200多家与国际前沿接轨的初创型科技金融企业，但由于缺乏互联互通机制，与内地产业缺乏深度的合作。

另外，旧金山湾区和纽约湾区也是目前全球领先的保险科技创新中心，全球的保险行业价值高达 4 万亿美元，单美国就占据了其中的 1.3 万亿美元，并且主要的创新型保险科技企业均集聚于这两大湾区。近年来，纽约湾区中的 Lemonade、PolicyGenius、Oscar 等保险科技创新企业备受关注，而旧金山湾区也有众多保险科技明星公司。旧金山湾区更倾向于推行细分的市场渗透战略，因而未来可能产生更多颠覆性的创新型企业。保险科技创新助推科技保险的普惠式增长，成为旧金山湾区科技金融生态体系中的重要组成部分。

近年来国际湾区中的绿色金融、生态资本以及战略性新兴产业的加速发展也备受关注。美国发布的《2016－2045 年新兴科技趋势报告》列举了未来 30 年最值得关注的物联网、机器人与自动化系统、智能手机与云端计算、智能城市、合成生物科技、气候及生态科技等 20 项新兴科技的创新发展方向，而这些领域及创新方向在国际知名湾区的战略性新兴产业发展动态中都得到了充分体现，也是旧金山湾区风投创投资本所重点关注的对象。

三　国际湾区科技金融创新的发展动态及前沿趋势

科技金融创新的本质是金融创新与科技创新的深度耦合。近年来，旧金山、伦敦、纽约与东京等国际湾区的科技金融创新呈现出若干前沿趋势与发展动态，值得深入研究。

一是风投创投加速聚集，自我强化的趋势越发明显，风投创投高速增长的城市或区域的国际金融中心指数排名持续提升。

二是湾区科技金融创新需要打造科技信贷、风投创投引领的科技直接融资市场、科技保险、科技担保、科技信用评级、科技股权评估、金融科技与保险科技创新等核心要素或机制共生关联的生态体系，旧金山湾区作为全球领先的国际科技创新中心，优势依然非常明显，地位稳固。

三是近年来，北京、上海、苏州、杭州等地科技金融的快速崛起，以及粤港澳大湾区在经济总量上跃居全球第二大湾区等经验表明，国家战略和核心城市的引领与带动、政府部门的顶层设计以及政策支持、区域创新生态所激发的个体自发创新动力及群体创新聚合力，均有助于湾区经济的快速发展与赶超。

四是近年来，国际湾区以绿色金融、生态资本或生态基金引领战略性新兴产业的持续创新发展日趋明显。香港特区政府目前已实现了发行基准绿色债券、为绿色项目和证券提供认证等关键进展。粤港澳大湾区在整体层面应进一步拓宽绿色私募股权投资基金、绿色创业投资基金、生态资本与生态基金的互联互通与发展通道，以持续引领湾区未来战略性新兴产业的创新发展。

五是旧金山湾区与纽约湾区既是全球金融科技创新最重要的区域，也是全球保险科技创新中心。金融科技和保险科技等领域的重大创新将会改变智能制造、互联网科技金融以及普惠式科技保险的发展业态。此外，旧金山湾区基于精准细分的利基市场战略，更易于产生极具破坏力的颠覆性创新科技，从而深刻影响全球科技金融创新的方式与方向。

四　粤港澳大湾区科技金融生态体系的构建

（一）粤港澳大湾区科技金融生态体系的结构布局

从国际湾区发展的动态演进经验及前沿创新趋势来看，对于以打造国际科技创新中心为工作重点、建设国际一流湾区及世界级城市群为发展目标的粤港澳大湾区而言，构建内生高效、共生关联的湾区科技金融生态体系，全力推动湾区科技金融的创新合作，引领湾区前沿科技创新及战略性新兴产业的创新发展，具有很高的战略价值及重要的现实意义。

借鉴国际湾区尤其是美国旧金山湾区在科技金融创新领域的成功经验，综合考虑粤港澳大湾区建设的战略目标要求、创新发展的现实基础以及既有优势与不足，粤港澳大湾区亟须构建一个富有前瞻性、系统全面、内生高效的科技金融生态体系，以为湾区中长期创新发展奠定坚实的基础。粤港澳大湾区科技金融创新生态体系的构建思路与总体目标是打造一个多元主体及科技金融创新要素共生关联、内生高效的创新生态体系，其核心要素包括极富活力的科技信贷体系、风投创投引领的科技直接融资体系、科技信贷与风投创投网络的有效关联机制，政府的引导与支持机制，科技保险、科技担保、科技再担保、信用互换等风险缓释及信用增级机制，以及绿色金融、生态资本、前沿金融科技与保险科技引领的内生创新驱动机制。图 1 给出了粤港澳大湾区科技金融创新生态体系的总体结构布局。该生态体系具有显著的前瞻性、系统性及可行性。

第一，粤港澳大湾区科技金融创新生态体系是由穗港科技信贷创新合作平台、深港风投创投与科技创新合作中心，以及广深科技走廊等关联机制构建的核心三角结构所引领的"9 + 2"城市群科技金融协同创新生态体系。其中，穗港科技信贷创新合作平台、深港风投创投与科技创新合作中心的建设处于核心位置，而重视湾区科技信贷与风投创投网络之

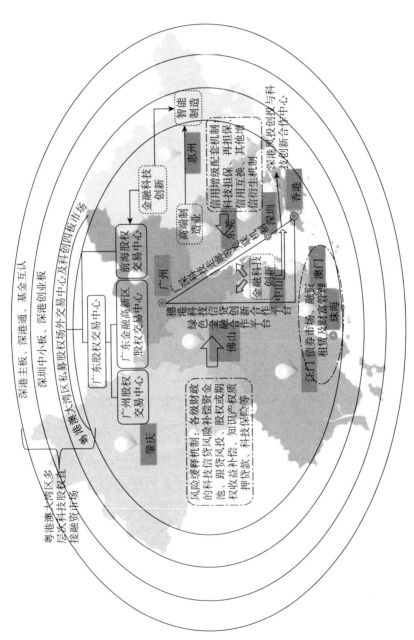

图 1 粤港澳大湾区科技金融创新生态体系的总体结构布局

间关联机制的建设，则是受到美国硅谷银行及旧金山湾区投贷联动实践经验的重要启发。在当前我国严格分业经营的背景下，如何建立和强化科技信贷及风投创投网络之间的关联机制，以充分发挥风投创投对于科技信贷的前期风险筛查及辅助甄别功能，既是全新的探索性实践，也是粤港澳大湾区科技金融创新所面临的重大挑战之一。

第二，粤港澳大湾区中广、深、港、澳四大城市在科技金融创新生态体系中的定位明晰，澳门与珠海在债券市场、融资租赁、财富管理等业务领域特色较为明显，湾区中的其他城市也各具特色并积极融合，以广州南沙、深圳前海、珠海横琴、落马洲河套地区为创新实践前沿，各地的科技金融服务中心及创新园区、合作平台构成了粤港澳大湾区科技金融创新生态体系中的重要关联网络。

第三，粤港澳大湾区亟须建立涵盖湾区私募股权场外交易中心及科创四板市场、深圳中小板、深港创业板、深港主板、深港通、债券通、基金互认和未来的 ETF 通、新股通以及衍生品通等跨区域互联互通机制的多层次科技股权直接融资市场，通过拓宽和完善风险资本、生态基金以及科技股权投资的退出渠道及退出机制，逆向促进风投创投及前沿科技投资在粤港澳大湾区的加速集聚与快速发展，建成具有全球影响力的湾区科技创新中心。

第四，建立和完善科技信贷发展所必需的风险缓释及信用增级配套机制，是构建共生关联、内生高效的粤港澳大湾区科技金融创新生态体系的必然要求。前者包括各级财政的科技信贷风险补偿资金池、鼓励银行跟贷风投、试点银行信贷的股权或期权收益补偿、知识产权质押贷款、科技保险等机制，后者则包括科技担保、再担保、信用互换及其他增信衍生机制创新。风险缓释及信用增级配套机制创新是解决我国严格分业经营约束下普通商业银行科技信贷所面临的"风险与收益严重不对称"问题的重要途径，也是国际湾区综合政府支持及市场化机制解决科技信贷风险分担问题的重要经验。

第五，金融科技创新作为粤港澳大湾区科技金融创新的重要载体之一，在湾区科技金融创新生态体系中具有重要作用。前沿科技金融创新与湾区的既有高端制造业相结合，成为推动粤港澳大湾区先进制造业持续创新升级的重要力量。另外，保险科技创新以及绿色金融、生态资本的发展，有助于增强湾区科技金融创新体系的前瞻性及先进性，在粤港澳大湾区科技金融生态体系的结构布局中同样不可或缺。

（二）粤港澳大湾区科技金融生态体系中的城市功能定位

粤港澳大湾区科技金融生态体系中的核心城市功能定位，应与湾区总体发展规划中的城市产业分工与职能定位思路相符，并体现不同城市科技金融的既有优势及发展潜力。如前所述，粤港澳大湾区科技金融创新的总体发展思路是建设由穗港、深港以及广深科技走廊等关联机制构成的核心三角结构所引领的粤港澳城市群科技金融生态体系。

与之相对应，粤港澳大湾区科技金融创新的三极核心引领结构如图2所示。其中，广州以其银行体系相对发达、科研院所及重点研究中心密集、作为绿色金融改革创新试验区等优势特征，重点建设穗港科技金融创新合作平台及绿色金融创新合作平台，在湾区科技金融创新生态体系中定位为科技信贷及协调监管极。香港重在发挥其在金融领域的引领带动作用，提升并增强湾区科技金融创新的跨境合作水平及国际影响力，

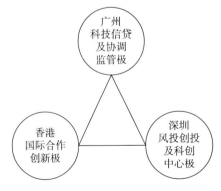

图2　粤港澳大湾区科技金融创新的三极核心引领结构

打造大湾区绿色金融中心，建设国际认可的绿色债券认证机构，定位为湾区科技金融创新生态体系中的国际合作创新极。深圳则侧重发挥其在风投创投、科技创新、多层次资本市场、金融科技等领域的优势，重点打造深港风投创投及科技创新合作中心，定位为湾区科技金融创新生态体系中的风投创投及科创中心极。

其余八个城市在湾区科技金融创新生态体系中也有明确的定位，在拓展临近核心城市极的定位功能的基础上，大力推动科技信贷创新与风投创投网络建设，并结合制造业及区域特色产业优势，加强跨区域合作，促进与当地特色产业相关的科技金融创新，建立与发展湾区科技金融创新体系高效运作所必备的风险缓释及信用增级等中介机构或运行机制。

（三）粤港澳大湾区科技金融创新的总体发展战略

基于大湾区科技金融创新生态体系的总体结构布局，粤港澳大湾区科技金融创新的总体发展战略应设定为：以金融整合与金融创新引领湾区合作，以科技金融创新引领湾区的前沿科技创新及战略性新兴产业创新发展的方向，构建共生关联、内生高效的粤港澳大湾区科技金融创新生态体系，打造具有全球影响力的粤港澳大湾区国际科技创新中心，建成国际一流湾区和世界级城市群，打造引领泛珠三角区域、辐射东南亚、服务于"一带一路"的金融枢纽及全球领先的湾区金融生态圈。

五　粤港澳大湾区科技金融创新的具体对策建议

构建共生关联、内生高效的粤港澳大湾区科技金融生态体系是一项系统工程，需要深入研究与探讨，并提出可行的对策建议。

（一）重点建设穗港科技信贷创新合作平台，筹建湾区专业科技银行，全力推进粤港澳大湾区普惠式科技信贷创新发展

1. 既有优势与基础

广州和香港在银行领域的既有优势突出。广州在存款、信贷规模以

及产业金融方面的综合实力较强，香港是国际金融中心，全球百大银行中的70%均在香港运营。截至2017年，粤港澳三地银行总资产合计约7万亿美元，银行存款总额高达4.7万亿美元，均已超越了美国的纽约湾区及旧金山湾区。

广州的科技信贷实力强劲，早在2015年就设立了全国规模最大的科技型中小企业信贷风险补偿资金池，科技信贷规模在2017年6月突破了60亿元，位居全国第一。截至2018年10月，广州科技信贷风险补偿资金池共撬动8家合作银行为全市1211家科技企业提供贷款授信超过138.87亿元，实际发放贷款84.33亿元，并且持续增长的趋势明显。

广州的高新科技企业及科技型中小企业入库数量持续快速增长，科技信贷及科技金融服务需求急速上升。2017年广州的高新技术企业新增3951家，总数达8690家；2018年广州科技型中小企业入库数达7956家，占全国入库数量的8%，入库企业数位居全国城市（含直辖市）首位。这对广州及粤港澳大湾区的科技信贷创新及合作提出了更高的要求。

（4）香港拥有成熟的国际银行运作体系及跨境合作经验，其信贷产品开发与业务创新能力以及推动金融科技创新和银行业务创新相结合的监管沙盒、智慧银行等探索实践和有益经验，可考虑运用于整个粤港澳大湾区。

2. 存在问题及挑战

内地与港澳的银行监管法规及运行体制存在很大差异。香港的银行和信贷体系的运行与国际上的较为接近，而内地城市的商业银行，除10家投贷联动试点银行外，受《中华人民共和国商业银行法》第43条、《贷款通则》第20条等法律法规的严格约束。

粤港澳大湾区目前缺乏科技信贷创新的重点合作平台，普惠式科技信贷服务的创新发展缺少富有特色的拓展模式。

近年来，杭州银行、上海杨浦区、北京中关村等机构与区域的科技信贷创新实践，以及全国多地的科技小额贷款公司的创新发展（其中以天津模式与苏州模式最为典型）特色鲜明，引领所在区域的科技创新及新兴产业快速增长，对广州的科技信贷及金融创新构成挑战。

虽然广州的科技信贷实力强劲，中国建设银行科技金融创新中心作为国内首家大型商业银行的总行级科技金融创新中心也落户广州，但是广州等湾区内地城市的科技信贷业务受严格分业经营的限制仍主要由分散的多家商业银行的科技支行承载；虽然目前粤港澳三地银行的总资产及存款规模均已超过了美国的纽约湾区和旧金山湾区，但是粤港澳大湾区仍缺乏美国硅谷银行模式的专业科技银行。虽然在法制、体制以及风投创投环境等方面有重大差异，但美国硅谷银行的成功经验、国内浦发银行与美国硅谷银行合资的浦发硅谷银行对于上海科技金融创新的重大推动作用，以及浦发硅谷银行深圳分行的正式开业，均有力地佐证了广州联合香港申请筹建粤港澳大湾区专业科技银行的必要性及迫切性。

3. 具体对策建议

重点建设穗港科技信贷创新合作平台，建立广州与香港银行业及科技信贷领域的常态化创新合作机制。

广州联合香港申请筹建粤港澳大湾区新型专业科技银行，重点覆盖A 到 C 轮风投融资的众多科技企业，并适时开展投贷联动自营业务，全面提升粤港澳大湾区科技金融创新的国际化水平及全球影响力。

基于穗港科技信贷平台建立两地金融监管部门间的创新合作机制，推广应用大数据监管平台、监管沙盒、智慧银行等金融科技成果，推动粤港澳大湾区普惠式科技信贷服务的创新发展。

（二）打造深港风投创投与科技创新合作中心，推动风投创投基金及私募股权投资基金的跨境互投互通，全面提升湾区风投创投网络的凝聚力及全球影响力

1. 既有优势及基础

深港核心区域的风险投资（VC）及私募股权投资（PE）发达，持续助力科技创新及战略性新兴产业的快速增长。图 3 显示，2005～2017 年

深港地区企业 VC/PE 融资金额及投资事件数持续快速增长，香港地区的波动较大，深圳企业的 VC/PE 融资金额则快速增长。另外，香港的基金管理业务合计资产超过 23450 亿美元，同时也是亚洲第二大私募基金投资中心，占亚洲私募基金投资总额的 15%，金额高达 1350 亿美元（截至 2017 年 12 月），在国际 VC/PE 投资领域优势明显。

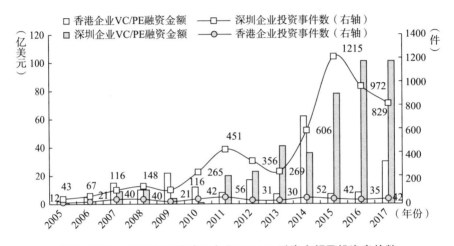

图 3　2005～2017 年深港地区企业 VC/PE 融资金额及投资事件数

资料来源：根据清科研究中心私募通、德勤研究整理得到。

深圳的高科技产业和创新孵化具有明显优势，香港则聚集了全球诸多的科技创新要素、国际创投资本以及国际商务资源，深港核心区具备建成粤港澳大湾区风投创投及国际科技创新合作中心的坚实基础。2017年，深圳全社会研发投入超过 900 亿元，占 GDP 的比重提升至 4.13%；PCT 国际专利申请量突破 2 万件，占全国 4 成以上，连续 14 年位居全国大中城市第一。世界知识产权组织基于 PCT 专利申请数据综合评估的《2017 全球创新指数报告》显示，深圳—香港地区已超越硅谷所在的旧金山湾区，仅次于东京—横滨地区，位居全球第二。因而，深港地区的专利及知识产权成果已获得长足发展，关键在于如何促进专利成果的产业化、商业化，并提升专利及知识产权成果的国际影响力及价值。

深圳已涌现出一批估值在 10 亿美元以上的"独角兽"初创公司，如华星光电、证大速贷、房多多、柔宇科技、随手记、菜鸟网络、分期乐、五洲会等 15 家总估值超过 400 亿美元的初创企业，香港的"独角兽"投资基金也极为活跃。"独角兽"初创公司的涌现，既见证了深港地区的风投创投成效，也成为深港风投创投网络以及科技创新合作中的新节点，因为更多的科技龙头企业及"独角兽"公司设立风险投资部，以对外风险投资的方式进一步深度参与区域创投及科技创新。

2. 具体对策建议

研究和制订具体的行动计划，打造深港风投创投与科技创新合作中心，推动深港风投创投网络的示范性融合发展，强化风投创投网络对科技创新及成果转化的促进作用，引领湾区风投创投网络的加速集聚及创新发展。

重点关注全球风险投资的加速聚集趋势，深入研究龙头科技企业和"独角兽"企业的风险投资动向，推动深港风投创投网络的完善及发展。

出台政策鼓励深港两地机构的跨境风险投资（跨境互投）、合作共投（跨境合投），发挥香港金融枢纽的功能，推动深港风投创投网络的国际接轨转型，更多地引进国际风投创投资本，推动湾区科技创新中心的建设与发展。

（三）通过广深科技创新走廊建设及常态化跨区域合作交流机制建立穗港科技信贷创新合作平台与深港风投创投及科技创新合作中心的关联机制，完善粤港澳大湾区科技金融创新生态体系中的核心三角结构

1. 发展基础及必要性

2017 年 12 月，广东制定和发布了《广深科技创新走廊规划》，明确了穗莞深的科技创新定位，提出建立跨区域的科技协同创新机制以及 2050 年建成国际一流科技产业创新中心的预定目标。

虽然《广深科技创新走廊规划》旨在以"一廊十核多节点"推动穗莞深以至全省的科技创新及跨区域协同创新机制建设，但是，为粤港

澳大湾区构建完备的科技金融创新生态体系提供了关联湾区的科技信贷与风投创投网络、完善湾区科技金融创新生态体系核心三角结构的契机。

在严格分业经营管制下，科技信贷与科技股权投资之间缺乏可行的投贷联动机制以有效支持创新型科技企业的发展，这也是各地科技金融创新与发展所面临的最大困境之一，而广深科技走廊的建设为有效关联穗港科技信贷创新合作平台以及深港风投创投与科技创新中心提供了重大契机。

2. 具体对策建议

在实施《广深科技创新走廊规划》的过程中，相关部门应出台政策及措施鼓励在穗、莞、深三地以科技信贷机构与风投机构之间的外部投贷联动创新模式来支持科技企业的创新发展，建立风投机构辅助科技信贷实现风险甄别与筛查、科技信贷辅助风投机构实现投资价值的互惠共赢生态关系。

建立常态化合作交流机制，进一步完善湾区科技信贷与风投创投网络的关联机制。例如，推动广州与深圳之间轮流举办中国风险投资论坛、投贷联动研讨会，大力发展广州市政府与深交所共建的广州科技金融路演中心，推动科创企业融资的跨区域常态化路演以及股权投资机构再融资的跨区域常态化路演等。

（四）打造互联互通的粤港澳大湾区多层次科技直接融资市场，重点建设统一的湾区私募股权场外交易市场及粤港澳大湾区科创四板市场

1. 既有基础与优势

粤港澳大湾区拥有港交所和深交所两家重要的证券交易所，其中香港交易所 2015～2018 年首次公开发行（IPO）募资总额稳居全球第一，证券市场总市值接近 4.4 万亿美元，而深港交易所的总市值超过 6.5 万亿美元，位居全球第三，为粤港澳大湾区发展和完善多层次的场内直接融

资市场奠定了坚实的基础。

虽然香港拥有发达的场内资本市场，但是缺少场外的柜台交易（OTC）市场。香港近期更改了上市规则以吸引优质的创新型科技企业赴港上市。例如，允许尚未盈利或未有收益的医药、生物制药和医疗器械生产与研发类生物科技公司，或者不同投票权架构的公司在港上市。新上市规则自 2018 年 4 月 30 日起正式生效，这反映出香港资本市场顺应全球科技创新趋势、积极服务创新型科技企业的强烈意向。

从多层次资本市场中位于塔基层的区域性股权交易市场来看，目前全国共有 34 家区域性股权市场，2018 年 7 月之前广东拥有广州股权交易中心、广东金融高新区股权交易中心以及深圳前海股权交易中心 3 家区域性股权交易中心，广东的风投创投退出机制具有得天独厚的优势。2018 年 7 月，前二者整合为广东股权交易中心，展示、挂牌、托管公司分别有 9458 家、2604 家、2635 家，累积融资总额超过 1112 亿元，各项综合指标均排在全国前列。前海股权交易中心是经国务院办公厅、证监会和深圳市政府批准设立的区域性股权市场，展示企业有 13570 家，融资总额超过 369.67 亿元（截至 2018 年 12 月），包括标准板、孵化板、海外板三大板块，运作特色鲜明。

现广东股权交易中心涵盖的原广州股权交易中心具有显著的同行优势，全国 30 余家其他区域股权交易中心绝大部分是借鉴其"无门槛、无台阶"的准入条件设立运营的，覆盖区域包括整个珠三角地区。而湾区内前海股权交易中心的优势在于展示企业覆盖全国各省（区、市），数量众多，并且采用"券商主导、公司化运作"的组建和运营方式，优势突出，特点鲜明。目前粤港澳大湾区内的广东股权交易中心和深圳前海股权交易中心各自独立运作，并受单一的协议转让交易方式、挂牌企业股东数上限、T＋5 等规则的严格约束。

2. 具体对策建议

持续完善粤港澳大湾区多层次资本市场，有序推动深港交易所之间后续的 ETF 通、债券通、新股通、衍生品通等更多渠道的互联互通（见图 4），进一步完善粤港澳大湾区多层次资本市场，为构建粤港澳大湾区科技金融生态体系所必需的多层次科技股权直接融资市场中的场内交易机制奠定基础。

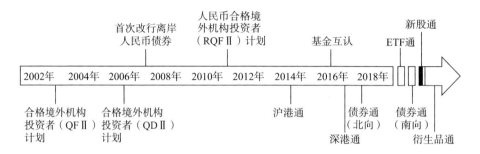

图 4　内地与香港资本市场的互联互通进程

资料来源：参见《香港金融服务业概览（2018）》，香港金融发展局网站，http://www.fsdc.org.hk/sc，最后访问日期：2019 年 3 月 10 日。

联合香港的专业优势，整合广东股权交易中心及深圳前海股权交易中心，建立粤港澳大湾区统一的、基于专业认证及分层运作的私募股权场外交易市场。

建立与香港交易所、香港交易商组织及行业协会的合作机制，实现湾区私募股权场外交易市场的专业认证与分层运作，并重点建设和发展粤港澳大湾区科创四板市场。

推广"智慧融""股权质押融资"等科技金融创新实践，出台政策鼓励和促进湾区股权交易中心加强与风投机构、科技保险、科技担保等中介机构的创新合作，探索湾区私募股权交易中心的金融创新及跨境合作新模式。

创新湾区私募股权交易中心的新型衍生可转债产品的发行与交易，建议在条件成熟时申请取消区域股权交易中心的部分硬性限制。

深入探讨并适时建立湾区私募股权场外交易市场与国内的新三板、创业板、中小板市场甚至香港创业板、主板市场之间的转板关联机制。

（五）建设穗港绿色金融合作平台，顺应国际湾区的前沿趋势，大力促进绿色金融、生态资本以及前沿金融科技与保险科技的创新发展，发挥其对湾区战略性新兴产业的引领及带动作用

1. 既有基础及优势

近年来，国际湾区及核心城市注重发展绿色金融的趋势日益明显。香港推出多项绿色金融发展措施，除发行政府绿色债券外，还参考国际及内地标准设立"绿色金融认证计划"，提供绿色金融工具的第三方认证服务，并对使用香港质量保证局绿色认证服务的合格绿色债券发行机构提供资助。2018年中国发行的符合国际标准的绿色债券金额高达2103亿元，约占全球总发行量的18%，位列全球第二；而广州也致力于建设绿色金融改革创新试验区。基于既有的地理区位优势，广州也是香港与内地合作并建成内地企业首选的国际绿色金融认证中心及离岸绿色债券融资平台的重要纽带城市。从发展现状及趋势看，穗港具备建设绿色金融创新合作平台的基础。

金融科技创新是湾区科技金融创新的重要载体。深圳作为国内金融科技与互联网金融发展的主要聚集地，形成了P2P网贷平台、众筹平台、互联网理财与支付、互联网保险、大数据征信与金融云平台等前沿产业布局，在移动支付、智能投顾、数字货币、区块链等领域具备一定的全球领先优势，涌现出一大批"独角兽"公司。而香港在全球金融科技枢纽中排名第5位，拥有200多家与国际前沿接轨的初创型科技金融企业，前沿资讯及国际资源丰富。

香港的保险业发达，保险密度位居亚洲第一，全球二十大保险公司中的65%在香港开业经营，2017年保费总额达628亿美元，占GDP的3.7%。广东虽然在2007年作为全国首批科技保险试点省（区、市）之一已经开展科技保险的创新及试点工作，但目前仍需加大力度培育更多的专业科技保险公司，并提供湾区科技金融创新所需的小额贷款保证保险、专利保险、知识产权质押保险等风险缓释及信用增级产品或创新

机制。

2. 具体对策建议

构建与发展穗港绿色金融合作平台，大力支持广州加快建立碳排放等绿色生态衍生产品交易市场，加快建设绿色金融改革创新试验区；进一步支持香港设立国际绿色债券认证机构，打造粤港澳大湾区绿色金融创新中心，引领湾区绿色金融及生态基金产业的创新发展。

推动深港在金融科技优势领域的跨境投资合作及技术创新合作，促进前沿金融科技创新与湾区优势产业的深度融合，进一步增强和提升湾区的"智能制造"优势及核心产业竞争力。

鼓励湾区保险科技创新，大力推动湾区知识产权质押保险、珠三角专利保险及小额贷款保障保险等科技保险业务的创新发展，出台具体政策并大力支持深圳建设保险创新发展实验区。

（六）制定和出台粤港澳大湾区科技金融创新合作的行动计划及政策支持，建立常态化的湾区科技金融国际合作机制，全面加强并提升湾区科技金融创新的制度保障及国际影响力

在现阶段，全面加强并提升粤港澳大湾区科技金融创新的制度保障及国际影响力的具体对策建议包括以下两点。

第一，制订粤港澳大湾区科技金融创新合作的具体行动计划，以明确湾区科技金融创新的核心城市功能定位、总体发展战略及实现路径。

第二，在国际合作层面，应充分发挥香港作为国际金融中心的辐射作用，建立"湾区金融联盟"等常态化合作机制，全面提升湾区的合作层次及科技金融创新的国际影响力。

六　结语及展望

建设粤港澳大湾区是新时代背景下的重大国家战略和探索性实践。从全局战略及有序推进的角度看，金融领域的先行合作与协同创新是粤

港澳大湾区建设的重要突破口。构建内生高效、共生关联的湾区科技金融创新生态体系，不仅有助于形成湾区科技金融的自发协同创新驱动力，奠定粤港澳大湾区未来创新发展的坚实基础，而且有助于湾区以科技金融创新引领前沿科技创新及湾区战略性新兴产业未来发展的方向，具有重要的前瞻性战略价值及现实意义。

从现实背景及发展前景看，粤港澳大湾区在区位优势、综合经济实力、创新要素集聚度、区域合作基础及国际化程度等方面均具备坚实的发展基础，并且具有全局战略规划与顶层设计优势，湾区科技金融创新合作的先行突破能够为大湾区后续的全面战略合作提供必要的融合时间及更大的发展空间，引领粤港澳大湾区其他领域的深度融合与协同合作。从现实意义与战略前景看，在兼顾湾区科技金融的全面创新发展及金融创新风险有效监管的基础上，构建内生高效、共生关联的湾区科技金融生态体系将会极大地促进粤港澳大湾区国际科技创新中心的建设与发展，打造引领泛珠三角地区、辐射东南亚、服务于"一带一路"的金融枢纽及全球领先的湾区金融生态圈，加速建成国际一流湾区和世界级城市群，实现粤港澳大湾区的发展战略目标。

参考文献

［1］赵昌文、陈春发、唐英凯：《科技金融》，科学出版社，2009。

［2］易宪容：《粤港澳大湾区优势资源如何整合？》，《金融投资报》2019年3月2日。

［3］卓尚进：《粤港澳大湾区建设给金融业带来新机遇》，《金融时报》2019年2月20日。

［4］朱鸿鸣、赵昌文、李十六、付剑峰：《科技支行与科技小贷公司：谁是较优的"科技银行"中国化模式？》，《中国软科学》2011年第12期。

［5］朱鸿鸣、赵昌文：《科技银行中国化与科技银行范式——兼论如何发展中国的科技银行》，《科学管理研究》2012年第6期。

［6］广东华南科技资本研究院：《2017 广东省科技金融发展报告》，暨南大学出版社，2017。

［7］郭周明：《规划纲要指引粤港澳大湾区迈向"国际一流"》，《21 世纪经济报道》2019 年 2 月 28 日。

［8］毛艳华：《粤港澳大湾区协调发展的体制机制创新研究》，《南方经济》2018 年第 12 期。

［9］S. S. Govada & T. Rodgers，"Towards Smarter Regional Development of Hong Kong Within the Greater Bay Area," in Vinod T. Kumar ed.，*Smart Metropolitan Regional Development*. Springer，Singapore，2019.

［10］HKSAR，*Framework Agreement on Deepening Guangdong-Hong Kong-Macao Cooperation in the Development of the Bay Area Signed*，http://www. info. gov. hk/gia/general/201707/01/P2017070100409. htm.

［11］D. Shih & K. Geng，*Greater Bay Area in New Development Context—Targeting New Property Investment Opportunities from the Surge of South China's Greater Bay Area*. Colliers Radar，Colliers International，Hong Kong，2017.

［12］Sayed Ahmed Naqi & Samanthala Hettihewa，"Venture Capital or Private Equity? The Asian Experience,"*Business Horizons* 50（2007）：335 – 344.

粤港澳大湾区科技金融创新协同发展路径分析*

陈　非　蒲惠荧　陈阁芝**

摘　要： 促进粤港澳三地科技金融创新协同发展，打造粤港澳大湾区国际科技创新中心，是粤港澳大湾区规划的一大亮点。目前粤港澳三地在科技和金融领域的发展均处于国际先进水平，但是三地在创新协同发展方面仍存在一些制约因素，譬如体制制度差异、缺乏创新资源流通共享机制、创新优势分布不均等。推动粤港澳大湾区科技与金融创新协同发展，必须促进科技创新体制改革，打造统一高效的协同创新平台，实现创新资源互联互通，同时科技与金融的融合必须着眼于产业升级，将粤港澳大湾区打造成为世界先进的科技创新中心及产业群。

关键词： 粤港澳大湾区　科技金融　协同创新

一　粤港澳大湾区科技金融发展研究综述

中共中央、国务院于2019年2月18日印发了《粤港澳大湾区发展规

* 本文系广东省软科学项目“广东后发地区科技金融发展的政策和制度设计研究”（2016A070705071）、广东省自然科学基金博士启动项目“政府引导基金与广东省地方产业转型升级的研究”（2017A030310609）阶段性成果。

** 陈非，广东第二师范学院管理学院副院长，副研究员，研究方向为区域产业政策；蒲惠荧，广东第二师范学院数学系讲师，研究方向为产业经济学；陈阁芝，广东金融学院工商管理学院讲师，研究方向为产业经济学。

划纲要》（以下简称《规划纲要》）[1]，粤港澳大湾区（以下简称"大湾区"）迎来了创新合作发展的新时代。《规划纲要》中明确指出，构建更具竞争优势的国际科技创新中心，是粤港澳大湾区的战略目标之一。打造粤港澳大湾区国际科技创新中心，要充分发挥粤港澳三地在科技创新与金融发展方面的综合优势，深化内地与港澳合作，形成以协调创新为主要支撑的发展模式，进一步增强粤港澳大湾区在国家经济发展和科技创新中的引领作用。

随着国家战略部署和规划的出台，关于粤港澳科技金融发展的研究日益受到学术界的关注。越来越多的专家学者认为，大湾区科技与金融的融合发展离不开合理的制度安排。当前，粤港澳大湾区功能性整合大体已经完成，区域整合的深化需要制度性整合的推进，合作制度的创新能够提高湾区内创新要素配置的效率[2]。毛艳华等认为推动粤港澳大湾区科技金融合作制度创新包括基于市场一体化的创新要素跨境流动协调机制、基于已有科技创新平台和合作基础的城市合作机制、基于"共享产业价值链"的创新产业分工机制、基于"区域利益共同体"的创新公共治理机制四个方面[3]。在制度安排的基础上，也有一些学者从构建创新生态系统的角度对大湾区科技与金融的融合战略进行思考。当前大湾区在科技与金融融合上存在一些制约因素，如三地产学研脱节、企业自主创新能力不强、创新型人才不足、金融服务创新驱动发展的力度不足等[4]。粤港澳三地应在互惠互利的基础上，合力打造高效协同的创新生态系统，减少三个区域的同质竞争与"摩擦"，增强创新活力，协同推进区域创新能力的提高[5]。现阶段，粤港澳三地基于"一个国家、两种制度、三套法律体系"的区位特色，其科技与金融的融合存在协调方面的障碍。通过三个地区的共同努力，来构建完善的合作体制，突破现有科技合作的局限；同时，可依托三地在经济合作方面的先行优势，进一步整合湾区城市群的科技、金融、产业资源，形成粤港澳大湾区科技金融创新产业链。

二 粤港澳大湾区科技与金融的发展现状

在中国乃至全球范围内，粤港澳大湾区都是一个非常具有活力的城市群，无论在科技创新方面还是在经济金融发展方面，都具备非常明显的优势。通过《粤港澳大湾区协同创新发展报告（2018）》的相关统计数据可以看出[6]，2014～2017年，大湾区GDP占比达到12.17%，突破了10万亿元；大湾区对外贸易总额在我国对外贸易总额中占比为39.36%，比东京湾区高出3倍，和世界三大湾区的区域港口集装箱吞吐量总和相比，大湾区高出4.5倍；从产业基础来看，香港不仅是一个自由贸易港，还是国际金融中心；澳门的旅游服务具备非常大的优势；广东九市不仅是科技创新中心，也是世界级制造业中心。

科技创新是经济发展的第一动力。下面我们从发明专利数量及增长率、创新机构及优势行业、科技与金融融合情况等角度分析大湾区科技金融发展情况。

1. 发明专利数量及增长率

2018年10月，广东省科技情报研究所公布了《粤港澳大湾区与世界三大湾区创新能力对比研究》[7]。该报告提出，在2017年，大湾区申请专利数量达到17.6万件以上，而东京湾区为2.2万件，旧金山湾区为3.5万件，纽约湾区为1.2万件，粤港澳大湾区在发明专利的产出数量上占有明显优势。现阶段，PCT国际专利申请数量的增长速度越来越快，大湾区PCT国际专利申请所占比例达到了全球总额的5.79%。通过分析PCT专利的年复合增长率发现，在11座城市中，东莞排在第1名，佛山紧随其后，之后依次是广州、澳门、深圳，大湾区已经具备国际一流湾区的科技创新基础条件。

2. 创新机构及优势行业

《粤港澳大湾区与世界三大湾区创新能力对比研究》统计数据显示，

大湾区内创新机构所在行业最多的是电气机械和器材制造业，占比约20%，其次是计算机、通信和其他电子设备制造业，占比达到了19%以上，这两个行业的总占比超过了39%。由此可以看出，在大湾区内，这两个行业具有明显的发展优势。其中，湾区西岸（以广州、佛山、珠海、中山为代表）的电器机械和器材制造业、以高等学校和科研机构为主的科学研究和技术服务业优势明显，湾区东岸（以香港、深圳、惠州、东莞为代表）的计算机、互联网、通信和其他电子设备制造业优势明显。

3. 科技与金融融合情况

近年来，广东省高度重视科技与金融的融合发展。截至2018年12月，广东省一共投入9.39亿元[8]，作为科技金融与科学技术创新发展的专项资金，撬动社会资本超过10倍，其中，促成的创业投资和知识产权质押融资案例分别为427起和169起，其建立形成的科技金融综合网络基本覆盖了整个广东省[9]。广东省不断探索科技金融的发展模式，为加快粤港澳大湾区国际科技创新中心建设、推进大湾区协同创新发展奠定了坚实基础。此外，大湾区内的香港已是全球三大金融中心之一，深圳依托深圳证券交易所建立起完整的主板、中小板、创业板市场，广东金融高新区股权交易中心、广州股权交易中心、前海股权交易中心作为三大区域性股权交易市场，能够为大湾区的科技创新型企业发展提供丰富的金融资源和多层次的资金流转退出渠道。

三 影响粤港澳大湾区科技与金融融合的制约因素

如何加强大湾区内城市群在科技与金融领域的融合发展，是促进科技金融创新协同发展的首要任务。大湾区科技与金融融合发展存在以下制约因素。

1. 体制制度差异化障碍

粤港澳三地面对"一个国家、两种制度、三套法律体系"的格局，在科技、金融、经济与国际交流合作的体制政策上存在较大差异。首先，由于粤港澳三地的市场制度和法律法规不同，三地在人才流动、资金流通、信息交流等方面存在较多制度壁垒，要打通这些壁垒需要三地共同磋商做好衔接；其次，由于香港、澳门以及珠三角 9 个城市的行政职权是不平衡的，香港和澳门是特别行政区，粤港澳合作的很多具体政策需要国家有关部门的授权才能尝试[10]。因此，三地沟通谈判的成本较高。这些都成为粤港澳大湾区科技与金融协同创新发展的根本制约因素。

2. 创新资源分布不均

大湾区内部广州和深圳的科技创新实力最强，拥有丰富的创新资源和扎实的产业基础，成为重要的技术创新中心和辐射扩散源头；香港和澳门对外开放程度最高，尤其香港作为全球第三大国际金融中心，其吸引外资和资本集聚的能力能够为大湾区的科技创新产业化运作提供强有力的金融支持；佛山、东莞、珠海、中山的科技创新能力次之，在广深的辐射带动下，其在制造业发展上具有明显的优势；惠州、江门、肇庆目前的科技创新水平不高、产业基础薄弱，但是拥有大量可待开发的土地资源。由此可以看出，香港、澳门以及珠三角九市的创新优势各不相同，如何从政策规划、创新资源流动、产业承接等方面实现资源与优势互通互补，是粤港澳大湾区科技与金融协同创新面临的具体挑战。

3. 创新资源流通共享机制缺失

要实现大湾区内部的互通互补，建立长效的创新资源流通共享机制是关键。当前，粤港澳三地之间已有一定程度的经济交流合作，但是在科技研发分工、金融和人才要素流动等方面的协作程度较低。香港拥有较多高水平的高校和创新人才，但是与广东之间缺乏互动，香港的人才和金融优势对大湾区内高科技产业发展的支持作用发挥不足。另外，珠三角九城市之间在科技创新要素共享上也存在行政分割和排他性。顶层设计的法律制度、政策法规不明确，导致各地政府难以出台促进创新资源流通共享的机制，企业的技术、人才、资金也不敢贸然跨区流通。如何建立健全不同制度背景下城市之间关于创新资源流通的制度和激励措施，是促进粤港澳大湾区科技与金融协同创新发展的关键。

四 粤港澳大湾区科技金融协同创新的发展路径

1. 推动科技创新体制改革，打造统一高效的协同创新平台

粤港澳大湾区需要不断健全和完善科技创新体制，并形成以市场为导向、以企业为主体的科技创新体系，在构建协同创新平台的过程中，应多鼓励相关政府部门、科研机构、企业以及高校的参与，充分发挥其积极作用，从而取得更多的科技成果。可以在原有的广东省科技金融产业技术创新与科技金融结合专项资金运作基础上，对粤港澳科技创新融合发展计划进行探索；在原有广东省科技金融综合服务中心基础上，使粤港澳金融市场与内地市场进行更好的结合，建立"粤港澳大湾区科技金融协同创新联盟"；在大湾区加快建设重要科研机构、重大科技基础设施以及创新平台，让粤港澳相关组织机构更好地参与国家科技规划，不断强化协同合作；在全面改革创新试验中加入粤港澳创新体制改革这一内容，共建国际科技创新中心和国际化创新平台。

2. 促进创新要素自由流动，实现创新资源互联互通

粤港澳大湾区内部城市之间要打破不必要的要素管制，利用市场构建统一的资源流通机制，促进资本、人才、技术等资源在粤港澳大湾区城市群内高效流动。

第一，推动大湾区科技金融创新协同发展，金融合作是前提。在粤港澳大湾区科技与金融融合发展中，需要重点处理"一国两制"背景下"三套法律体系、三个关税区、三种货币"的融合难题。对此，国内较多专家学者认为，可以借鉴欧盟金融市场建设经验，用来促进粤港澳大湾区金融融合发展。从顶层设计、金融市场互联互通、多关税区融合、跨境服务提供、人员流动、法律对接等6个方面，通过借鉴国际经验，探

索粤港澳金融市场互联互通和特色金融合作（如澳门—珠海跨境金融合作示范区），建立资金和产品互通机制。加强金融科技载体建设，运用金融科技手段（区块链、大数据、人工智能技术）拓展金融融合发展的可能性边界，增强跨境资金流动的便利性，提高金融交易效率，强化风险控制，助力大湾区科技金融的融合发展。

第二，要加快推进科技人才在跨境合作中的流动。对大湾区而言，可以通过确立"人才绿卡"制度，健全和完善科学人才引进机制，以此来吸引专业人才。此外，可推动大湾区高校开展多层面、多领域的交流，积极探索人才联合培养和学分互认机制；引进国外优质的教育资源，搭建跨区域人才交流平台，培养复合型国际化科技创新人才。

第三，打造高水平科技创新载体和平台，推进国家自主创新示范区与国家双创示范基地、众创空间建设。基于金融改革创新实验工作，如珠三角金融改革创新综合实验区、"互联网＋"众创金融示范区、广东自贸区粤港澳金融合作试验区、金融科技产业融合创新试验区等，更好地建设大湾区重大科技基础设施、前沿学科以及交叉研究平台，推进香港、澳门的国家重点实验室伙伴实验室建设，将粤港澳大湾区打造成为国家自主创新示范区和国家双创示范基地。目前，深圳与香港在落马洲联合建构"港深创新及科技园"，深圳计划在此处构建一批国家级实验室以及工程研究中心，不断强化深圳和香港的合作[11]。香港特区政府投入超过180亿港元，主要用于与内地机构的合作，支持更多的香港高校在大湾区成立分校、产业化基地和科研中心。

3. 服务于产业升级，打造世界先进创新产业群

粤港澳大湾区科技与金融融合发展的着眼点应该服务于三地产业结构的转型升级，增强区域产业的核心竞争力。珠三角地区已形成以深圳、东莞、惠州为核心的电子信息产业集群，以珠海、佛山为龙头的珠江西岸先进装备制造产业带。推动大湾区科技与金融协同创新发展，应该充分发挥国家级新区、国家自主创新示范区的创新要素集聚作用，发挥香

港、澳门、广州、深圳在资本集聚以及创新研发方面所具备的优势，构建形成一个新兴产业集群，不断提高其国际竞争力，完善产业链条，促进大湾区经济更好地发展。未来粤港澳三地在科技、产业和金融方面共同发展，将开拓更多的重点产业领域，以新型健康技术、信息消费、高技术服务、海洋工程装备以及高性能集成电路为主，加快推动这些产业的发展。聚焦珠三角服务业发展短板，借助香港和澳门在商贸服务业的优势，使生产性服务业不断向价值链高端发展，如流通服务、商务服务等，使生活性服务业不断向高品质方向发展，如家庭服务、健康服务等，重点提供旅游、航运物流、人力资源、文化创意、会议展览等专业服务，成功打造世界先进创新产业群。此外，在粤港澳大湾区产业融合发展过程中，还需要注意优化产业空间布局，在积极推进先进制造业和现代服务业向中心城市聚集的同时，加快传统制造业外迁，逐渐形成以香港—深圳—广州为发展主轴的世界级科技创新走廊。

参考文献

［1］中共中央、国务院：《粤港澳大湾区发展规划纲要》，2019。

［2］钟韵、胡晓华：《粤港澳大湾区的构建与制度创新：理论基础与实施机制》，《经济学家》2017 年第 12 期。

［3］毛艳华、杨思维：《粤港澳大湾区建设的理论基础与制度创新》，《中山大学学报》（社会科学版）2019 年第 2 期。

［4］李锋：《创新粤港澳大湾区合作机制建设世界级城市群》，载《中国智库经济观察（2017）》，中国国际经济交流中心，2018。

［5］辜胜阻、曹冬梅、杨嵋：《构建粤港澳大湾区创新生态系统的战略思考》，《中国软科学》2018 年第 4 期。

［6］广州日报数据和数字化研究院：《粤港澳大湾区协同创新发展报告（2018）》，《广州日报》2018 年 9 月 21 日。

［7］广东省科技情报研究所：《粤港澳大湾区与世界三大湾区创新能力对比研

究》，南方网，http://www.southcn.com，最后访问日期：2018 年 10 月 15 日。

［8］广东华南科技资本研究院：《2017 广东省科技金融发展报告》，暨南大学出版社，2017。

［9］深圳经济特区金融学会：《粤港澳大湾区金融融合发展研究》，《深圳商报》2019 年 3 月 7 日。

［10］曹细玉：《粤港澳大湾区城市群协同创新发展机制研究》，《统计与咨询》2018 年第 6 期。

［11］龙建辉：《粤港澳大湾区协同创新的合作机制及其政策建议》，《广东经济》2018 年第 2 期。

粤港澳大湾区背景下深圳创新能力研究

李蓬实*

摘　要：与国内其他城市相比，深圳在创新方面有着较大优势，但也存在一些发展瓶颈。本文基于粤港澳大湾区的发展特点，从科技、教育、投入等角度分析深圳现阶段的创新情况，找出问题并提出相应的对策建议。

关键词：深圳　创新能力　粤港澳大湾区

一　引言

建设粤港澳大湾区，是我国深化粤港澳三地合作推动全面开放新格局和提升国际竞争力的重大举措。2019 年出台的《粤港澳大湾区发展规划纲要》中，粤港澳大湾区被定位为繁荣的世界级城市群、拥有世界级影响力的国际创新中心、"一带一路"倡议的重要支撑点、港澳与内地深化合作的示范区和宜居宜业的生活圈。作为粤港澳大湾区四大中心城市之一，深圳在经济实力、创新能力、城市竞争力等方面均位于国内城市乃至世界城市的前列。《粤港澳大湾区发展规划纲要》也将深圳定位为国家创新城市建设的引领者和未来具备世界竞争力的创新之都。在这一背

＊　李蓬实，博士，东莞理工学院经济与管理学院讲师，主要研究方向为金融创新。

景下对深圳的创新进行研究，可以进一步明确深圳在创新方面的优势与不足，为深圳未来的创新发展以及与湾区其他城市的融合发展提供参考。

二 文献综述

对于深圳在粤港澳大湾区乃至在全国范围内的创新能力的强弱，国内学者从不同角度进行了研究。万陆等人通过构建城市创新指数对广东省的城市创新能力进行研究，研究表明深圳在科研创新上领先广东省其他城市[1]。王珍珍等人以创新产出、创新投入、创新技术等要素并结合《中国城市统计年鉴》数据对我国各大城市的创新竞争力进行划分。研究表明，北京、上海和深圳在科研创新上位列全国前三并与其他城市在创新综合得分上存在显著差距[2]。其他学者还对深圳的创新情况和影响深圳创新能力的因素进行研究，分析深圳当前的创新情况和背后存在的问题。林洪等人从影响创新能力的"研发与开发"（R&D）以及 R&D 的结构、投入强度、来源等方面进行分析，发现企业对深圳创新发挥着重要作用，而非企业部分对科研创新的贡献相对较小[4]。孙莉以广州和深圳为研究目标探究城市创新职能，通过建立技术创新职能等指标分析广深两市的情况，发现深圳在以高等院校、教育产出和毕业生论文等指标为内容的知识创新方面基础较弱，但以专业技术人数、政府科技事业财政支出占比等为内容的技术创新方面具有明显的优势[5]。这说明深圳需要在高等教育建设方面加大财政投入。

《粤港澳大湾区发展规划纲要》强调，香港要巩固其国际贸易金融中心的地位，广州应培养深化其科技教育文化中心功能，深圳要发挥国家创新城市的引领作用并建设世界级创新之都。吴家玮等人认为香港目前仍然是具备世界影响力的国际金融中心，在高等教育方面具有一定的实力但没有良好的高科技生产基地，而深圳正在往高科技技术中心的方向发展，但在高等教育发展方面相对不足，因此深港两地应互补发展[6]。

陈广汉、谭颖指出，香港具备国际化的科研环境和人才培养条件，高水平大学较多；广州聚集了广东省绝大多数高等院校和重点学科，是华南地区的科教文化中心；深圳在科研创新产出、科技成果转化、企业创新和风险投资等领域具备很强的实力；珠三角地区具备相当完整的产业体系和强大的制造业[7]。因此，应当在粤港澳大湾区建立"广州香港知识创造—深圳知识转化—珠三角产品生产"的三位一体的创新体系，推动深港或广深港互补合作发展。

三 粤港澳大湾区主要城市创新现状

（一）广深港为粤港澳大湾区的创新领先城市

创新对资金和人才具有很强的依赖性，经济总量、人力资源、财政收入相对充裕的城市，其创新条件往往较好。粤港澳大湾区各城市的客观条件不尽相同，导致各城市在创新上存在巨大差异。以 2016 年广东省城市创新及相关数据为例（见表 1），创新成果（以专利的申请量为例）良好的城市，其经济状况（以 GDP 为例）和对科研创新的投入情况（以各市 R&D 经费和活动人数为例）也较好。

表 1 2016 年广东省城市创新及相关数据

城市	GDP（亿元）	R&D 活动人数（个）	R&D 经费（亿元）	人均 R&D 支出（万元）	R&D 强度（%）	专利申请量（件）
深圳	20079.7043	202684	842.97	41.59035740	4.20	145294
广州	19782.1876	80509	457.46	56.82097654	2.31	99070
佛山	8757.7206	74427	200.39	26.92436884	2.29	56455
东莞	6937.0818	64963	164.83	25.37290458	2.38	56653
惠州	3453.1419	34929	69.88	20.00629849	2.02	26123
中山	3248.6835	38970	75.97	19.49448294	2.34	35248
江门	2444.0859	17120	43.03	25.13434579	1.76	13366
珠海	2267.0197	16737	55.23	32.99874529	2.44	18059

城市	GDP（亿元）	R&D 活动人数（个）	R&D 经费（亿元）	人均 R&D 支出（万元）	R&D 强度（%）	专利申请量（件）
肇庆	2100.6395	12100	22.02	18.19834711	1.05	3579

资料来源：参见《广东统计年鉴（2017）》。

深圳在经济状况、创新成果和创新投入上领先于其他城市，其 R&D 经费和 R&D 强度（R&D 支出与 GDP 之比）都高于其他城市。这两个指标说明深圳的创新能力在这些城市中居于领先地位。广州虽然不如深圳且某些指标与其他城市没有显著区别，但其创新成果和创新投入表明其创新能力与大湾区其他城市相比依然较强。

在大湾区中，澳门的总体创新能力并不突出。澳门人口少，地理面积不大，相比国内外创新、科研能力较强的城市有一定差距。澳门的行业结构可能对创新产生一定影响，据统计，2016 年澳门的主要产业为博彩业、金融和生活服务，其余产业以服务业为主，不具备与制造业及工业相关的基础。2013～2017 年，澳门的专利申请量分别为 147 件、84 件、213 件、221 件和 206 件，侧面说明澳门的科研创新能力相对于其他城市更弱。

香港和澳门都属于服务业占 90% 以上的城市，但香港的创新能力仍十分可观，且与广州、深圳的情况有很大区别。一方面，香港的生产总值（2017 年约为 23034.83 亿元）较大；另一方面，香港在国际化方面具有较大优势，同时拥有多所国际一流高等院校。香港在 2013～2017 年的专利申请量分别为 3322 件、3242 件、3319 件、4552 件和 3907 件，其创新成果领先于澳门和内地部分省（区、市）。

（二）广州与香港的创新在非企业方面较为突出

广州和香港、深圳在创新领域的不同点在于，前二者高等教育和科研院所的创新表现较为突出，而深圳的创新几乎以企业创新为主。除了广州外，2017 年大湾区内地城市的企业 R&D 支出占全市 R&D 支出在

95%以上。广州是在经济规模、三大产业结构上唯一与深圳相近的大湾区城市。与香港类似，广州在教育方面具有大湾区其他城市无可比拟的优势。大湾区范围内超过一半的高等院校都在广州市（共计83所，其中本科有36所）。在广东省知识产权局所记录的广东高校专利、发明的申请授权排行榜中，广州高校占据半壁江山，这一点也体现了广州高校的创新能力较强。广州市拥有广东省范围内近1/3的政府所属研发机构、超过70%的政府所属科研人员以及用于这些机构的绝大部分经费支出和政府科技拨款。2017年广州科研机构和高等院校的R&D经费之和占总经费的32%，远大于广东省内其他城市，这表明与其他城市相比，广州创新资源向非企业单位倾斜的力度远超其他城市。根据表2所示，2017年广州国内职务专利申请量共95955件，其中高等院校和科研机构占到17%左右，从侧面反映了广州的高校和科研院所在创新上具备一定的优势。

表2　2017年广州国内职务专利申请情况

单位：件，%

	高等院校	科研机构	企业	机关团体	总计
发明创造专利	13379	3023	77696	1857	95955
占比	13.94	3.15	80.97	1.94	
发明专利	8625	1937	20886	884	32332
实用新型专利	3943	1046	39008	925	44922
外观设计专利	811	40	17802	48	18701

资料来源：参见国家知识产权局相关数据。

香港2017年的R&D经费约为184.21亿元，其中高等院校所占份额超过一半，约为93.81亿元，高于除广州外的所有城市并稍落后于广州（100.54亿元）。香港最大的优势在于拥有国际化的高等院校，香港中文大学和香港科技大学等院校都是世界一流高校。香港在基础创新方面具有重要地位，拥有一批一流的科学家和强大的基础研究能力，并在新材料、人工智能、微电子等基础研究领域表现突出。香港的创新主要依托高校且整体创新能力不强，偏向于理论和基础层面，在技术运用上不足。

《大公报》对《2018 年大湾区科研创新综合分析及展望报告》的梳理显示，过去的 5 年里，香港在创新人才、科研资金投入方面位居第三，但都大幅落后于广深，甚至在科技企业数量和专利发明方面位居大湾区城市倒数第二。

四 深圳的创新能力现状

深圳在粤港澳大湾区乃至全国范围内，都是一个创新能力较强的城市。《中国城市创新竞争力发展报告》指出，深圳总体创新（57.6）落后于第 2 位的上海（60.4），但大幅领先于第 4 位的天津（46.4）。在以专利授权数、高新技术产业产值等为测算指标的创新产出竞争力方面，深圳要领先于国内其他城市。

（一）创新投入和产出巨大

在创新产出方面，深圳 2017 年的专利申请量为 177102 件，专利授权量为 94252 件，在大湾区范围内处于领先地位。在 PCT 国际专利申请方面，2017 年广东省共计 26830 件，仅深圳市就有 20457 件，占全省的76.2%，深圳已经连续十年保持 PCT 专利申请国内领先地位。2017 年深圳规模以上工业企业创造的新产品产值为 12801.79 亿元，占广东省的 1/3。而在现代产业增量上，深圳在绝对数量和相对数量方面都远超其他城市和全省平均水平。从表 3 的数据可以看出，深圳在高技术制造业增加值和先进制造业增加值方面领先于其他城市。

表3　2017 年珠三角各市现代产业增加值及占规模以上工业增加值比重

市别	先进制造业增加值（亿元）	先进制造业增加值占规模以上工业增加值比重（%）	高技术制造业增加值（亿元）	高技术制造业增加值占规模以上工业增加值比重（%）
深圳	5716.06	71.2	5353.06	66.7
广州	2456.01	59.5	564.25	13.7

续表

市别	先进制造业增加值（亿元）	先进制造业增加值占规模以上工业增加值比重（%）	高技术制造业增加值（亿元）	高技术制造业增加值占规模以上工业增加值比重（%）
佛山	2033.04	46.9	266.78	6.2
东莞	1920.33	53.1	1459.03	40.3
惠州	1195.16	64.6	811.99	43.9
珠海	731.96	64.2	293.35	25.7
中山	485.55	45.2	173.39	16.1
江门	384.04	38.7	80.46	8.1
肇庆	179.19	29.6	51.03	8.4

资料来源：参见《广东统计年鉴（2018）》。

　　深圳的创新产出离不开巨大的创新投入。2017 年深圳 R&D 经费为 976.94 亿元，占全省的四成以上，约为广州的 2 倍。规模以上工业的创新产业产出与深圳规模以上工业对创新投入较大有关。深圳规模以上工业企业投入的 R&D 经费为 841 亿元，占广东省（约 1865 亿元）的 45%，规模以上工业企业拥有 R&D 活动人员 23 万余人，而全省规模以上工业企业一共约 70 万人，其中广州与佛山在这方面落后于深圳，皆为近 10 万人。深圳先进制造业增加值占规模以上工业增加值的比重达到 71.2%，先进制造业和现代服务业占 GDP 比重超过 70%，现代服务业占服务业比重约为 70%。

　　（二）企业创新是深圳创新的绝对力量

　　如表 4 所示，无论是将开展创新活动的单位作为划分标准，还是将资金来源作为划分标准，企业单位都是深圳创新的中流砥柱。其中，规模以上工业企业在所有开展创新活动的单位中占据了 86% 以上的比例，企业资金占所有资金的比重为 92% 以上。

表 4　2012～2017 年深圳 R&D 经费使用情况

单位：万元

年份	2012	2013	2014	2015	2016	2017
R&D 经费支出	4883738	5846115	6400662	7323851	8429693	9769377

续表

年份		2012	2013	2014	2015	2016	2017
按单位类型划分	科研院所	74479	172207	150428	203780	109652	159222
	高等院校	17585	24518	27566	81659	105573	184697
	规模以上工业企业	4618655	5239401	5883496	6726494	7600311	8410974
	规模以上服务业企业	—	298085	298085	298085	560658	787726
	建筑业	—	—	—	—	39666	198669
	其他	173019	111904	41087	13833	13833	28089
按资金来源划分	政府资金	214841	298889	295235	355635	407670	608211
	企业资金	4626682	5487436	6011693	6890041	7952592	9047206
	境外资金	22009	19731	17929	16476	13779	25539
	其他资金	20206	40059	75805	61699	55652	88421

资料来源：参见《深圳统计年鉴（2018）》。

企业创新在深圳的重要地位也可以通过专利的形式表现出来。2017年广东省企业专利申请和授权量、发明专利申请和授权量前10位的企业中，深圳至少有5家企业上榜。而以PCT国际专利申请量作为标准，广东省排名前10位的企业单位中有8家是深圳的企业。在深圳市2017年规模以上的7938家工业企业中，有3507家设置了研发中心，占比接近50%，高于大湾区内其他城市。在深圳，企业创新可以"四个集中"来形容：研发机构主要设置在企业、研发投入主要来自企业、研发人员主要聚集在企业、发明专利多产生于企业。

（三）投资机构聚集

广深港是大湾区内资本最集中的地区，但在所有的投资机构中，约有68%的机构将深圳作为总部或者办公城市，总数量为1408家；而广州仅有328家。投资机构在深圳的聚集吸引了初创企业在深圳的集中，从2013年到2018年上半年，大湾区内2594家企业中有1730家在深圳，广州紧随其后，有672家，其余城市均不过百家。

五　深圳创新存在的问题

（一）高校及科研机构数量不足

2017 年深圳市拥有 7 所高校，其中本科高校有 4 所、专科高校有 3 所。在高校数量方面，深圳与东莞、佛山、珠海、惠州并没有太大差距，而后者在总体创新层面上是远远落后于深圳的。深圳 2017 年的 GDP 略高于广州，常住人口与广州同是 1000 万级别，然而，深圳的高校数量与其经济和人口不相匹配，在科研院所这个创新要素上基础较为薄弱。2017 年粤港澳大湾区内地九市一共有 389 家科学技术机构，其中深圳有 64 家，广州有 161 家。粤港澳大湾区内地九市县级以上政府部门所属研发机构共计 163 家，广州有 104 家，而深圳只有 6 家。

根据《中国城市创新竞争力发展报告》，深圳与北京、上海在创新竞争力方面排名前三，这主要是由综合创新能力决定的，但具体到创新环境这个指标，深圳仅位列第八，而其他指标深圳皆位列前三。这里面存在高校和科研院所创新力量欠缺的因素，因为位列深圳之后的天津、杭州、广州三市在创新环境上的成绩都优于深圳，而高校数量和科研院所数量是衡量创新环境的一个很重要的标准。

（二）R&D 投入结构存在"偏科"

深圳在研发投入方面存在不均衡的现象。第一个表现是高校和科研院所在创新上投入不足。即便近年来深圳高校和科研院所的创新投入有所增加，但 2017 年高校和科研院所的 R&D 经费支出还不到总体的 3.5%。按照发达国家的经验来看，企业占全社会 R&D 支出的 70% 左右是相对良好的，根据这个比例，大湾区内只有广州接近这个标准，其 2017 年企业 R&D 支出占比为 64%，接近发达国家的水平，而香港为 45% 左右。第二个表现是深圳在试验与开发方面占比较大，而在基础研究和应用研究方面占比较小。

根据活动类型划分，R&D 活动可以分为基础研究、应用研究和试验与开发研究。对于基础研究来说，2016 年和 2017 年的增长十分明显，但不能忽视的是，在此之前深圳的基础研究投入长期处于 1% 以下水平，基础研究大幅增长也只是始于 2016 年（见表 5）。2017 年深圳基础研究占比为 3.13%，远远低于国家平均水平 5.5%，更别说发达国家 15% ~ 20% 的水平了。因此，深圳以及作为深圳创新主体的企业需要继续在基础研究层面增加投入。

表 5　2012 ~ 2017 年深圳三种 R&D 活动经费投入

年份	2012	2013	2014	2015	2016	2017
总量（万元）	4883738	5846115	6400662	7323851	8429693	9769377
基础研究（万元）	23336	51776	57558	67298	243347	306264
应用研究（万元）	429697	552821	733254	925129	828856	1074700
试验与开发研究（万元）	4430705	5241518	5609850	6331424	7357490	8388413
基础研究占比（%）	0.48	0.89	0.90	0.92	2.89	3.13
应用研究占比（%）	8.80	9.46	11.46	12.63	9.83	11.00
试验与开发研究占比（%）	90.72	89.66	87.64	86.45	87.28	85.86

资料来源：参见《深圳统计年鉴（2018）》。

（三）企业负担过大

深圳的企业在全社会创新层面占比较高，无论是从活动单位类型还是经费支出来看，企业都是绝对的主力。但创新如此依赖企业说明其资金渠道过于单一，有待拓宽。而仅仅依靠企业或者研发单位的自有资金，会给企业和研发单位带来巨大的经济压力。2012 ~ 2017 年，在深圳企业创新的资金中，包含金融系统在内的非企业来源的资金没有一年达到全社会 R&D 的 5%，这表明以规模以上工业企业为代表的深圳企业在创新方面的投入基本上都是利用企业自有的资金。

六　大湾区背景下深圳创新发展的对策

（一）进一步深化港深合作

香港在对接国际科技金融教育、吸引世界优秀科技人才方面，以及新材料等基础科研领域和法律建设上具有比较突出的优势。以深圳为代表的内地城市则在制造业、产业链、供应链和资金链，技术供给和成果孵化等创新要素方面具有明显优势。港深合作一定程度上可以减少两者存在的问题，香港能利用自身紧邻深圳乃至内地的特点就近解决自身制造业薄弱和科研成果转化的问题；深圳则能进一步利用香港的资源提高经济和科技创新水平，尤其是利用香港的国际资本、高端人才和科技理论成果等，学习香港与国际接轨的一系列先进制度，为深圳的创新发展助力。港澳互补合作是深圳在大湾区背景下的一个发展方向。

（二）充分发挥高校和科研院所的作用

深圳创新力量中的高校和科研院所起到的作用相对微弱是一个客观存在的问题，尽管深圳位于香港和广州之间，可以方便地引进人才，但这不意味着深圳不需要具备产出人才的能力。以深圳现有的财政和经济力量，建立并支撑几座新的高等院校和科研院所，并不是一件很难的事情。在建设粤港澳大湾区的背景下，深圳可以采用"引入模式"，通过引进广州、澳门和香港的一流大学和科研院所展开合作，以此提高深圳乃至大湾区内的创新环境竞争力和整体创新水平。

（三）鼓励企业开展创新活动，建立研发机构

以 2012～2017 年深圳规模以上工业企业 R&D 活动情况为例（见表6），深圳有 R&D 活动以及研发机构的规模以上工业企业从 2013 年开始大幅度增加。到了 2017 年，虽然超过 40% 的规模以上工业企业有独立的研发机构并开展过 R&D 活动，但仍然有巨大的进步空间。深圳市政府应

该鼓励企业参与 R&D 活动和建立科研机构，在增加 R&D 经费投入的同时，通过经济杠杆、税收减免等措施引导和鼓励企业自主创新，主动增加 R&D 经费投入。

表 6　2012～2017 年深圳规模以上工业企业 R&D 活动情况

单位：个

年份	规模以上工业企业数量	有 R&D 活动	有研发机构
2012	5835	928	482
2013	6523	1009	457
2014	6355	1181	542
2015	6539	1304	830
2016	6629	2117	2147
2017	7938	3507	3562

资料来源：参见《深圳统计年鉴（2018）》。

（四）通过政府与金融系统缓解企业的压力

深圳创新应当建立以企业投入为主体、优惠政策为引导、金融机构资金为扶持、社会集资和引进外资为补充的多渠道参与的全社会 R&D 投融资体系，进一步增加深圳市 R&D 活动可利用资金总量。政府部门通过创业投资引导、贷款风险补偿、成果转化奖励等，提高研发专项财政资金的使用效益。在金融方面要进一步探索非企业资本、民间资本进军高新技术产业的途径，在投融资渠道上建立一整套风险投资机制，逐步形成以财政拨款、金融贷款、企业自筹、社会集资为主的多元化、多层次、多渠道的科技投融资体系。同时，积极利用深圳毗邻香港以及香港金融行业发达和香港作为国际金融中心的优势，为深圳企业提供丰富的资金，而随着粤港澳大湾区战略的实施，未来将会出现一系列支持两地金融创新的政策和方案。

（五）鼓励全社会尤其是企业注重基础研究

当前深圳在基础研究的经费投入上基本达到 3% 的水平，而全社会在基础研究的人力投入上不足 3%。基础研究是一切科研活动的根本；应用研究是在具有目的性的前提下探索基础研究成果的应用方向；试验与开发研究则进一步利用基础研究和应用研究的成果开发并获得新物品和新服务。基础研究的缺少可能导致应用研究和试验与开发研究缺乏足够的理论支持和操作范围，使 R&D 投入产出比处于较低水平，降低了企业受益成本比。

深圳需要在基础研究层面加大投入力度，尤其是作为深圳创新绝对力量的企业更是如此。政府方面应该增加相关经费投入，鼓励企业、院校和社会组织进行基础研究，增加对基础研究增长贡献力度较大的创新主体的投资。企业在重视应用研究和试验与开发研究之余也不能忽视基础研究，除了自身增加对基础科研方面的投入外，还可以采取校企合作的方式参与基础研究。

七 结语

创新一直是一个热点话题，科技是第一生产力，科研创新影响着社会的方方面面。广州、香港和深圳是粤港澳大湾区内创新力量最强的三个城市。广州高校和科研院所众多并分布有大量企业，但整体创新产出尚不能与其创新环境相匹配，香港高校和科研院所质量高并在学术层面具有领先地位但产业有待加强，深圳的企业创新能力较强但缺乏一流的高校和科研院所。毫无疑问，粤港澳大湾区要实现"具备世界竞争力的国际创新中心"这一目标，需要从地方到中央的各方努力，协调发展，尽量避免地方主义影响大湾区建设。

未来，深圳除了要维持现有的企业创新能力、创新产出以及金融能力外，还要加强在高校和科研院所方面的建设，以解决现有的 R&D 投入结构不均衡的问题，同时，企业应当通过各种有效途径加大对基础研究和应用研究的投入力度。

与同样具备丰富的高校、科研院所资源的广州相比，香港在人文交流、地理位置方面占据优势，其经济状况和创新状况与深圳之间具有更好的互补性。使物流、人流畅通，引进香港的创新力量，将是港深合作的重点，这既是为了深港的进一步发展，也是粤港澳大湾区建设的必然要求。

参考文献

［1］万陆、刘炜、谷雨：《广东城市创新能力比较研究》，《南方经济》2016 年第8 期。

［2］王珍珍、易小丽、白华：《中国区域城市创新竞争力比较研究》，《经济研究参考》2018 年第 45 期。

［3］袁永、李妃养：《深圳与北上广津科技创新比较分析及对策建议》，《决策咨询》2016 年第 1 期。

［4］林洪、房辉、敖芬芬：《深圳市 R&D 投入结构分析及对策研究》，《市场周刊》2018 年第 10 期。

［5］孙莉：《广州与深圳城市创新职能比较研究》，硕士学位论文，广州大学，2013。

［6］吴家玮、雷鼎鸣、邵思思：《粤港澳大湾区要着眼世界》，《同舟共进》2017 年第 11 期。

［7］陈广汉、谭颖：《构建粤港澳大湾区产业科技协调创新体系研究》，《亚太经济》2018 年第 6 期。

［8］王彬：《创新引领，粤港澳大湾区的产业新机会》，亿欧智库，2018。

［9］甘荣俊、江丽鑫：《广州创新要素集聚的制约因素与对策研究》，《荆楚学刊》2017 年第 6 期。

［10］邓强：《广州研发产业基本特征及发展对策》，《科技创新发展战略研究》2018 年第 5 期。

［11］杨玉浩：《基于地缘关系的粤港澳大湾区高等教育现状及发展战略研究》，《教育导刊》2018 年第 8 期。

［12］钱林霞、严骏：《香港发展科技的突破点是与内地密切融合——专访香港应用科学院高级工程师伍裕江博士》，《新经济》2018 年第 12 期。

［13］邱爽、周忠、肖志鹏：《香港回归以来科学技术创新发展存在相关问题及对策》，《北京印刷学院学报》2018 年第 4 期。

广州金融服务体系发展与水平评价研究[*]

杨建辉[**]

摘　要： 为评价广州市金融服务体系的发展水平，构建金融服务体系评价指标体系，本文应用 RAGA-PPC 模型评价广州市金融服务体系的发展水平，分三级指标对比分析广州构建金融服务体系的优劣，对广州市的金融市场体系、金融组织体系、金融生态环境发展水平做出评价，以期为政府决策提供参考。

关键词： 金融服务体系　金融水平指数　金融发展指数　RAGA-PPC模型　广州

一　引言

2018年11月27日，广州市委书记张硕辅在广州市委理论学习中心组专题学习会上指出，把粤港澳大湾区建设摆在重中之重的位置，举全市之力推进落实。加快发展现代服务业，推进现代服务业与先进制造业融

---

* 本文系粤港澳大湾区发展广州智库2018年度重点项目"加快穗港澳金融合作与发展，建设粤港澳大湾区双区域金融中心对策研究"（2018GZWTZD23）成果。

** 杨建辉，华南理工大学工商管理学院及广州市金融服务创新与风险管理研究基地教授、博士生导师，研究方向为金融工程与风险管理、投资决策、科技金融。

合发展。现代服务业主要是金融业，产融结合是重中之重。2017 年 3 月，广州首次被列为"国际性新兴金融中心"，全球排名第 37 位，2017 年 9 月排名第 32 位，2018 年 3 月排名第 28 位，2018 年 9 月排名第 19 位，位居深圳之后，在中国内地排第 4 位。在大湾区内，广州与深圳在金融市场体系、金融组织体系和金融生态环境方面有何差距？与内地的金融中心上海相比该如何建设？下文通过量化分析找出广州在金融方面的短板。

二 评价模型、指标与数据处理

采用 PCA 和 FA 等方法得出的结果虽然直观，发展水平的数学意义清晰，但现有文献不满足 Tabachnick 和 Fidell 提出的大样本和适用性条件；采用发展水平指数 IFI 的结果是相对比较得出的，直观性较差，且结果主要取决于各评价指标权重的合理性，如果权重不合理，则结果可能出现严重偏差；虽然变异系数法、信息熵和 Critic 法等都属于客观赋权法，但由于它们的计算原理不尽相同，客观赋权重之间可能相差较大；主观赋权重的 AHP 法主观性太强，客观性较差，而 NN 建模是一个艺术创造过程，不仅十分烦琐，而且训练时容易出现"过训练"现象。经过上述比较，我们选择遗传算法下的投影寻踪算法（RAGA-PPC）建模，它具有直观性，满足大样本和适用性条件，自动生成权重且客观合理，符合广州发展水平指数评价模型客观、稳健的要求。为确保模型的稳定性和有效性，对原始数据进行了无量纲化预处理。

本文的评价指标体系主要有两部分内容：一是广州金融服务体系评价水平指标体系，二是金融服务体系评价发展指标体系。文中的指标体系由三级指标构成。其中一级指标体系分为三部分，从金融市场体系、金融组织体系、金融生态环境三个方面反映不同地区现代金融服务体系的发展状况。金融市场体系包括 3 个二级指标和 9 个三级指标，用于反映信贷市场、证券市场、保险市场等的总规模、稳定性和成熟度；金融组织体系包含4个二级指标和8个三级指标，用于反映银行、证券公司、保险机构等金融机构的总量和发展水平；金融生态环境包括4个二级指标和6个三级指标，从经济发展、人力资源、开放程度、社会信用等角度反映现代金融服务体系发育的外部环境。

在研究广州市金融服务体系建设的过程中，以广州市为研究对象，将同处粤港澳大湾区、金融行业较为发达、走在改革开放前沿的重点城市深圳以及中国的金融中心、国际化大都市上海作为比较的对象。从地区统计年鉴、政府部门出版物和官方网站上搜集 2017 年的原始数据，以确保数据来源的可靠性。

为方便计算各类指标，需要对单个原始数据进行正则化处理。应当注意的是，对各城市银行不良贷款率的数据进行标准化时，应在原始数据前加负号再进行标准化处理。

对于广州市金融服务体系评估指标，我们建立了投影寻踪模型，借用基于实数编码下的遗传算法（RAGA），进行最优化求解。通过 Matlab 程序来计算最佳投影向量及系数（权重）。在对数据进行正则化得到可比的数据之后，应用 RAGA-PPC 评价模型计算得到三级指标权重后，汇总二级评价指标，再利用 RAGA-PPC 模型得到二级指标的权重，以同样的方法汇总二级指标求得一级指标的评价指数。

评价指标体系主要分为广州金融服务体系（水平指标）和金融服务体系（发展指标，即增长率变化）。将采集到的数据进行正则化处理后得到以下结果（见表1、表2）。

表1　标准化处理后各城市金融服务体系评价水平指标数据

一级指标	二级指标	三级指标	广州	深圳	上海
金融市场体系	信贷市场	银行资产规模	− 0.6301	− 0.5229	1.1530
		小额贷款公司贷款余额	− 0.8295	1.1104	− 0.2810
		票据贴现余额	− 1.1057	0.2645	0.8411

续表

一级指标	二级指标	三级指标	广州	深圳	上海
金融市场体系	证券市场	境内上市公司数量	−1.1510	0.4958	0.6552
		上市公司通过证券市场筹集资金	−1.1122	0.8250	0.2871
		证券公司全年营收	−0.1929	−0.8895	1.0824
		证券股票账户交易额	−1.1353	0.7501	0.3853
	保险市场	保费收入	−0.4057	−0.7334	1.1391
		保险公司总资产	−0.7174	−0.4248	1.1423
金融组织体系	银行	银行总部数量	−0.9298	−0.1281	1.0579
		营业网点数量	0.0665	−1.0316	0.9651
	证券公司	证券公司总部数量	−1.1529	0.5207	0.6322
		营业部数量	−0.6355	−0.5171	1.1527
	保险机构	保险机构总部数量	−0.8995	−0.1774	1.0768
		分支机构数量	0.1843	−1.0793	0.8950
	其他机构	融资担保机构数量	−0.9164	1.0666	−0.1502
		小额贷款公司数量	−0.9029	−0.1720	1.0748
金融生态环境	经济发展	人均GDP	−0.0739	1.0349	−0.9610
	人力资源	金融从业人员比重	−0.6311	−0.5219	1.1530
		高等院校数量	1.1528	−0.6344	−0.5184
	开放程度	对外贸易额占GDP比重	−1.0583	0.9292	0.1291
		外资投资	−0.6138	−0.5401	1.1539
	社会信用	银行不良贷款率	1.0000	0.0000	−1.0000

资料来源：参见2017年广州、深圳、上海《国民经济和社会发展统计公报》。

表2　标准化处理后各城市金融服务体系评价发展指标数据

一级指标	二级指标	三级指标	广州	深圳	上海
金融市场体系	信贷市场	近3年银行资产规模平均增长率	1.1470	−0.6888	−0.4582
		近3年小额贷款公司贷款余额平均增长率	0.3937	−1.1369	0.7432
		近3年票据贴现余额平均增长率	−1.0337	0.0713	0.9624
	证券市场	近3年境内上市公司数量平均增长率	1.1415	−0.4202	−0.7214
		近3年上市公司通过证券市场筹集资金平均增长率	−1.0501	0.1091	0.9410

一级指标	二级指标	三级指标	广州	深圳	上海
金融市场体系	证券市场	近3年证券公司全年营收平均增长率	-1.1459	0.4495	0.6964
		近3年证券股票账户交易额平均增长率	-0.7341	-0.4048	1.1389
	保险市场	近3年保费收入平均增长率	-1.1128	0.8234	0.2893
		近3年保险公司总资产平均增长率	-0.5654	-0.5893	1.1546
金融组织体系	银行	近3年银行总部数量平均增长率	-0.7143	-0.4286	1.1429
		近3年营业网点数量平均增长率	0.0183	-1.0090	0.9907
	证券公司	近3年证券公司总部数量平均增长率	-1.1073	0.2701	0.8372
		近3年营业部数量平均增长率	0.1714	0.9032	-1.0746
	保险机构	近3年保险机构总部数量平均增长率	-0.8954	-0.1837	1.0791
		近3年分支机构数量平均增长率	-0.1448	-0.9197	1.0645
	其他机构	近3年融资担保机构数量平均增长率	-1.1385	0.7361	0.4024
		近3年小额贷款公司数量平均增长率	-0.6987	-0.4468	1.1455
金融生态环境	经济发展	近3年人均GDP平均增长率	0.0617	0.9677	-1.0294
	人力资源	近3年金融从业人员比重平均增长率	-1.1540	0.5431	0.6110
		近3年高等院校数量平均增长率	0.8207	0.2931	-1.1138
	开放程度	近3年对外贸易额占GDP比重平均增长率	-0.9114	-0.1583	1.0697
		近3年外资投资平均增长率	0.4741	-1.1489	0.6747
	社会信用	近3年银行不良贷款平均增长率	-0.6171	-0.5366	1.1538

资料来源：参见2017年广州、深圳、上海《国民经济和社会发展统计公报》。

三 广州市金融服务体系评价指标分析

（一）广州市金融服务体系评价指标分析

针对广州市金融服务体系水平指标，我们建立了投影寻踪模型，借用基于实数编码的遗传算法（RAGA），进行最优化求解。通过Matlab软件来计算最佳投影向量 α 及其系数 α_i（权重）。

RAGA算法各参数设定如下：种群规模 N 取400，交叉概率 P_c 取0.8，变异概率 P_m 取0.2，变异方向所需要的随机数 $M=10$，优化变量数

目 $n=28$（因有 28 个指标），加速次数 $C_i=7$，$DaiNo=2$，$ads=0$（ads 为 0 时求最小值，为其他时求最大值）。

基于遗传算法寻优的稳定性，经过仔细考虑，最终选取了最优参数组 $a=3.4303$。随着迭代次数的提升，最优函数的变化一路走高直到平稳，最终收敛于 $a=3.4303$，此时得到最优投影变量。

从金融服务体系综合评价指数来看，广州市金融服务体系的综合水平低于深圳和上海（见表 3），相比金融业较发达的上海、深圳，广州的金融服务体系构建还有很大的发展空间。

表3　各城市金融服务体系综合水平指数

城市	金融服务体系综合水平指数	排名
上海	3.5420	1
深圳	-0.3667	2
广州	-3.1753	3

1. 金融市场体系水平评价

根据一级评价指标，广州金融市场体系的总体发展水平低于深圳和上海，从数据来看，与深圳相差较小，但与上海仍有较大差距（见表 4）。

表4　各城市金融市场体系综合水平指数

城市	金融市场体系综合水平指数	排名	信贷市场	证券市场	保险市场
上海	1.5615	1	0.2439	0.5162	0.5886
深圳	-0.0375	2	0.2696	0.1870	-0.2880
广州	-1.5240	3	0.1587	-0.7038	-0.3006

从二级指标来看，广州市的信贷市场仅为 0.1587，与上海的 0.2439 和深圳的 0.2696 相比差距颇大。从原始数据来看，以小额贷款公司为代表的民间借贷市场与深圳相比较不发达，可合理规范引导；票据贴现业务发展程度不高。在证券市场方面，虽然境内上市公司的数量远少于深

圳和上海，但增速尚可，债券融资也达到了较大规模。在保险市场方面，广州的发展水平接近深圳，但与上海仍有较大差距，与其相比，保费收入和保险公司的资产都处在相对较低的水平。由此可见，广州市的金融市场规模总体偏小，完善的多层次资本市场体系尚未形成。强化以上市场的建设也成为提高广州市金融市场体系发展水平的关键。

2. 金融组织体系水平评价

从一级指标来看（见表5），广州市的金融组织体系发展水平与深圳和上海相比仍有较大差距，说明广州市的金融机构在多元化和差异化方面仍有待加强。

表5　各城市金融组织体系水平指数

城市	金融组织体系水平指数	排名	银行	证券公司	保险机构	其他机构
上海	1.5511	1	0.3864	0.4516	0.3994	0.3137
深圳	− 0.2437	2	− 0.1919	0.0142	− 0.1559	0.0899
广州	− 1.3074	3	− 0.1944	− 0.4658	− 0.2435	− 0.4036

根据二级指标，广州市的银行水平与上海差距较大（广州仅为 − 0.1944），无论是银行总部的数量还是营业网点的数量与增速都大幅落后于上海，但接近深圳。证券公司的发育水平较接近深圳，虽然在证券公司总部和营业部数量上仍较少，但是3年内营业部的增速已处于优势地位。广州的保险机构发展速度相对深圳来说较快，主要体现在分支机构数量上，但与上海相比，保险机构的总部数量处于劣势。从其他机构来看，广州的民间金融机构发展水平不高，融资担保机构和小额贷款公司的数量较少，如需进一步发展也要有相关的政策条例来规范引导。由此可见，广州市金融总部的效应不够明显，金融政策改革和创新力度不足，对国内外具有重要影响力的金融机构总部吸引力不强，总部经济发展的效果不佳。推动广州市的金融组织体系由单一性和同质性向多元化和差异化发展，是构建现代金融服务体系的核心所在。

3. 金融生态环境水平评价

广州与上海、深圳的金融生态环境差距较小，说明广州市具备构建金融服务体系的良好环境（见表6）。

表6 各城市金融生态环境水平指数

城市	金融生态环境水平指数	排名	经济发展	人力资源	开放程度	社会信用
上海	0.4293	1	− 0.0435	0.2579	0.2809	− 0.0660
深圳	− 0.0854	2	0.0468	− 0.1655	0.0332	0.0000
广州	− 0.3438	3	− 0.0033	− 0.0924	− 0.3141	0.0660

从二级指标来看，广州以 GDP 衡量的经济发展水平超过了上海，由于广州的产业结构仍然是传统服务业和传统制造业占主导地位，汽车制造业、电子产品制造业和石油化工制造业等三大支柱产业对现阶段的广州经济增长仍发挥着主导作用，传统的产业结构和发展模式制约了实体经济对金融的需求能力，以及经济对金融的基础作用。广州作为省会城市，聚集了较多高等院校，因此在人力资源方面有一定优势，但是金融从业人员占就业人数的比重不高，亟待更多的高端人才投身金融行业。在开放程度方面，由于"互联网＋"的快速崛起、对外贸易的传统优势明显减弱、对外贸易额占 GDP 的比重相比上海和深圳属较低水平，广州外资投资与上海相比差距较大，需要营造更好的投资环境，吸引外商和国外金融机构的资金投入。从银行不良贷款率的角度来衡量社会信用状况，广州处于劣势地位，要在完善征信体系的同时做好风险监管工作，提升广州银行业的风险抵御能力，营造更加诚信有序的金融生态环境。

（二）广州市金融服务体系评价发展指标分析

同理，我们对广州市金融服务体系评估发展指标，也建立了投影寻踪模型，借用基于实数编码的遗传算法（RAGA），进行最优化求解。

如前文所述，基于遗传算法寻优的稳定性，我们最终选取了最优参

数组 $a = 3.5626$。

从增长速度来看，广州市金融服务体系的综合发展指数低于上海（见表7），但已追赶上深圳，说明广州市的金融服务体系发展有了不错的提升。

表7　各城市金融服务体系综合发展指数

城市	金融服务体系综合发展指数	排名
上海	3.0822	1
深圳	-1.5411	2
广州	-1.5411	2

1. 金融市场体系发展评价

根据一级评价指标（见表8），广州金融市场体系综合发展指数低于深圳和上海，从数据来看，与深圳相差较小，但与上海仍有较大差距。

表8　各城市金融市场体系综合发展指数

城市	金融市场体系综合发展指数	排名	信贷市场	证券市场	保险市场
上海	0.9110	1	0.1145	0.2846	0.3427
深圳	-0.4471	2	0.0619	-0.0061	-0.1286
广州	-0.4638	3	0.2090	-0.2784	-0.2140

从二级指标来看，广州的信贷市场为0.2090，高于上海的0.1145和深圳的0.0619，说明广州作为后起之秀，在信贷市场方面的增速要大于传统金融强市。而从证券市场的发展指数来看，深圳和广州都呈现负数水平，说明广州在证券市场发展方面仍有待提高。保险市场也是类似结果。由此可见，广州的金融市场规模总体偏小，完善的多层次资本市场体系尚未形成。强化以上市场的建设也成为提高广州金融市场体系发展水平的关键。

2. 金融组织体系发展评价

从一级指标来看（见表9），广州的金融组织体系发展增速与深圳和上海相比，仍有不少差距，说明广州的金融机构在多元化和差异化方面仍有待提升。

表9　各城市金融组织体系发展指数

城市	金融组织体系发展指数	排名	银行	证券公司	保险机构	其他机构
上海	1.2807	1	0.3848	−0.0712	0.6418	0.3247
深圳	−0.5034	2	−0.2775	0.1202	−0.2955	−0.0504
广州	−0.7766	3	−0.1072	−0.0489	−0.3462	−0.2742

根据二级指标，广州的银行增速要略高于深圳，但仍与上海有着较大差距（广州为 −0.1072，上海为 0.3848），无论是银行总部的数量增速还是营业网点的数量增速都大幅落后于上海。如前文所提到的一样，广州的证券公司在增速水平上较接近上海，但比起深圳的 0.1202，广州的证券业增速还有待提升。广州的保险机构和其他金融机构的发展同样大幅落后于上海，与深圳差距较小。广州金融总部的效应不够明显，金融政策改革力度不足，对国内外具有重要影响力的金融机构总部吸引力不强，总部经济发展效果不佳。推动广州的金融组织体系由单一性和同质性向多元化和差异化发展，是构建现代金融服务体系的核心所在。

3. 金融生态环境发展评价

从表10来看，与上海和深圳相比，广州的金融生态环境发展增速与上海、深圳的差距已经明显缩小，说明广州市已具备构建金融服务体系的良好环境。

表10　各城市金融生态环境发展指数

城市	金融生态环境发展指数	排名	经济发展	人力资源	开放程度	社会信用
上海	0.8911	1	−0.0655	0.0244	0.4426	0.4895
深圳	0.5905	2	0.0615	0.0541	0.4786	−0.2276
广州	0.3006	3	0.0039	−0.0786	0.3597	−0.2618

从二级指标来看，广州的 GDP 增速已超越上海。但泛珠三角地区现有的传统产业结构和发展模式制约了实体经济对金融的需求能力，也限制了经济对金融的基础性作用。广州作为省会城市，集聚了较多高等院校，因此在人力资源方面有一定优势，但是金融从业人员占就业人数比重不高，亟待更多高端人才投身于金融行业。

而在开放程度方面，广州的发展指数是 0.3597，与上海的 0.4426 和深圳的 0.4786 差距不大。原因是广州琶洲展馆、商贸组织等吸引外商和国外金融机构的资金投入，从侧面反映了其具备一定的实力。最后从银行不良贷款率的角度来衡量社会信用状况，广州处于较为劣势的地位，因此在完善征信体系的同时要扎实做好风险监管工作，提升广州银行业的风险抵御能力，营造更加诚信有序的金融生态环境。

四 广州金融服务体系发展建议

在金融市场体系方面，广州的金融市场规模总体偏小，需要进一步加强金融行业建设，特别是银行业和保险业，大力发展多层次资本市场。

在金融组织体系方面，广州金融机构总部效应较弱，需要推进多元化、差异化发展并加强金融组织体系建设，增强广州金融总部的集聚力和辐射力。

在金融生态环境方面，广州具有相对优势，但需要推动产业转型升级来加强经济的基础性作用，同时鼓励高端人才从事金融行业，借助人才的力量带动金融行业的发展，做好风险监管和征信体系建设工作，营造诚信有序的金融生态环境。

参考文献

［1］苏屹、于跃奇：《基于加速遗传算法投影寻踪模型的企业可持续发展能力评

价研究》，《运筹与管理》2018 年第 5 期。

［2］陈治、张媛：《基于投影寻踪的省域经济转型评价》，《统计与决策》2017 年第 23 期。

［3］楼文高、乔龙：《投影寻踪分类建模理论的新探索与实证研究》，《数理统计与管理》2015 年第 1 期。

［4］虞玉华、楼文高：《体育类期刊学术水平综合评价与实证研究——基于决策者偏好的投影寻踪建模技术》，《北京体育大学学报》2015 年第 12 期。

［5］焦瑾璞、黄亭亭、汪天都、张韶华、王瑱：《中国普惠金融发展进程及实证研究》，《上海金融》2015 年第 4 期。

［6］陈三毛、钱晓萍：《中国各省金融包容性指数及其评价》，《金融论坛》2014 年第 9 期。

［7］杜朝运、李滨：《基于省际数据的我国普惠金融发展测度》，《区域金融研究》2015 年第 3 期。

［8］罗斯丹、陈晓：《基于普惠金融综合指数的我国区域普惠金融发展水平测度》，《长春师范大学学报》2015 年第 10 期。

［9］马彧菲、杜朝运：《普惠金融指数的构建及国际考察》，《国际经贸探索》2016 年第 1 期。

粤港澳大湾区多极增长格局下广州交通发展对策的思考[*]

贾善铭　王亚丽　位晓琳[**]

摘　要： 在分析粤港澳大湾区区域经济多极增长态势及广州发展地位的基础上，进一步研究广州交通网络建设情况，发现广州虽然是粤港澳大湾区重要的交通枢纽，但是仍然存在公路建设尚无法满足要素快速流动的迫切需求、航运和航空能力有待进一步提高，以及交通网络连通性与粤港澳大湾区协同发展不相适应的问题。广州必须牢固树立以交通基础设施建设消除要素流动障碍、为粤港澳大湾区协同发展奠定基础的理念，以服务粤港澳大湾区为立足点，以建设全球城市为新要求，打造全面覆盖粤港澳大湾区、有效连通全国、辐射全球的综合交通枢纽，助力粤港澳大湾区多极网络联动发展格局的形成。

关键词： 粤港澳大湾区　广州　交通发展　区域多极增长

已有研究表明，交通基础设施建设对经济增长具有基础性作用，其

---

* 本文系国家社科基金重点项目"基于多极网络空间组织的区域协调发展机制深化及创新研究"（17AJL011）、国家自然科学基金青年项目"中国区域多极增长格局及演进机制研究"（41601111）、广州市哲学社会科学发展"十三五"规划2018年度一般课题"多极网络联动的粤港澳大湾区经济协同发展机制创新研究"（2018GZYB28）、广州市人文社会科学重点研究基地"粤港澳大湾区经济发展研究中心"研究成果。

** 贾善铭，暨南大学经济学院副研究员，经济学博士，研究方向为区域多极增长；王亚丽、位晓琳，暨南大学经济学院硕士研究生，研究方向为区域空间结构。

主要表现是区域空间结构会随着交通网络的建设发生改变，进而影响各个城市在区域中的地位，最终影响城市的经济增长[1]。交通网络是重塑区域空间结构的重要力量。因此，粤港澳大湾区在谋划和建设过程中十分重视交通基础设施建设。2017年7月1日签署的《深化粤港澳合作 推进大湾区建设框架协议》，明确指出粤港澳大湾区合作重点之一就是要推进基础设施互联互通，强化内地与港澳交通的联系，构建高效便捷的现代综合交通运输体系。优化高速公路、铁路、城市轨道交通网络布局，共同推进港珠澳大桥、广深港高铁、粤澳新通道等区域重点项目建设，打造便捷的区域内交通圈。2018年1月19日广东省发展和改革委员会启动了《粤港澳大湾区城际铁路建设规划（2020－2030年)》的编制工作，旨在加快推进"环线＋放射线"珠三角城际铁路网的建设，完善环大湾区的城际轨道网，建成"一小时城轨交通圈"。在粤港澳大湾区大力推进交通网络建设的背景下，基于粤港澳大湾区区域空间结构呈现的新情况，加强广州交通发展对策的针对性，充分发挥广州交通网络建设方面的已有优势，并补齐短板，以发展交通适应粤港澳大湾区区域空间结构演变。

一 粤港澳大湾区区域经济多极增长态势及广州地位分析

（一）粤港澳大湾区经济发展的三个阶段

区域空间结构演变的动力主要来自城市之间的相互作用，而城市之间的分工与合作是区域实现可持续发展的基础，根据粤港澳大湾区城市之间合作关系的变化，粤港澳大湾区经济发展可以划分为三个阶段（见图1）。

1. 逐步深化阶段（2001~2003年）

这一阶段的主要特征如下。（1）粤港澳大湾区的经济发展处于起飞阶段，GDP增长率略低于全国平均水平。（2）粤港澳大湾区的GDP增长率与全国平均水平的差距呈现缩小的趋势，并在2003年与全国GDP增长率基本持平。（3）在长期的合作中，粤港两地已经形成了互利互补、共同发展的经济合作关系，粤港澳大湾区经济发展水平得到全面提升。

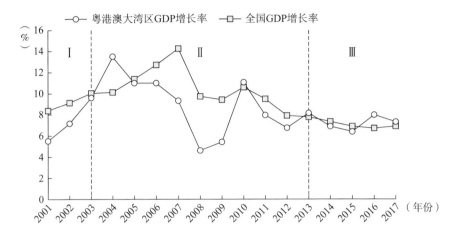

图 1　2001～2017 年粤港澳大湾区 GDP 增长率与全国 GDP 增长率对比

说明：粤港澳大湾区的 GDP 增长率是通过 GDP 指数计算出实际 GDP，进而在此基础上计算所得；由于城市层面的 GDP 指数数据来源受限，本文计算的粤港澳大湾区 GDP 增长率是从 2001 年开始的。

资料来源：根据《中国统计年鉴》《中国城市统计年鉴》整理。

2. 全方位开放市场的紧密合作阶段（2003～2013 年）

这一阶段的主要特征如下。（1）粤港澳大湾区 GDP 增长率围绕着全国 GDP 增长率上下波动。2003～2005 年，粤港澳大湾区的 GDP 增长率继续提升，高于全国平均水平。2005～2013 年，粤港澳大湾区的 GDP 增长率虽然低于全国平均水平，但差距有所缩小。（2）粤港澳大湾区具有开放型经济的特征，容易受到外部发展环境的影响。2008 年经济危机严重影响了香港和澳门的经济，进而影响了粤港澳大湾区的 GDP 增长。（3）内地与港澳的贸易关系进入新阶段，三地在工业、服务业等方面的合作更加深入，粤港澳商贸合作进一步延伸到整个泛珠三角地区。

3. 深度融合阶段（2013～2017 年）

这一阶段的主要特征如下。（1）随着中国经济发展进入新常态，粤港澳大湾区的经济发展呈现稳定中高速增长的态势；（2）粤港澳大湾区的 GDP 增长率呈现超越全国平均水平的趋势；（3）粤港澳大湾区借势广东自贸区建设，推动内地与港澳深度融合。

（二）粤港澳大湾区经济多极增长格局基本形成

根据粤港澳大湾区经济发展的历程，我们进一步从区域经济多极增长的视角分析粤港澳大湾区区域空间结构的变化。根据粤港澳大湾区的多极化指数可以发现，1993～2017 年，尽管粤港澳大湾区的多极化指数波动较大，但是总体上呈增长趋势。

为进一步分析粤港澳大湾区的空间结构特征，我们将粤港澳大湾区的多极化指数与其平均值进行了对比分析，发现 1993～2001 年，多极化指数整体上低于平均值，结合前文指标分析，多极化指数越小，空间结构越趋向于集聚，由此可见，在 2001 年以前粤港澳大湾区区域经济多极增长的态势还不是很明显。2001～2008 年，多数年份的多极化指数较大；2008～2017 年，多极化指数不仅较大，且有连续快速增长的区间（见图2）。由此可见，随着经济的发展，粤港澳大湾区区域空间结构呈现多极增长的态势。

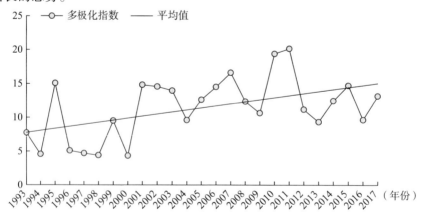

图 2　1993～2017 年粤港澳大湾区多极化指数及平均值

说明：为更好地反映空间结构特征并消除负数对结果的影响，本文在计算多极化指数时，将增长极指标进行了取绝对值处理。

资料来源：参见《广东统计年鉴》、《香港统计年刊》、澳门统计局相关数据。

（三）广州在粤港澳大湾区区域经济多极增长中的地位

广州在粤港澳大湾区所处地位是未来广州经济和社会发展的重要导向，更是广州交通发展的重要参考。通过对比粤港澳大湾区 11 个城市的增长极指数发现，在粤港澳大湾区区域多极增长态势下，广州的地位也在发生转变（见图 3）。

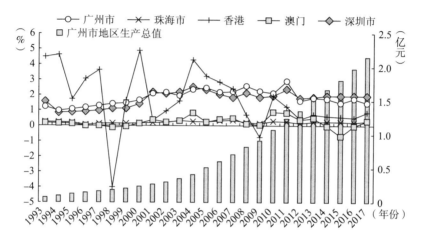

图 3　广州市地区生产总值及粤港澳大湾区代表性城市增长极指数变化情况

资料来源：参见《中国城市统计年鉴》、《香港统计年刊》、澳门统计局相关数据。

第一，广州已发挥追赶香港的优势。在 2007 年之前，广州的增长极指数整体上低于香港，在 2007 年之后赶超香港，之后仅在个别年份落后于香港。

第二，澳门一直与广州有较大差距。从图 3 中可以看出，尽管澳门增长极指数在波动中有所增长，但是与广州仍然有较大差距。

第三，从增长极指数来看，广州总体上优于深圳。25 年来广州的增长极指数总体上高于深圳，仅在个别年份，如 2003 年、2005 年、2006年、2016 年以及 2017 年被深圳赶超，但差距较小。

第四，广州领先珠三角的其他弱势增长极。珠海同样是"一带一路"、自贸区建设的重要城市，也是粤港澳大湾区经济平稳增长的代表性城市，其增长极指数与广州的差距一直较大。

特别是从增长极理论的视角看，广州有一个无可比拟的优势，那就是具有更加广阔的经济发展腹地（见表1）。现有研究表明，任何影响增长极辐射范围、发展腹地的政策或者措施，都会对增长极发展产生影响[2]，广州也不例外。因此，广州未来的经济社会发展必须通过系统性措施发挥其发展腹地广阔的优势，而交通发展是所有措施得以奏效的前提。

表1　广州、香港、深圳三个增长极的优劣势对比[3-5]

增长极	优势	劣势
广州	区位优势，较大的发展空间、地域面积；教育资源优势，高校云集；粤文化优势；金融地区总部优势	固有的行政、财税、金融体制制约；产业结构调整缓慢
香港	"一国两制"的独特优势；地理位置优势；金融市场和人才国际化优势	人才流动壁垒
深圳	创新优势；人才聚集的优势；政府政策优势；制度环境优势	经济发展历史较短；人口密度大；高端制造业和服务业欠发达；土地资源稀缺

资料来源：根据相关资料整理。

二　广州交通发展的短板分析

交通基础设施是保证人流、物流快速流动的基础，也是广州发挥其经济腹地广阔的优势，并进一步推动经济腹地扩展和共享的基础所在。虽然广州已经形成涵盖公路、铁路、航运和航空的综合交通枢纽体系，但是粤港澳大湾区的建设对广州交通网络提出了更高的要求，广州要在粤港澳大湾区建设中增强引领作用，必须立足于交通网络建设的优势并补齐短板。从目前的发展情况来看，广州交通网络建设主要存在以下三个方面的短板。

（一）公路建设尚无法满足要素快速流动的迫切需求

尽管2017年广州公路客运量和货运量都远远大于珠三角其他城市，

但是公路里程和公路密度在珠三角城市中只处于中等偏上的水平。同时，在2007～2017年，广州公路客运量年均增长率为15%，公路货运量年均增长率为16.4%，而公路里程年均增长率只有0.8%。由此可见，广州公路的建设不能满足人流、物流快速流动的要求。

尤其值得注意的是，随着港珠澳大桥的全线通车，以及未来深中通道、南沙大桥等连接粤港澳大湾区东西两地的多座跨海跨江大桥建成通车，粤港澳大湾区东西两翼城市之间将会实现有效连通，极大地促进湾区东部与西部地区之间的要素合理流动，这也将对广州促进人流和物流提出更高的要求。但是从目前的情况来看，粤港澳大湾区公路建设的重点在于加强内地与港澳之间的交通联系以及南部沿海城市之间的联系，而广州在公路建设过程中有被边缘化的风险。因此，随着粤港澳大湾区城市之间经济联系的增强，广州公路建设尚无法满足粤港澳大湾区未来要素快速流动的迫切需求。

（二）航运航空能力有待提高

虽然2017年广州港口货物吞吐量超过了香港和深圳，但是从我国沿海四大港口2007～2017年货物吞吐量来看，广州港与宁波—舟山港之间存在很大差距，与上海港也存在较大差距，且2008～2016年货物吞吐量的绝对值不如天津港（见图4）。以2017年为例，广州港货物吞吐量为57003万吨，虽然超过了天津港，但是同年宁波—舟山港和上海港的货物吞吐量分别为100933万吨和70542万吨。广州要建设成为国际航运枢纽，还需要进一步提升港口运输能力。

从白云机场、首都机场和浦东机场的客运量、货运量及起降架次来看，2017年客运量及起降架次都是首都机场最高，浦东机场次之，白云机场最少，首都机场客运量是白云机场的1.46倍。2017年货运量由高到低排名分别为浦东机场、首都机场、白云机场，浦东机场货运量是白云机场的2.15倍（见表2）。因此，广州的航空枢纽功能还相对较弱，需要提高其客运和货运能力。

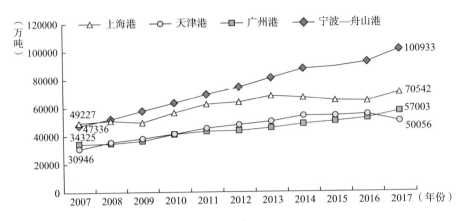

图4　我国四大港口2007～2017年货物吞吐量

数据来源：参见《中国统计年鉴》。

表2　三大民航机场2017年客运量、货运量及起降架次

机场	客运量（万人次）	货运量（万吨）	起降架次（架次）
首都机场	9578.6	203	597259
浦东机场	7000.1	382.4	496774
白云机场	6580.7	178	465295

资料来源：参见《2017年民航机场生产统计公报》。

（三）交通网络连通性与粤港澳大湾区协同发展不相适应

在公路交通方面，随着港珠澳大桥建成通车，香港、澳门的公路与珠三角公路交通网实现连通，形成了粤港澳大湾区公路交通网，但粤港澳三地分属不同的关税区，使广州与香港、澳门之间的交通联系仍然存在障碍，从而影响要素在三地之间的快速流动，与粤港澳大湾区协同发展的要求还有很大距离。

在铁路交通方面，广州铁路与粤港澳大湾区其他城市铁路之间的联系相对薄弱。虽然广州铁路北向通道发达，西部贵广、南广高铁也已建成通车，但是与大湾区东部、东北部、南部的对外运输通道联系较为薄弱，尤其是亟须加强与珠海、佛山、惠州、东莞、中山、江门等城市的铁路联系，以促进粤港澳大湾区形成有效的铁路交通网络，推动粤港澳大湾区的协同发展。

三 广州交通发展的对策

已有研究表明，中国多极支撑、轴带衔接、网络关联、极区互动、充满活力的区域经济发展新格局正在形成[6]，并且区域多极增长已经被证明是实现要素快速流动的一种有效方式[7]。广州要在粤港澳大湾区建设中发挥引领作用，必须通过加强交通基础设施建设消除要素流动障碍，进而为粤港澳大湾区协同发展奠定基础，以服务粤港澳大湾区为立足点，以建设全球城市为新要求，打造全面覆盖粤港澳大湾区、有效连通全国和辐射全球的综合交通枢纽，助力粤港澳大湾区多极网络联动发展格局的形成。

（一）以促进要素快速流动为目标，推动公路与铁路之间人流和物流的快速转换

在粤港澳大湾区，影响城市之间相互联系的交通方式主要是公路和铁路。从目前广州的客运和货运情况来看，其过多地依赖公路的运输作用，而对铁路的利用率较低。与此同时，随着珠三角城际铁路网建设的推进，环粤港澳大湾区的城际轨道网将不断完善，通勤效率也将大大提高。因此，在公路建设无法满足粤港澳大湾区人流和物流快速流动需求的情况下，应当加强公路与铁路之间人流和货流的转换，将公路的客运和货运功能逐渐转移给铁路，以缓解公路运输的压力，同时提高铁路运输利用效率。

（二）以推动粤港澳大湾区互利合作为目标，提升广州与粤港澳大湾区交通网络整体水平

一是加强广州与港澳之间的连通，以港珠澳大桥为主要连接通道，简化港澳通关手续，推行"一站式"通关服务，提高通关效率，进而促

进三地之间的信息交流和要素流动。这也有利于加强广州与香港、澳门之间的深度合作，强化优势互补，为港澳融入粤港澳大湾区的发展创造条件[8]。二是加强广州与珠三角城市之间的铁路联系，完善环大湾区的城际轨道网，推进穗莞深城际、广佛环线等城际轨道的建设，以尽快建成"一小时城轨交通圈"。城际轨道网的完善，将会加强广州与粤港澳大湾区其他城市之间的经济联系，促进不同领域的协作交流，从而辐射带动粤东西北以及粤港澳大湾区的经济增长，推动粤港澳大湾区的协同发展。

（三）以建设全球城市为目标，提高广州交通基础设施互联互通能力

将粤港澳大湾区与"一带一路"建设紧密结合，提升其航空运输能力，加大环珠江口的港口整合力度，推动重载铁路建设，进一步提升广州连通全国、辐射全球的航运能力，为广州拓展经济发展腹地、在全球配置要素提供支撑。

（四）以激发城市活力为目标，全面提升广州城市交通管理能力

城市交通的通行效率不但是城市发展的重要基础，也是城市综合实力的重要组成部分，更是城市管理能力的集中体现。广州必须学习和借鉴先进的城市交通管理经验，积极推动城市公共交通资源整合，构建以绿色、高效、智能的城市公共交通为基础，探索引入市场化手段管理交通的模式，以创新交通管理模式带动城市建设，进一步激发城市发展活力。

参考文献

［1］贾善铭、覃成林：《高速铁路对中国区域经济格局均衡性的影响》，《地域研究与开发》2015 年第 2 期。

［2］贾善铭、位晓琳：《香港经济转型路径研究——基于空间经济学的视角》，

《港澳研究》2018 年第 3 期。

［3］袁宏舟：《浅析香港在粤港澳大湾区建设中的作用》，《宏观经济管理》2018 年第 2 期。

［4］谭锐：《广州在粤港澳大湾区建设中的城市发展战略》，《城市观察》2018 年第 2 期。

［5］谭弈霖：《粤港澳大湾区中广州的地位优势分析》，《发展改革理论与实践》2018 年第 3 期。

［6］覃成林、贾善铭、杨霞、种照辉：《多极网络空间发展格局：引领中国区域经济 2020》，中国社会科学出版社，2016。

［7］彭高峰、黄慧明、韩文超：《广州 2035 总体规划战略思考与探索》，《城市观察》2018 年第 3 期。

［8］Shanming Jia, Chenglin Qin & Xinyue Ye, "The Evolution of Regional Multi-pole Growth," *Annals of Regional Science* 61 （2018）.

广州打造国际时尚之都的战略与对策[*]

王先庆^{**}

摘　要： 广州作为千年商都和具有国际知名度的国际商贸中心，不仅拥有行业性国际时尚中心，还在纺织服装、皮具皮鞋、珠宝玉石、美容化妆等时尚产业领域具有完整的产业链。本文以全面增强广州国际商贸中心功能为出发点，以打造国际时尚之都为切入点和着力点，以大力促进时尚产业为主线，重点围绕国际时尚之都的定义、特点、形成条件以及广州打造国际时尚之都的比较优势、战略思路、空间布局等进行研究。本文认为，广州倾力打造国际时尚之都，不仅可以全面增强国际商贸中心功能，进而强化其作为粤港澳大湾区国际商贸枢纽和高水平全球化贸易体系建设的核心引擎作用，还能增强国际交通枢纽和国际教育文化中心功能，加快推动国际大都市建设。

关键词： 粤港澳大湾区　国际商贸中心　国际时尚之都

---

* 本文系 2018 年度广东省社科类社会组织课题"广东高水平贸易体系建设与贸易高质量发展"（SL18SKT25）、广州市哲学社会科学发展"十三五"规划 2019 年度课题"提升广州作为粤港澳大湾区核心引擎功能研究"（2019GZZK09）、2018 年首都流通业研究基地开放课题"超大城市现代流通体系构建研究"（JDKFKTYB05）阶段性成果。

** 王先庆，广东省商业经济学会会长，广东财经大学商贸流通研究院院长、教授，研究方向为产业经济与商贸流通。

一 引言

2019 年 2 月 18 日，中共中央、国务院印发《粤港澳大湾区发展规划纲要》，明确了广州在粤港澳大湾区的功能定位：一方面，广州与香港、澳门、深圳四大中心城市"作为区域发展的核心引擎，继续发挥比较优势做优做强，增强对周边区域发展的辐射带动作用"；另一方面，广州要充分发挥国家中心城市和综合性门户城市引领作用，"全面增强国际商贸中心、综合交通枢纽功能，培育提升科技教育文化中心功能，着力建设国际大都市"（即两个"全面增强"，一个"培育提升"）。

这就是说，广州作为粤港澳大湾区的核心引擎之一，最大的比较优势和首要的战略使命就是要"全面增强"国际商贸中心功能，并围绕这一战略使命和发展主线，大力促进各类要素优化配置，加快培育发展新动能和新优势，大力发展与之相关的新技术、新产业、新业态、新模式，建设现代化经济体系，实现高质量发展，逐步建成世界一流的国际商贸中心和国际大都市，并以此为切入点参与国际经济合作与竞争。

那么，国际商贸中心到底有哪些功能？这些功能有哪些表现？如何理解"全面增强"？增强这些功能的路径和抓手有哪些？着力点和重难点问题有哪些？根据国际经验，世界一流的国际商贸中心都是动态变化的，而且可以从不同的视角或根据不同的指标去评价或观察，但最直观的指标只有一个，就是所有国际贸易中心无一例外都是国际时尚之都。反之，如果不能成为世界时尚之都，也就很难成为世界一流的国际商贸中心。

这样，广州"全面增强国际商贸中心功能"与打造"国际时尚之都"就有了天然的有机联系。世界一流的国际商贸中心必然包含国际贸易、国际采购、国际分销、国际消费、国际商务、国际会展、全球供应链等多重功能，但真正能体现国际商贸中心城市的层次、等级、高度和发展水平的，还是国际时尚功能。目前，全球五大国际时尚之都——纽约、伦敦、巴黎、东京、米兰——都是世界一流的国际商贸中心。此外，新加坡、首尔、悉尼以及中国香港等国际商贸中心城市也都是国际时尚之都。因此，在笔者看来，广州"全面增强国际商贸中心功能"应以打造国际时尚之都为切入点和抓手，以大力促进时尚产业为主线，以科技创新为动力，整合各种时尚要素资源，使广州国际商贸中心建设达到一个新的发展阶段，从而真正成为粤港澳大湾区国际商贸枢纽和高水平全球化贸易体系建设的核心引擎。

二 国际时尚之都的定义及特点

时尚是潮流、前沿、高端和现代的代名词，更是气质、品位、个性和风格的象征。时尚不仅与我们的生活、工作、学习等有关，而且涉及心理学、社会学、经济学、管理学等多学科领域。不同的人群、区域、行业，所理解或追求的时尚可能都不一致。不管人们对时尚的理解和评价如何差异化，也不妨碍在世界范围内有相对一致的时尚观念和时尚趋势，从而能够在全球范围内进行观察和比较。例如，国际时尚产业以及国际时尚之都发展水平的比较。

（一）国际时尚的概念界定

所谓时尚，根据社会心理学的观点，是指在社会生活中或大众内部产生的一种流行的生活方式或行为模式。学者孙本文进一步认为，时尚不仅是人的行为模式，还可以包括物的形状模式："所谓时尚即一时崇尚的式样。式样就是任何事物所表现的格式。只要社会上一时崇尚，任何式样可讲的事物，都可称为时尚。"[1]

本文所指的"国际时尚"是能够在全球时尚产业链及产业体系中具有或大或小的国际影响力和较高的地位，并能够或多或少地吸引较大范

---

[1] 周晓虹：《现代社会心理学》，上海人民出版社，2002。

围内的国际时尚消费者前来购物或进行消费体验的一种现代经济体系，是一种能够引领国际新潮产业发展并能促进新潮消费的经济力量。比如，能够引领全球的全屋家具定制潮流，或者影响全球牛仔服装消费的趋势，以及引领全球消费者尝试微信支付等，这些都属于"国际时尚"。

根据上述定义，是否符合"国际时尚"的要求，主要取决于三个方面的影响因素：一是是否具有足够大的影响或引起国际流行趋势及时尚消费热点变化的产业或产品；二是能否吸引数量足够多且范围足够广的时尚消费者；三是是否具有足够完善且具有国际水准的时尚服务设施及服务体系。进一步来说，就是能够在全球时尚体系中或某一领域拥有较高的产业地位或者在产品市场中拥有一定的话语权。比如，其举办的国际时装节或召开的国际时尚发布会，能够吸引足够多的国际客户或消费者前来参会或参展。

这里特别需要强调的是，本文所指的"国际时尚"与目前上海、浙江、深圳等地提出的"国际时尚"概念略有差异。例如，上海是国内较早提出打造国际时尚之都的城市，不仅成立了上海时尚之都促进中心，还出台了《上海市文化创意产业发展三年行动计划（2016—2018 年)》，将"时尚之都"建设列入规划中。浙江出台了大力发展时尚产业的系列政策文件，不过，这些文件谈到大力发展时尚产业基地时，其重点内容是文化创意设计园区和众创空间①。总体而言，目前国内学术界和政策文件涉及的"国际时尚"常常是指"文化创意、时尚设计"等领域，他们所说的"国际时尚"更多的是一种文化概念或现象，如文化创意、艺术设计、时尚发布等，几乎是将"国际时尚之都"等同于"国际设计之都"。

显然，这与本文所说的"国际时尚"在内涵和外延上都有较大差异。比如，我们所说的意大利米兰是国际时尚之都，虽然它不否认创意设计和时尚发布对"国际时尚"的重要性，但更强调城市整体的经济体系和

---

① 《浙江省人民政府关于加快发展时尚产业的指导意见》（浙政发〔2015〕15 号）。

城市特色，涉及这个城市的方方面面。因此，本文是基于全球范围内的城市发展战略和城市竞争力视角来谈"国际时尚"的，它强调以时尚为核心的整体经济体系、市场体系和消费体系，涉及经济的各个领域或各个环节，也涉及城市的各个区域或各个节点。

本文试图从产业、市场与城市等战略高度，以广州如何打造国际时尚之都为主线，通过研究广州全面增强国际商贸中心功能与建设国际时尚之都的关系，来构建一个有关国际时尚之都如何形成和发展的分析框架。

（二）国际时尚之都的内涵

时尚之都是指在时尚领域具有相当影响力、引领时尚潮流的城市，是时尚产业价值链各环节在空间的集聚结果和表现形式。国际时尚之都是指具有足够丰富和完善的国际时尚资源、要素和体系，并能够在全球时尚领域产生足够强大的影响力，以及达到全球一流时尚水平和能力的国际大都市。

国际时尚之都的内涵包括以下三个方面。第一，规模指标，即足够多的资源、要素，如时尚产品、品牌、企业、交易额、消费额等；第二，水平指标，即达到了国际认可的时尚水平、等级和层次，如举办的国际时尚展或某一领域的产品设计能代表某一领域的国际时尚水平；第三，能力指标，即是否具有引领国际时尚形成、变革和迭代升级的能力，专业技术人员的创意设计能力，以及打造和培育不同领域、不同区域时尚中心的能力等。上述三个方面，也是评价国际时尚之都能否形成以及能否成功的指标体系。

国际时尚之都的发育、形成和强盛有一个漫长的过程。这个过程既与这个国家或区域在国际经济和贸易中的地位变化有关，也与这个城市的发展战略、产业布局和政策推动有关。从目前全球范围内的各主要国际时尚之都的建设经验看，它们都是政府和市场共同作用的产物。如果没有政府的科学规划、战略引领和精心打造，就不可能有国际时尚之都的成功。例如，莫斯科、新德里等城市都具有打造国际时尚之都的资源要素和有利条件，但都没有从战略上来打造，因此，截至目前它们都不具备成为国际时尚之都的资质。

评价和分析一个城市是不是国际时尚之都，除了对标现有的国际时尚之都，以及依据上述三个一级指标外，还可以设置数十个二级指标，如国际时尚产品的品牌数、经营国际时尚产品的店铺数、从事与时尚产业相关的人数、来自世界各地消费者的人数等。通过这些指标的数据分析，可以从数量到质量，对这个城市打造国际时尚之都的进程进行全方位评价，并从中找到它们的特点、优点、不足、趋势和未来前景。

（三）国际时尚之都的形成条件

打造国际时尚之都，受一系列主观和客观条件的制约。如果不具备相应的条件，任何一座城市想打造成国际时尚之都，都将是空想。反之，如果具备优越的条件，却缺少相应的战略格局或产业引导，则可能错失机会，导致资源的浪费。打造国际时尚之都的影响因素很多，如历史文化、地理气候、人口规模、城市规划、教育体系、科技水平、交通设施、居民性格、消费习惯等，那么，到底有哪些条件是关键性因素呢？主要有以下四个方面。

第一，产业条件。主要是指时尚产业发展的基础，包括具有足够多的时尚产品和经营企业、足够完善的产业链和供应链、足够健全的时尚产业体系、足够大的产业发展空间等。当然，这里的"足够"是一个数量或等级概念，它反映出强度或系数，即能够真正成为"国际时尚"的一部分，它是有条件约束或门槛限制的，并不是所有的城市或产业都能够达到"国际时尚"的层次或等级，甚至可能只是停留在理想层面。

在谈到产业条件时，涉及对时尚产业的理解。什么是时尚产业？它有广义和狭义之分。广义上的时尚产业非常宽泛，并不是一个独立的产业门类，从产业经济角度可以界定为以时尚元素为核心并由此产生集聚效应和黏合效应的产业集合，它涉及第一、第二、第三产业的各个时尚领域。狭义的时尚产业，主要是时尚创意产业，属于文化创意产业的核心组成部分。

本文使用的是广义时尚产业概念，大多数情况下，世界知名的国际时尚之都以及上海、北京等城市基本上使用广义时尚产业概念。例如，上海黄浦区从2015年开始，着力打造"国际时尚之都示范区"，其提出的时尚产业体系号称"3+3+4"战略：建立以零售贸易、创意设计、展示传播等为主导产业，以时尚旅游、餐饮住宿、休闲娱乐等时尚消费服务为衍生产业，以金融服务、评估咨询、专业培训、知识产权法律服务等时尚服务为支撑产业的产业体系。实际上，浙江省在《关于加快发展时尚产业的指导意见》中提出的时尚产业包括时尚服装服饰业、时尚皮革制品业、时尚家居和休闲用品业、珠宝首饰与化妆品业、时尚消费电子产业五大产业体系，也属于广义上的时尚产业概念，只不过，它强调的是时尚产品的生产制造。

总体而言，产业条件是国际时尚之都能够建成并能长远发展的基础条件，也是决定国际时尚之都地位和水平的关键条件。

第二，市场条件。主要是指时尚产业发展的交易条件和营商环境。一方面，它体现为交易市场的数量、布局和交易条件以及渠道体系。例如，广州拥有100多个与时尚有关的各类专业市场，涉及服装、布料、钟表、玉石、化妆品等各个细分领域，还具有"买全球，卖全球"的市场体系和渠道能力。另一方面，它拥有良好的营商环境和较高的市场人气，进而能够使与时尚产业相关的企业及品牌具有强大的生命力、竞争力。

市场条件与一个城市的区位有密切关系。例如，巴黎之于西欧、纽约之于北美、米兰之于地中海，它们的地理区位有利于形成商流、物流、人流的枢纽，并对周边区域产生虹吸效应和辐射力，进而使自身的国际时尚市场长盛不衰。

第三，设计条件。它与人才条件是同一个问题的不同侧面。设计条件往往与时尚文化、时尚传播、时尚艺术、时尚创意、原创品牌、时尚培训等联系在一起，不仅要求有足够多的时尚创意设计人员和服务机构，如设计工作室、时尚艺术中心、培训学校、创意基地、展示平台等，还要求有足够好的设计服务、设计工具、设计环境，如足够多的优秀模特、丰富的原料和面料、完善的产学研一体化体系、高效的设计与生产协同体系等。只有较好的设计条件，才能形成良好的创意设计氛围，进而吸引和聚集设计人才，打造出更多的原创设计产品和品牌。

第四，消费条件。具备了上述系列条件，就一定能够成为国际时尚之都吗？它还有一个基本的消费约束条件。通俗地说，一个连温饱问题都没有解决的城市，是不可能成为国际时尚之都的。因为人们的消费收入水平无法支撑时尚消费，在一个低收入的城市或区域，人们的消费层次和结构处于追求"价格低，品种多"的数量型消费阶段，时尚消费处于极少数人偶然的"奢侈"性消费阶段，时尚价值难以带动时尚产业的崛起。根据国际经验，通常情况下，当一个国家和地区人均年收入突破8000美元后，时尚消费会进入成长期；当人均年收入超过15000美元后，时尚消费进入暴涨期和繁荣期；而当人均年收入超过3万美元后，时尚消费开始退潮。因此，一座城市作为国际时尚之都的黄金时期是该地区人均年收入在8000美元至3万美元阶段。

那么，国际时尚之都的消费条件体现在哪些方面呢？它主要体现在消费客流、消费对象、消费场所等方面。一般而言，国际时尚之都一定也是国际消费城市，具有全球消费影响力。包括足够多的国际游客和国际商务人流；足够多的时尚消费中心，如不同类型的城市商圈；足够多的时尚消费场所，如特色商业街、大型商场、音乐厅、时尚酒店、时尚餐饮、休闲场所等，形成各个领域的时尚消费体系；足够完善的时尚服务设施和服务体系，如旅游景点、交通设施等。

那么，上述四项条件是如何作用于国际时尚之都的？它的机制机理如何？从现实来看，它主要通过影响时尚供应和需求变化以及消费者选择来发挥作用。对此，国内有学者从不同的角度进行了探索。例如，张亚琦从经济学角度分析了时尚产品和市场供需关系的一般经济规律①。吴珊认为，时尚效用对供给和需求变化以及消费者选择有较大影响②。赵君丽则从产业链的角度，提出了时尚产业属于生产性服务业的观念③。此外，还有不少学者从广告学、营销学等角度对时尚问题进行了研究。但总体而言，国内学术界对时尚以及时尚产业的研究起步较晚，研究领域较分散，研究对象也多限于个别的时尚产业或现象，而极少从战略层面对国际时尚与国际贸易、国际消费以及区域经济展开分析。

（四）国际时尚之都的构成及特点

国际时尚之都是城市或地区的产业、市场、科技、文化、消费等发展到一定阶段的产物。与国际时尚之都的形成条件相对应，真正的国际时尚之都同样由四方面构成，即时尚产业体系、时尚交易体系、时尚消费体系、时尚设计体系。进一步而言，一个成功的国际时尚之都，同时也是国际时尚产业中心、国际时尚交易中心、国际时尚消费中心、国际时尚设计中心，这是最核心的四大支柱。此外，国际时尚之都一般也是国际时尚文化中心、国际时尚交往中心、国际时尚传播中心、国际时尚培训中心等。它们共同构成了国际时尚之都的有机体系。因此，培育和打造国际时尚之都的主要任务，就是根据它的形成条件，打造上述八大中心。

当具备一定条件的城市或地区的时尚要素达到一定的聚集程度和临界点，而且其时尚水平对其国家和地区形成强大的辐射力和影响力时，那就意味着这个城市打造国际时尚之都的使命接近完成。而一旦形成，其必定具有创造趋势、引领潮流、创新产业、促进消费、美化生活等特点，能反映一个城市的品位、气质、魅力和精神，更是城市发达繁荣的

---

① 张亚琦：《北京时尚产业发展路径研究》，硕士学位论文，首都经济贸易大学，2018。
② 吴珊：《时尚的经济学分析》，《山西财经大学学报》2008年第2期。
③ 赵君丽：《时尚产业的经济学分析》，《云南社会科学》2011年第3期。

标志。

实际上，国际时尚之都最大的特点是能够影响国内外足够多消费者的生活方式，能够形成流行趋势，能够成为一代人甚至几代人向往的地方。

为什么越来越多的人追求国际时尚呢？这是由内因和外因两种因素决定的。内因是每个人内心都有意欲改变生活的各种愿望，尤其是人们了解了越来越多的国际信息和国际动向后，更希望通过具有国际流行趋势的生活方式或消费方式来满足心理需求。外因是国际交流、国际交往、国际旅游、国际商务的增加以及国际社会的变动，如政治潮流、文艺思潮、战争影响以及经济发展、科学进步等带来的风格习惯的变化，迫使人们顺应、接受甚至主动融入这种新的变动之中，以避免落伍或被人视为守旧等。

成为国际时尚之都或国际时尚中心，是城市或地区的荣耀和荣誉，更是其发展水平的见证。

三 广州千年商都能否变身国际时尚之都：比较优势与发展战略

目前，国内有不少具有时尚基础的城市，都提出了打造时尚之都的概念，其中，上海、北京、重庆、深圳、杭州、成都、武汉等十多个城市都提出了打造国际时尚之都的设想或口号，上海甚至明确提出要打造第六大国际时尚之都。相比这些城市，广州在打造国际时尚之都方面有哪些优势和弱势？面临哪些机会和挑战？存在哪些短板和难点？应该走怎样的发展道路？需要制定怎样的发展战略？

（一）广州打造国际时尚之都的比较优势和基础条件

广州与上海、北京、深圳、杭州四个明确提出打造国际时尚之都的城市相比，在发展机遇与机会、消费环境和条件、历史文化、宏观经济环境等方面，基本上大同小异。因此，我们还要重点关注三大条件，即产业条件、市场条件和设计条件。

1. 产业条件

评价产业条件可以根据两个指标进行分析，第一个是产业链长度，要重点描述产业链上下游环节的多少及纵向体系的完整性；第二个是产业链宽度（广度），主要描述企业聚集化水平、企业产业规模、主要产品产量规模、产品品种的丰富性以及与其他产业的横向合作关系复杂性等。就这两项指标而言，广州在服装服饰、皮具皮鞋、钻玉珠宝、美容化妆、家具家装五大最具时尚元素的产业领域都具有比较优势。一方面，就产业链长度而言，受珠三角世界工厂以及工业化进程起步早的有利因素影响，其他四大城市在产业链的长度及完整性方面，都不如广州。例如，其在服装服饰领域有布匹面料、辅料以及时装发布等，有钻玉珠宝的加工产业体系、皮具皮鞋的原辅材料产业体系等，其他城市可能在某一个环节有一定的优势，但很难像广州这样产业链分工多、链条长。另一方面，从产业链宽度看，广州服装产业可以细分为牛仔、女装、男装、童装各个产业聚集区或产业基地，服装企业及关联企业在3万家以上，有3000个以上的服装服饰品牌，产量规模更是遥遥领先于其他城市。此外，广东省有20个服装专业镇和产业集聚区，它们都与广州服装产业有着密切的产业合作关系。与服装服饰产业相比，其他四大产业在全国的地位及影响都相差不大。

2. 市场条件

广州一直是全国专业市场最多的城市，这也是它作为千年商都和国际商贸中心的主要标志之一。在2014年以前，广州专业市场超过1100家，经过近年来的转型升级，仍然有700多家。其中，服装服饰及辅料类专业市场超过100家，钻玉珠宝市场超过10家，家具家装及酒店用品市场超过30家，皮具皮鞋及原辅材料市场超过50家，美容化妆市场超过5家。这五大专业市场集群年交易额都在500亿元以上，从业人员超过

100万人，在国内具有领先地位。其中如白马服装市场、新塘国际牛仔城、长江国际轻纺城、新濠畔鞋材市场、番禺大罗塘珠宝市场等，均以专业、高品质等闻名全国。特别值得关注的是，这些专业市场与粤港澳大湾区其他产业集聚区关系密切，甚至可能是它们的产业服务中心或总部，与全世界100多个国家的客户都有联系。相比之下，上海、北京、杭州、深圳，从数量到规模，都无法与广州相比。"淘宝下单，广州发货"更是对这种现状的形象写照。

3. 设计条件

一座城市创意设计的发展与它的产业需求密切相关。广州在服装产业和市场方面的条件十分优越，因此，这方面的创意设计也处于全国前列。在服装设计领域，广州有全国最大的设计师群体，集中了全国最多的设计学院。目前在广东工作的中国时装设计最高奖"金顶奖"获得者有10名，约占全国总数的3/5；"中国十佳时装设计师"有50名，约占全国总数的1/4，"广东十佳服装设计师"共180名。全省服装设计师总人数超过10万名，其中，近一半人在广州。

广州在时尚设计方面的领先优势，首先体现在教育培训体系方面。20世纪80年代中后期，服装专业作为一门新兴专业登陆广东，经过近40年的发展，初步统计，目前全省开设服装相关专业的本（专）科院校超过35家，服装专业高校在校生约3万人，每年为广东乃至全国的服装行业输送8000多名专业人才，其中，有2/3的本（专）科院校在广州。这些高校开设了服装设计、服装工程、服装表演、陈列设计、服装管理、服装营销等专业，人才培养结构更加完善，产学研协作日益深入，为广州时尚服装的创意设计奠定了基础。

正因为广州有雄厚的服装设计实力，与之相关的时装周、时装节、时尚发布等各种会展活动，每年都有近100场。其中，中国（广东）大学生时装周、广东时装周、广州时尚周等大型展会，在人才培养、产学研对接、供应链优化升级等方面受到全国服装行业的高度认可，影响力辐射全球时尚人才教育行业。位于广州中大布匹商圈内的广州轻纺交易园，是国家工信部认定的广东省第一个纺织服装创意设计试点园区，也是广东省工业和信息化厅认定的省级工业设计中心。自 2012 年成立以来，广州轻纺交易园一直依托其纺织服装产业基础发展创意设计产业，是广东省首个集纺织展贸、服装设计、服装打版、服装电商、时尚买手体验、时尚发布、行业交流平台以及国际纺织服装办学培训等产业链于一体的国际化纺织服装产业园区，已成为全省乃至全国最大的服装设计师集聚地。

总之，从产业、市场、设计等基础条件来看，在打造国际时尚之都方面，广州比上海、北京、深圳、杭州具有更明显的整体优势。上海在时尚消费方面有明显优势，北京在时尚展示方面有明显优势，深圳在时尚科技方面有明显优势，杭州在时尚贸易方面有明显优势，但它们都只是在某一方面有优势。因此，广州更有可能成为第六大国际时尚之都。

（二）广州在打造国际时尚之都方面的问题与短板

尽管广州在打造国际时尚之都方面有明显的比较优势，但由于缺少系统的培育、规划和战略指引，再加上真正关注这一问题的时间较短，存在的问题和短板也比较突出。这些问题主要体现在以下几个方面。

1. 时尚产业链各环节联动不足

时尚产业所涉及的资源要素分属不同行业、跨越不同部门，缺乏有效的合作对接，会导致时尚产业门类划分不统一。时尚创意设计、制造、营销等环节联系不紧密，教育培训、媒体宣传、时尚活动等对时尚产业发展的支撑作用不突出。

2. 时尚产业科技研发投入不足

时尚产业的发展离不开科技的支持。据统计，广州市纺织服装、服饰业用于研发的经费支出占该行业总产值的比重不足1%，广州市纺织服装、鞋帽制造业申请的专利数量仅有22项。这些数据表明，广州市纺织服装行业对科研投入和创新不够重视。

3. 时尚产业自主品牌影响力不足

广州对传统文化、岭南元素挖掘开发不够，缺乏具有岭南特色的、本土的时尚品牌。广州市服装、鞋帽、饰品、珠宝、皮具及电子产品制造等发展较好的时尚产业形态虽然规模较大，但多是贴牌出口的加工型企业，生产附加值低、技术根植性不强，受国际市场影响较大。

4. 高端人才和领军人才不足

广州市集聚了国内较多的设计师，但具有国际水平、引领国际时尚前沿的高水平时尚设计师、品牌运营企业家还是较少，甚至一些设计团队中的核心职位通常是聘请意大利或法国等的设计师担任，而且这些设计师同时服务于多家公司，本土专业人才只能担任助理设计师等，导致本土人才大量流失。

此外，广州时尚企业的单体规模偏小，缺少在国内外有较大影响的龙头企业，甚至年销售额超过 10 亿元的企业也不多。因此，广州在打造国际时尚之都方面存在的问题不少，难度较大。其中，最主要的问题和难点在于，目前为止，广州还没有从战略高度对时尚产业进行整体布局，各种时尚产业处于无序发展状态，缺少培育、引导和扶持，导致不少时尚资源的流失和成长性缺失。这对广州打造国际时尚之都是十分不利的。

（三）国际经验与借鉴

从目前国际时尚之都的发展历程看，已经形成的五大时尚之都是在各种时尚产业、时尚元素、时尚文化的不断交融中逐步形成的，并具有鲜明的地域特色和文化个性。五大国际时尚之都有各自独特的人文风格和产业集群效应，规模化、特色化的发展战略和路径，相应的消费群体，以及经济、文化、交通、政治、教育等基础条件，以物质文明和精神文明的发达为依托确立了其时尚之都的地位。

世界五大国际时尚之都的实践表明，它们的成功是政府和市场共同作用的结果。它们有着共同的成功经验，例如，将国际时尚之都建设提升到国际化大都市的高度；构建发达的时尚消费平台和展览展示平台；

吸引和聚集大批时尚创意、设计、研发人才以及人才培育机构；科学布局并不断优化时尚产业布局；加大时尚科技投入力度；政府设立相应的管理部门或制定专项扶持政策。

打造国际时尚之都所产生的效应以及对城市和区域经济发展的贡献是巨大的，甚至对于一个城市、周边地区及所在国家的发展具有巨大的促进作用。20世纪，米兰时尚中心的形成改变了意大利作为法国服装加工国的地位；纽约时尚产业的发展，使美国从欧洲时装的大买家，转变为时尚中心；巴黎作为老牌国际时尚中心维护了法国时装帝国的地位；20世纪六七十年代东京的崛起，标志着第二次世界大战后日本经济的复苏和腾飞。

综上，以服装产业为核心的时尚产业，是城市经济文化发展的助推器，也是城市综合实力的直接体现，这在世界时尚之都一一得到印证。五大时尚之都的形成源于产业的历史积淀，与当地政府的大力推动也是分不开的。

国际时尚之都依据不同的城市经济和文化资源，具有各自的特色。其中，巴黎是高级时装发源地、世界时尚设计和信息发布中心；米兰是高级成衣发源地和世界一流的面料制造基地；伦敦具有悠久的纺织业传统，是经典男装制作中心；纽约的高级成衣、休闲装、运动装品牌居全球领先地位；东京拥有一流的设计和品牌，同时发展高品质的时装加工业。时装业一直是时尚产业链的核心。

通过对几大国际时尚之都的比较可知，一个城市之所以能够成为国际时尚之都，应当具有时尚品牌、时尚人物、时尚地标、时尚产业集聚区、时尚活动和时尚文化等构成要件；同时，时尚之都的时尚企业应具有强大的全球市场能力，品牌和采购团队的影响力要辐射全球。因此，结合国内外主要城市经验，国际时尚之都至少要具备时尚创意设计、时尚体验消费、时尚品牌展示及文化活动和时尚产品制造等主导功能。

与五大国际时尚之都相比，广州已较好地具备了城市环境、产业基础、时尚氛围、展示平台、创意人才等要素资源，但需要从国际时尚之都以及国际化大都市建设中吸取经验，即建设国际商贸中心以及全球消费中心城市都离不开国际时尚之都的打造。面对全球时尚资源向中国的转移以及国内其他城市对国际时尚之都的重视，广州更应该从城市发展的最高战略层面出发，制定相应的发展战略和实施方案，从科技、资本、人才等方面给予大力支持。

四 广州打造国际时尚之都的发展战略与主要任务

(一) 战略设计及主要内容

广州打造国际时尚之都的基本战略可以概括为：以全面增强国际商贸中心功能为前提，以提升广州作为粤港澳大湾区核心引擎功能为出发点，以现有的各类时尚资源和产业要素为基础，以推动现有的优势时尚产业转型升级为切入点，以构建具有国际领先水平的现代时尚产业体系为着力点，以科技创新为动力，以现有的五大国际时尚之都为对标，以打造第六大国际时尚之都为战略目标，用5～10年的时间，使广州国际时尚产业发展水平跻身世界前列，实现从千年商都到国际时尚之都的转型升级，使广州成为粤港澳大湾区国际时尚设计的策源地、时尚消费的引领地、时尚贸易的集聚地、时尚服务的体验地和时尚文化的传播地，真正建成以国际时尚为主要特色的世界一流国际商贸中心。

这一战略思路有三个要点。一是明确打造国际时尚之都是新时期广州全面增强国际商贸中心功能的主要内容和途径，尤其是在互联网、大数据、云计算、物联网、人工智能和5G通信等新技术应用的背景下，深度探索"科技＋时尚＋商贸"的发展模式，探索新时代国际商贸中心的新形态和新路径。二是要从战略高度挖掘现有产业的时尚元素，并整合到时尚产业中来，促进它们的融合，提升时尚价值，促进时尚元素与生产制造、研发设计、商业零售、信息、教育文化、餐饮、休闲养生、旅游、体育运动等不同产业的融合，不断创造新产业、新业态。三是科学合理地安排时尚产业在整个城市中的布局，使国际时尚充斥在城市的各个领域和各个角落，营造城市整体的时尚氛围，从而推动经济和城市的持续繁荣发展，培育经济发展新动能，为广州经济持久发展注入活力。

（二）主要任务

结合广州现有的时尚产业基础，为了实现这一新的发展战略，要明确广州打造国际时尚之都的四项主要任务。

1. 着力提升时尚产业设计创新能力

大力建设时尚产业类的创意设计园区和创意基地。以市场为主导，以企业为主体，以科技为动力，以资本为手段，促进产学研设计资源有效整合，形成面向市场、引领时尚的自主创新能力。加快发展基于互联网的个性化定制、众包设计、在线创客平台等设计创意模式。着力搭建国际合作交流平台，积极推动时尚产业与国际时尚接轨。着力打造各类时尚创新平台，统筹规划各项赛事、会议、展览、体验和参观等活动，促进各项目活动的集中有序开展，坚持专业创意、大众创意和群众参与相结合，强化市民的创意、创造、创新意识，营造与国际时尚之都相匹配的"设计之都"的氛围。

2. 着力构建时尚产业推广体系

加快发展移动电子商务、众筹营销、网上定制、大数据精准营销等新型营销模式，推动形成基于消费需求的新业态。加快建设不同等级的时尚商圈和时尚商业街，着力建设时尚专业市场，打造一批集产品设计、展示、旅游、体验、购物、娱乐休闲于一体的时尚综合体或园区。在做大做强现有时尚活动品牌的基础上，积极引进并组织开展具有国际影响力的发布会（著名品牌、潮流趋势、新锐设计师作品）、比赛、论坛和专业活动，搭建充分展示时尚企业形象、宣传时尚产品、传播时尚文化元素的平台。

3. 着力提升时尚产业的智能化水平

积极鼓励和引导时尚产业或企业进行新一代信息技术与制造技术的融合创新，通过智能装备、智能工厂等智能制造引领制造方式变革，通过协同设计、大规模个性化定制、电子商务等新模式，重塑时尚产业价值链体系，实现时尚产业从研发、设计、采购、生产到仓储、物流、营销等全方位的智慧化供应链支持，提升工艺技术装备水平，提高生产效率和产品质量，促进管理方式的创新。

4. 着力培育国内外知名时尚品牌

鼓励企业实施品牌发展战略，支持企业通过研发核心技术形成具有自主知识产权的产品，改进产品外观设计以提升品牌质量和形象，改进包装质量与售后服务以提高产品的市场竞争力，精心打造具有国际影响力的世界级品牌。完善设计师人才发展与促进机制，在培育设计师"孵化体系"的基础上打造一批具有独特风格的设计师品牌。深入拓展营销渠道，着力创新技术和管理，加快完善服务功能，促进已有品牌不断提档升级，力争形成一批具有国际影响力的品牌及一大批国内著名品牌。

（三）广州打造国际时尚之都的主要路径

1. 打造服装服饰等五大时尚产业集群

依托广州及周边地区现有的时尚产业聚集区，重点打造服装服饰、皮具皮鞋、钻玉珠宝、美容化妆、家具家装五大时尚产业集群，尤其是重点打造一流的纺织服装时尚产业体系，包括建设服装创意、研发、设计、展示及营销基地，建设服装企业总部基地及高端生产加工中心，形成产业链完整的纺织服装产业集聚区；依托中大布匹商圈，建立国内外服装原辅料流行趋势信息和交易中心。

2. 打造六大行业性国际时尚中心

受历史文化、产业基础以及渠道体系等因素影响，30多年来，广州已经逐步形成了一批在国内外有影响力和较高知名度的具有行业特色的国际时尚中心，这些行业性国际时尚中心将成为广州国际时尚之都的核心支撑。它们分别是：以消费为特色的天河路国际时尚中心、以服装采购分销为特色的流花国际时尚中心、以纺织面料为特色的中大国际时尚中心、以服装生产和交易为特色的新塘国际时尚中心、以皮具箱包为特色的狮岭国际时尚中心和以珠宝加工交易为特色的番禺国际时尚中心。

各个行业性或特色国际时尚中心，在发展路径上可以考虑以文化为依托、技术为基础、艺术为支撑，通过创新、创意、创造对各类传统的产业资源要素进行整合、提升、组合后形成新的时尚产业链，实现以时尚为导向的产业链体系重构。另外，鼓励各时尚中心的多元化、多系列整合发展。例如，以服装服饰为核心，还包括皮具包袋、鞋帽、钟表、珠宝首饰、美容化妆品、数码电子等行业，涵盖了时尚研发、时尚创意设计、时尚制造、时尚商贸、时尚品牌运营、时尚咨询策划、时尚推广、包装印刷、时尚摄影、时尚展览展示、模特演绎、时尚媒体、时尚教育、时尚消费、时尚文化艺术、时尚娱乐、金融服务等产业链环节，形成了特色鲜明但又相对完整的时尚产业和服务体系。

3. 打造一批时尚产业发展载体

一方面，各区各镇街都要制定和落实发展时尚产业的规划，培育和打造一批时尚产业基地和平台；另一方面，要重点建设具有国际影响力的时尚产业园区或发展基地。通过引进国内外优质品牌、培育本土新生代设计师品牌，以及推出个性化定制服务组合，来引领时尚潮流和时尚消费。发挥时尚消费集聚区的"窗口"作用，展示最新时尚潮流，聚焦"时尚生活体验"，搭建设计师零距离对话平台，不断强化时尚消费集聚区的带动作用。

鼓励各区在时尚产业资源和体系方面的合作。例如，海珠区可以考虑与增城区在新塘共同构建时尚产业园区和基地，既解决了中心城市部分时尚产业和服务功能在城市更新改造过程中的外迁问题，又延伸和拓展了时尚产业链的发展空间。通过整合资源，进一步提升现有时尚产业园区的创新能力，推进产业结构升级，优化园区内功能布局，拓展园区功能，形成相对完整的产业链；进一步规划建设一批集研发设计、总部经济、时尚展示以及信息服务、技术服务、检测服务等公共服务于一体的时尚产业园，打造集聚高端资源的产业服务链。

在整合和提升过程中，重点培育一批重点时尚企业，尤其是各行业性国际时尚中心的龙头企业，如中大轻纺交易园、长江国际轻纺城、新塘国际牛仔城等，推动这些企业在科学战略导向下，在技术创新、人才引进、市场拓展、要素保障等方面加大投入力度，鼓励龙头企业增加研发投入，加快推进设备更新、产品升级、品牌创建和产能扩张，充分发挥龙头企业的产业引领作用，实现产业集群联动发展。鼓励有条件的企业向集设计研发、运营管理、集成制造、营销服务等于一体的企业总部转变，形成有较大影响力和较强竞争力的知名品牌企业。

4. 打造一批有国内外影响力的时尚平台

主要是将时尚周、时尚节等系列时尚活动，按照国际一流时尚节的标准，不断创新、做大做强，开展一系列具有世界影响力的时尚活动。以时尚发布、会展、发布会、论坛、赛事等为载体和平台，着力推广、宣传本土品牌，进一步促进全球设计领域的精英分享交流经验，加速推进创意设计产品与时尚企业零距离对接，进一步提升时尚产业的国际影响力。

五　广州打造国际时尚之都的主要对策建议

（一）将打造国际时尚之都纳入发展规划

建议政府将国际时尚之都建设纳入广州市发展规划，集聚各方资源，将"时尚之都"打造成广州的城市名片，创造有利于促进时尚产业发展的政策环境。"时尚之都"的建设离不开政府的扶持。政府及相关部门应该更深入地了解时尚产业，体验时尚文化的浸润，感受时尚气息和力量。当政府真正了解时尚的内核与含义，甚至能够爱上时尚、研究时尚的时候，"时尚之都"的建设才能从本质上"落地"。尤其对广州本地企业而言，政府的扶持非常重要，出台税收政策、土地政策等是广州本土时尚品牌最需要解决的问题。

广州正在进行大规模的城市更新改造，借此机会，政府可以规划建设一批集研发设计、总部经济、时尚展示和信息服务、技术服务、检测服务等公共服务于一体的时尚产业园，提高现有文化创意产业园区的综合服务水平，打造集聚国内外高端资源、具有鲜明产业特色和独特风格的时尚产业园。扶持建设时尚传播展示平台，做强广州国际购物节、广东时装周等时尚消费博览会，鼓励行业协会和龙头企业牵头组织流行趋势发布、设计师大赛、时尚品牌展示等时尚活动，依托行业协会举办时尚产业圆桌论坛会议，促进国内外创意设计人才交流、创意设计产品与时尚企业对接，提升广州的时尚产业在国内外的影响力。

（二）制定完整的中长期发展战略及行动方案

广州打造国际时尚之都必须紧扣国际商贸中心建设，依托繁荣的商贸物流和庞大的消费市场，借助珠三角地区发达的制造业，强化设计和展示传播能力，着力打造国内先进、具有一定国际影响力的时尚贸易中心、时尚展示中心、时尚创意设计中心和时尚创意人才培养中心。

具体而言，时尚贸易中心，就是要依托广州市的商贸基础和载体条件，以国际化为特征，构建地标式商圈、特色商业街、文商旅结合示范圈，吸引国际商业品牌、新型商业业态集聚，增加和强化广州在国内和国际时尚贸易领域的交易份额和市场发言权。时尚展示中心就是要整合现有分散的各类品牌发布会、时尚展览会，集中打造国内一流的大型时尚发布会和国际文化交流活动，使国际著名品牌发布会、国际流行趋势作品发布会、国际时尚论坛入驻广州，提升广州时尚展示和文化交流的功能。时尚创意设计中心，就是要鼓励创新、创意、创造，充分挖掘岭南特色，与现代时尚元素相融合，形成现代经典时尚。时尚创意人才培养中心，就是要依托广州良好的生活、创业、服务环境，加大人才培养和引进力度，吸引国内外知名的时尚设计师、时尚引领者、时尚产业企业集聚广州。

（三）进一步明确时尚重点发展领域

依托广州时尚产业发展基础，把时尚产业发展重点聚焦到时尚服装服饰业、时尚皮革制品业、珠宝首饰业上来。时尚服装服饰业，要紧跟国际时尚流行趋势，设计具有时代特色的服装，将广州市打造成为全国时尚纺织面料中心、国内领先的时尚服装交易基地和人才集聚地，特别要增强流花国际时尚中心、中大国际时尚中心和新塘国际时尚中心的联动性。时尚皮革制品业，要在花都、白云皮革制品业的现有基础上，加快提升皮革制品的设计水平，打造自主品牌。珠宝首饰业，要在吸收国际前沿时尚元素的同时，注重融入中华文化元素，增强产品的设计感、艺术感和民族感，打造国内珠宝首饰知名品牌。

（四）促进时尚产业融合发展

加强时尚产业内部融合，对现有发展模式陈旧、功能单一的商业体进行改造提升，建设集时尚服装、时尚餐饮、时尚休闲于一体的商业综合体，增强体验性、参与性、综合性，传扬时尚理念。加强传统优势产业与时尚元素的融合，强化创意设计、产品创新、品牌建设等，鼓励企业开展个性化定制、柔性化生产，提高产品附加值，提升产业竞争力。

加强时尚产业与文化、旅游等产业的融合，依托广州市丰富的历史文化资源，将"三雕一彩一绣"、岭南书画艺术等非物质文化遗产和历史文化景观、历史文化街区等旅游资源与时尚产品、时尚元素相融合，拓宽产业链，实现时尚产业发展、传统历史文化保护、旅游业发展的"共赢"。

（五）塑造广州时尚之都的城市特色

国际时尚之都的主导功能与重点产业建设将推动城市的创新性发展。文化、商业、商务的多元功能融合发展，将塑造各具特色的国际化商业街区，是城市人文风貌的建设性力量，将对城市形象提升和城市品牌塑造发挥重要作用。国际时尚之都的形成和发展是所在国家和城市的政治、经济、文化等综合实力向全球辐射后的必然结果，它们在全球时尚产业链中具有国际公认的领导地位，并在互联网时代利用强势信息来影响世界。

世界五大国际时尚之都各有特色，塑造了不同的时尚经济和时尚文化，成为举世公认的世界级时尚中心。

广州作为中国时尚策源地，也应依托本土文化特色和产业优势，进行独特的城市定位。

（六）鼓励时尚产业创新商业模式

从供应链层面来看，时尚产业包括设计、制造和营销三个部分，因此，时尚产业商业模式的创新也必须包括这三大模块的创新。首先，推进时尚设计模式创新。鼓励时尚企业顺应时代发展要求，转变思维方式，从传统的设计理念过渡到"互联网＋"思维创新模式，根据客户的在线体验和时尚需求，加强客户的个性化定制及众包设计。其次，推进时尚产品营销模式创新。在互联网快速发展的背景下，增强企业营销模式的创新能力，通过搭建电子商务交易平台和采取个性化定制等方式提高时尚企业的经营效率。最后，推进时尚企业制造模式创新，引导并支持时尚产业运用"互联网＋"、物联网以及大数据等高新技术提高产业链协同网络化水平，立足特色传统文化，综合运用现代信息技术，实现网络（绿色）制造方式的全覆盖。

（七）大力培育和扶持原创时尚品牌

国内外经验表明，一个国家或城市时尚产业的发展和时尚之都的建设，都离不开时尚品牌的引领，譬如香奈儿、路易威登、卡地亚、迪奥、爱马仕等，它们以独特的设计和风格引领着法国巴黎时尚产业的发展。因此，广州时尚企业进行品牌创新需要有自己独特的品牌定位和设计风格，在产品设计环节与上游文化创意产业进行有效互动，取长补短，将设计师的创意与企业本身的设计风格进行有机融合，在此基础上结合市场需求，打造具有中国特色、享誉全球的知名时尚品牌。

（八）加强时尚产业人才教育和培训

时尚产业人才的培育必须坚持"政府引导、企业主导、院校参与"的原则，由市场决定供给，培养符合市场要求的时尚产业人才。首先，通过校企合作、产学研结合的形式，由企业和高校分别提供校外导师和校内导师，双方联合开展时尚教育，重点培养一批兼具理论知识和实践技能的时尚产业管理人才、研发设计人才与策划营销人才。其次，积极与国内外各类著名教育培训机构、互联网平台等加强合作，优化时尚产业课程体系，引进国内外时尚产业优秀教师，开展更高层次和更高水平的教育。最后，支持各类时尚企业根据自身经营状况创办培训机构，作为高校专业人才培育的校外实训基地，通过"名师培育计划"进行一对多培训，并且对纳入该计划的相关企业和高校人才给予适当的财政补贴。

（九）营造国际时尚之都的发展环境

首先，提升市民的时尚文化素质。通过举办各种大型、免费的时尚活动和展会，让更多的人能够接触时尚产品，提升广州市市民的时尚素养，为广州时尚产业的发展奠定坚实的群众基础。其次，加强对青少年的时尚教育。学校要承担主要的教育职责，把时尚文化的生命意蕴和审美价值融入一代人的成长历程，提升其时尚文化素质，为广州时尚产业发展和时尚之都建设提供良好的人文环境。

参考文献

［1］陈文晖、熊兴、王婧倩：《我国时尚产业政策回顾及未来展望》，《中国物价》2018 年第 10 期。

［2］唐忆文、詹歆晔、蔡云、屠烜：《国际时尚产业发展趋势及上海借鉴》，《上

海文化》2013 年第 4 期。

［3］ 袁龙江、谢富纪：《上海建设国际时尚之都的对策》，《科学发展》2017 年第
　　　12 期。

［4］ 陈文晖、熊兴：《关于北京打造国际时尚之都的思考》，《中国纺织》2018 年
　　　第 6 期。

［5］ 刘娟、孙虹：《五大时装之都的经验对浙江时尚产业发展的启示》，《丝绸》
　　　2018 年第 7 期。

［6］ 夏毓婷：《论国际时尚之都建设的价值导向与战略重点》，《湖北行政学院学
　　　报》2014 年第 6 期。

［7］ 孙莹、汪明峰：《纽约时尚产业的空间组织演化及其动力机制》，《世界地理
　　　研究》2014 年第 1 期。

［8］ 陈文晖、熊兴、王婧倩：《消费升级背景下时尚产业发展战略研究》，《价格
　　　理论与实践》2018 年第 5 期。

国际湾区比较

世界著名湾区旅游业发展比较及对
粤港澳大湾区旅游业的启示*

吴开军　吴来娣**

摘　要： 旅游业作为湾区经济中非常重要的一个产业，其发展已引起了政府的重视。为了更好地吸收和借鉴世界三大湾区旅游业发展的经验，本文通过分析三大湾区旅游业的各项发展指标，总结湾区旅游业发展的普遍规律，并结合粤港澳大湾区的实际情况，得出粤港澳大湾区旅游业发展应从六个方面入手：完善旅游法律体系、优化城市交通系统、开发特色旅游产品、注重人才培养、强调区域协调发展以及构建网络信息系统。

关键词： 湾区旅游　东京湾区　纽约湾区　旧金山湾区　粤港澳大湾区

湾区经济作为国际上最重要的一种滨海区域经济发展形态，对经济全球化发挥着越来越重要的作用。"湾区"本源于美国旧金山湾，因为在历史发展过程中依托硅谷集聚了大量的人力、物力、财力，逐步成为一个全球化的集聚港湾。在这个概念形成后，又出现了美国纽约湾区、日本东京湾区，这三个湾区在全球湾区经济排名中占据前三。我国于2015

---

* 本文系国家社科基金项目"粤港澳大湾区旅游业高质量协同供给体系研究"（18BJY197）、广东省自然科学基金项目"'一带一路'背景下粤港澳大湾区旅游业品牌共建系统构建及影响因素研究"（2018A030313553）、广东省哲学社会科学基金项目"'一带一路'倡议背景下粤港澳大湾区旅游业竞争优势提升路径及效应研究"（GD17XGL46）阶段性成果。

** 吴开军，广东财经大学地理与旅游学院副教授，研究方向为旅游企业战略管理、旅游市场营销；吴来娣，广东财经大学地理与旅游学院旅游管理学士，就职于广东酷旅旅行社有限公司。

年 3 月首次提出打造粤港澳大湾区，在 2018 年的政府工作报告中，首次将"粤港澳大湾区"纳入区域发展战略[1]；当然，粤港澳大湾区并不是纯粹的地理概念，也不是新兴区域概念，而是以珠三角城市群发展为背景，在此基础上进行升华的一个涵盖政治、经济、科技等领域的概念。[2] 展望未来，粤港澳大湾区定将为国家带来巨大的经济效益，而在区域合作或者国家合作中，旅游业是必不可少的一个产业。因此，在这样的背景下，讨论湾区旅游业发展的一般规律和策略显得日益重要。

一 文献综述

（一）研究现状

国内外有大量学者对湾区经济进行了深入的研究，并且运用许多典型案例证明了湾区经济对国家、区域经济的推动作用。自 15 世纪地理大发现以来，世界经济发展的重心开始慢慢向沿海倾斜，直至发展成为现在的湾区经济。[3] 世界银行统计数据显示，全球 60% 以上的经济总量主要集中在湾区部分。[4] 关于湾区经济的概念，李睿（2015）认为，湾区经济不仅仅是一种基于地理特征和地域分工的地理学概念，还是一种强调城市发展形态和经济发展形态的产业经济学概念，是城市群与产业群的结合。[5] 叶芳（2019）从湾区经济内涵的角度出发，认为湾区经济是一种具备开放的经济结构、高效的资源配置能力、强大的集聚外溢功能以及发达的国际交往网络特征的区域经济形态。[6] 在这些湾区经济概念的基础上，马忠新（2017）研究后发现湾区经济的主要特征有区域性、开放性、集聚性和网络效应。[7] 何诚颖（2017）等学者则认为湾区经济的重要特征是包容开放的经济环境、良好的产业结构基础、高效的资源配置能力、出色的创新能力、良好的金融环境以及充足的高素质人才。[8] 也有学者通过对比美国旧金山湾区、纽约湾区以及日本东京湾区发现，优越的地理位置、宜人的居住环境、完善的创新体系、高效的交通体系、合理的分工协作是湾区经济发展的五大决定性因素[9]；而发展的核心是科技创新。[10]邓志新（2018）认为，在湾区经济发展过程中，第三产业的比重一定程度上可以反映该湾区的整体发展情况。[11]而旅游业作为第三产业的支柱产业，其发展直接决定着第三产业是否足够发达；旅游业一方面能够加速全球化进程，另一方面也可制约全球化进程，二者之间是相互促进和相互制约的关系。[12]

学者们从经济总量、土地面积、人口数量等角度对世界三大湾区进行了对比研究。张昱（2017）等学者认为，粤港澳大湾区已具备发展为世界顶级湾区的开放型经济雏形与良好的基础设施支撑，并且依旧具有巨大的发展潜力和发展空间[13]；更有相关学者提出，粤港澳大湾区已经完全有实力成为湾区经济的"第四极"[14]，但是也面临着更大的挑战：如何在"一国两制"基本制度的前提下，实现港澳地区与内地经济模式的有机对接。[15]鲁志国（2015）等学者通过研究对比地区经济总量、产业结构成分、创业创新能力和劳动力素质等指标，认为粤港澳大湾区与世界先进湾区仍然存在差距，当前应该大力挖掘区域特色，不断推动体制机制创新。[16]若要使粤港澳大湾区成为世界经济的重要增长极，则需要加大粤港澳地区的产业融合、互动协作、政策互惠[17]，充分发挥区域经济的辐射作用，这样才会形成我国经济建设的新格局。[18]林贡钦（2017）等学者研究国外著名湾区发展经验后发现，粤港澳大湾区建设的重点是增强区域聚合力、提升湾区的生态环境质量，最终实现湾区经济的可持续发展[19]；也有学者认为发挥湾区经济的增长极作用，关键在于加大湾区经济开放力度，提升文化包容度。[20]在各种观点争论下，结合我国经济建设背景，叶继涛（2018）认为湾区建设首先要加快高科技产业发展，充分利用各高校、企业、科研机构的资源，从而为我国经济发展提供有力的支撑。[21]李城（2019）等学者认为，旅游经济是粤港澳大湾区战略中的重点建设内容，其产业集群效应能够快速带动其他产业发展。[22]刘艳霞（2014）也认为，湾区建设应该大力发展滨海旅游和休闲产业，这是城市结构转变的需要[23]；另外，城市间的旅游合作可以促进湾区经济发展，因此加强城市间的旅游合作也是粤港澳大湾区发展战略的内在要求。[24]秦学（2010）在分析了珠江三角洲特殊的地理位置与旅游资源条件之后，总结出极具地区特色的旅游合作模式[25]；刘成昆（2019）等学者通过研究粤港澳大湾区内的11个城市，采取熵值法对城市旅游竞争力进行了评价，提出只有不断激发旅游活力、提升自身的旅游竞争力，才能把粤港澳大湾区建设成为世界级旅游区域标杆。[26]窦群（2019）认为，在粤港澳大湾区发展文化和旅游产业，不仅是为了刺激消费，还需要优先布局、整合资源、系统推进，如此方可把大湾区建设成为世界级旅游目的地。[27]发展湾区旅游，核心在于推进区域一体化发展，通过相关的产业政策为湾区旅游建设提供更加有利的条件。[28]

总的来说，国内外学术界关于湾区经济或者旅游产业发展方面的研究已经非常成熟，涉及湾区经济发展过程、湾区产业发展路径等，并且总结了一系列的湾区发展策略经验，但是，研究粤港澳大湾区旅游发展举措方面的文献还相对较少。

（二）评述

从文献内容来看，学者们更偏向于研究湾区整体经济发展路径，并且都习惯以美国纽约湾区、旧金山湾区以及日本东京湾区为例，关于湾区旅游业发展的研究成果相对较少。另外，关于区域旅游方面的学术成果比较丰富，但是关于湾区旅游发展方面的研究还是较少，因此本文的选题——世界著名湾区旅游业发展比较研究将在一定程度上丰富湾区旅游业发展的研究成果，并且给湾区旅游建设提供参考。

二　世界三大湾区旅游业发展对比

（一）世界三大湾区旅游业发展分析

1. 旅游发展条件对比

湾区一般是指围绕沿海口岸的多个海港和城镇所构成的城市群或者

港口群，因此一般具有丰富的港口资源和海洋观光资源，旅游资源丰富，旅游产业发展条件良好。除此之外，湾区的旅游业会随着各种公共基础设施、交通系统的完善而不断发展。

日本东京湾区毗邻太平洋和东京湾，港口资源丰富，成为许多邮轮的途经地之一；另外，樱花节也是日本旅游的一张名片。纽约湾区的都市观光资源是最丰富的，在纽约市区即可欣赏自由女神像、时代广场。旧金山湾区的旅游资源更多的是文化和历史旅游资源，如唐人街、金门大桥等。世界三大湾区旅游发展条件对比见表1。

表1　世界三大湾区旅游发展条件对比

湾区	旅游资源	主要景点	交通建设
日本东京湾区	港口资源、自然观光旅游、节气游、宗教文化寺庙游、人造景观旅游、都市观光游	增上寺、浅草寺、银座、新宿、东京塔、迪士尼乐园、三井奥特莱斯购物城	东京国际机场、成田国际机场、埼玉浦和国际机场；完善的铁路运输系统
美国纽约湾区	生态旅游、文化和历史旅游、滑雪旅游、都市观光游、高尔夫旅游	自由女神像、时代广场、大都会艺术博物馆、唐人街、奥林匹克国家公园、猎人山滑雪场、钱伯斯湾高尔夫球场	肯尼迪国际机场、拉瓜迪亚机场、纽瓦克自由国际机场；完善的地下铁路系统；发达的水运系统
美国旧金山湾区	生态旅游、文化和历史旅游、都市观光游	金门大桥、旧金山唐人街、旧金山艺术宫、渔人码头、旧金山—奥克兰海湾大桥、甲骨文球馆	旧金山国际机场、奥克兰机场、诺曼·米内塔圣何塞国际机场；现代化的公路运输系统

资料来源：根据网络资料整理。

2. 旅游发展市场概况对比

（1）日本东京湾区

东京湾区作为世界三大湾区中面积最小的一个湾区，经济总值却位居第一。其旅游市场总体发展情况表现为以下两个方面。第一，服务业占比大、旅游市场广阔。仅以2014年数据为例，旅游业总产值高达1.8万亿美元，占日本经济总值的1/3以上。第三产业比重达到80%，光服务业就占比25%以上。比较成熟的服务业背后预示着广阔的旅游市场，日本近年来的入境旅游人数逐渐上升，这也带来了一定的旅游收入。2014 年入境旅游收入达 188 亿美元，比上一年增长了 24.6%。具体情况见表 2。

表 2 2010～2014 年日本旅游市场概况

年份	入境旅游人数 （千人次）	入境旅游收入 （百万美元）	出境旅游人数 （千人次）	出境旅游花费 （百万美元）
2010	8611	13224	16637	27950
2011	6219	11000	16994	27262
2012	8358	14581	18491	27906
2013	10364	15093	17473	21861
2014	13413	18812	16903	19311

资料来源：参见《世界旅游市场分析与统计手册》。

第二，湾区城市吸引力大、受访率高。在访日游客数量中，东京湾区范围内城市的受访率每年都居前列，各地区受访率见表 3。

表 3 2013～2016 年日本城市海外游客受访率及排名

单位：%

排名	2013 年	受访率	2014 年	受访率	2015 年	受访率	2016 年	受访率
1	东京	47.3	东京	51.4	东京	52.1	东京	48.2
2	大阪	25.1	大阪	27.9	千叶县	44.4	千叶县	39.7
3	京都	18.9	京都	21.9	大阪	36.3	大阪	39.1
4	神奈川县	11.2	神奈川县	12.3	京都	24.4	京都	27.5
5	福冈县	11.0	千叶县	11.7	神奈川县	11.3	福冈县	9.9
6	千叶县	9.6	爱知县	9.2	爱知县	9.8	神奈川县	9.6
7	爱知县	8.5	福冈县	8.9	福冈县	9.5	爱知县	9.5
8	北海道	7.8	北海道	7.8	北海道	8.1	北海道	7.8
9	兵库县	6.2	兵库县	6.2	兵库县	6.5	奈良县	6.9
10	山梨县	5.5	奈良县	4.9	山梨县	6.3	冲绳县	6.7

资料来源：根据日本政府观光局（JNTO）相关数据整理。

（2）美国纽约湾区

2015 年，美国商务部的报告显示，旅游业共创造了 1.6 万亿美元的经济收入。美国纽约湾区作为美国经济发展的一个重要湾区，云集了许多世界一流的娱乐厅、商业服务厅，对美国旅游经济发展发挥了不可替代的作用。

其旅游业发展情况主要表现为以下两个方面。第一，接待游客数量大、旅游地位稳定。以纽约湾区的核心城市纽约为例，截至2015年，纽约州已经连续14年成为美国接待国际游客数量最多的州。2013年，纽约州的受访率超过30%，接近美国海外游客受访数量的三成；到了2015年，纽约州的受访率虽有所下降，但总体影响不大。具体情况见表4。

表4　2013~2015年美国地区海外游客受访率及排名

单位：%

排名	2013年	受访率	2014年	受访率	2015年	受访率
1	纽约州	30.6	纽约州	29.0	纽约州	27.1
2	佛罗里达州	22.5	佛罗里达州	24.7	佛罗里达州	25.2
3	加利福尼亚州	20.2	加利福尼亚州	20.8	加利福尼亚州	21.2

资料来源：根据网络资料整理。

第二，旅游城市发展指数高、服务水平较高、发展潜力大。世界旅游城市协会会定期对世界旅游城市进行考核打分，并以综合得分情况来评价旅游城市的整体发展潜力。《世界旅游城市发展报告（2015）》显示，纽约排名第六（美国境内排名第一），旅游满意度指数高达97.045分，可见服务水平比较高。纽约市的旅游发展潜力指数虽然只有74.302分，但是在综合发展排名前十的城市中，其旅游发展潜力排名第二，可见纽约的旅游发展潜力巨大。具体数据排行见表5。

表5　世界旅游城市发展指数排行前十名

单位：分

排名	城市	旅游城市发展指数得分	旅游景气指数得分	旅游发展潜力指数得分	旅游吸引力指数得分	旅游支持力指数得分	旅游经济贡献指数得分	旅游满意度指数得分
1	巴黎	100.000	70.169	64.569	95.835	96.231	38.523	94.555

排名	城市	旅游城市发展指数得分	旅游景气指数得分	旅游发展潜力指数得分	旅游吸引力指数得分	旅游支持力指数得分	旅游经济贡献指数得分	旅游满意度指数得分
2	伦敦	98.335	67.773	74.614	100.000	60.310	37.404	100.000
3	香港	95.959	100.000	60.019	55.798	72.949	40.852	92.803
4	阿姆斯特丹	92.367	44.871	45.929	79.000	71.619	81.035	93.035
5	苏黎世	90.585	49.778	54.585	56.627	39.911	100.000	93.462
6	纽约	89.224	70.543	74.302	67.033	33.703	45.176	97.045
7	北京	89.038	53.379	65.222	71.558	82.040	44.920	93.085
8	悉尼	87.587	43.972	63.696	74.772	73.171	51.204	94.802
9	新加坡	86.925	65.670	59.228	74.233	62.084	33.674	92.975
10	法兰克福	86.070	44.486	69.315	65.792	51.663	64.897	91.345

资料来源：参见《世界旅游城市发展报告（2015）》。

（3）美国旧金山湾区

旧金山湾区作为美国西海岸的一个大都会区，GDP 呈逐年上升趋势，这归功于其合理的产业布局和发展策略的针对性。其中，旧金山重点发展服务业和旅游业，这成功带动了旧金山湾区的旅游业发展，并且在长期的发展历程中，形成了较高的发展水平。多年来，旧金山的海外游客受访率维持在一个比较稳定的水平，自 2013 年起，已经连续 3 年排在第 5 位，具体情况见表 6。

表 6　2013～2015 年美国旧金山海外游客受访率及排名情况

单位：万人，%

年份	排名	访客数	受访率
2013	5	3044	9.5
2014	5	3132	9.1
2015	5	3632	9.5

数据来源：根据网络资料整理。

（二）三大湾区旅游发展措施及经验

1. 完善旅游法律体系

旅游业是依托性、关联性很强的产业，它的健康发展必须以法制为保障。法律作为旅游产业和生态文明融合发展的基础性治理手段[29]，需从立法、执法、守法层面出发，加快将生态旅游产业程序化、规范化和制度化，为旅游业发展提供强有力的法律支撑。在旅游法律体系方面比较有代表性的湾区是日本东京湾区。为促进旅游产业发展，自19世纪80年代以来，日本政府十分重视旅游法制建设，目前已经建立了比较完善的旅游法律体系、旅游政策体系和旅游行政管理体系，并采取一系列配套的政策措施来保证旅游产业的健康发展，如将旅游产业纳入国民经济发展计划、将旅游开发纳入国家金融系统的信贷计划、减免旅游企业和参与旅游事业的机构和个人的各项税收、对重点旅游项目的土地使用采取特别扶持等。从立法上保证旅游业的顺利发展，用强有力的执法措施为旅游业提供保障。可见，良好的旅游政策环境对旅游产业的发展具有十分重要的意义。

2. 提高服务水平

自"湾区"概念诞生至今，高端服务业和文化创意产业便成为湾区经济发展的一大特色。旅游服务品质较高能够增加旅游服务业的附加值，有利于形成区域个性化服务品牌。在某种程度上，服务技能水平甚至能够决定一个区域第三产业的发展水平。服务品牌差、服务意识薄弱、服务水平低下的地区往往不能很好地发展第三产业。纽约湾区的第三产业在三大湾区中占比是最高的，这在某种程度上映射出纽约湾区的服务水平较高。另外，从世界旅游城市发展指数排行中可以看到，纽约的旅游满意度高达97.045分。正是因为纽约不断追求更加专业、更加高水平的服务标准，志在为每位顾客提供细心专业的服务，方能在旅游城市发展指数评分中获得比较理想的分数。

3. 以科技发展助推旅游业

以科技发展助推旅游业，能让旅游业持续、稳定地发展。旧金山湾区的发展本就是由全球最重要的高科技研发中心（硅谷）强大的资本催生功能带动起来的，其发展特色就是由科技发展推动产业发展。这里集聚了大量的新兴社交平台和互联网公司，为旧金山湾区旅游业发展带来了便利：在互联网信息时代，强大的网络信息系统能够增加区域游客接待量和旅游收入，如活跃的社交平台会展示大量的个人游记、旅游广告，从而吸引更多游客到该地区旅游；方便快捷的互联网旅游应用软件能够在最短时间内完成旅游产品咨询和预订等。

4. 培养高素质人才

旅游业作为一种历史悠久的服务业，其发展需要大量劳动力，虽然行业门槛不高，但是缺乏高素质的旅游人才将无法最大限度地挖掘旅游业的发展潜力。世界三大湾区的旅游业之所以发展得比较成功，除了得天独厚的地理位置优势和丰富的旅游资源之外，更多的是因为该地区有大量高素质人才。资料显示，美国的劳动力中受教育程度在本科以上的比重为28%，纽约湾区的比重为42%，而旧金山湾区的比重为46%。旧金山湾区是劳动力受教育程度最高的湾区，也是拥有名校最多的湾区（见表7）。

表 7　世界 100 强高校在三大湾区的分布情况

湾区	世界 100 强高校数量（所）	高校名称
东京湾区	1	东京大学
纽约湾区	2	纽约大学、罗格斯大学
旧金山湾区	3	斯坦福大学、加利福尼亚大学伯克利分校、加利福尼亚大学戴维斯分校

资料来源：参见《泰晤士高等教育》2013 年数据。

5. 区域协调发展

湾区本身就是一个城市集群，不同的城市应根据发展方向和产业分布采取不同的发展策略，合理分工，实现区域协调发展，从而获得最大的经济效益。以旧金山湾区为例，旧金山重点发展旅游业、服务业和金融业，奥克兰则因为历史优势重点发展港口经济，圣何塞由于地理位置优势重点发展电子产业。在明确发展定位的基础上，各地域应制定优先发展策略，侧重区域职能定位，打造各自的小名片，只有这样旧金山湾区才能繁荣发展，其旅游业才能成为世界旅游经济的一道亮丽风景。

（三）粤港澳大湾区旅游业发展状况

1. 旅游资源丰富且独具特色

粤港澳大湾区旅游资源比较丰富，广东省、香港和澳门的旅游产业都各有所长。其中，广东省内的自然资源和人文资源非常丰富，截止到2016年，省内5A级旅游景区有9处，4A级旅游景区有61处，但是具有国际影响力的景区还比较少。

香港是享誉全球的"购物天堂"，对游客的吸引力比较大。中西合璧的建筑风格、独一无二的维多利亚港等都是香港的名片。

澳门因博彩业而闻名世界，拥有非常多独具特色的娱乐场所，是名副其实的休闲之都。如今澳门也在努力由单一博彩业向综合旅游业发展，发展势头良好，旅游业已成为其支柱产业。

2. 旅游市场不断扩大，但是区域旅游收入差异大

随着粤港澳大湾区战略合作的不断深入，各个城市间的联系也不断加强，但是，从2017年各城市旅游收入情况来看，旅游产业经济主要靠广州市拉动，仅广州市的旅游年收入就达3614.21亿元，遥遥领先于其他城市，而东莞、珠海等城市旅游收入还不足500亿元，具体情况如图1所示。

差异化的旅游收入，一定程度上反映了差异化的游客接待数量。2017年，粤港澳大湾区共接待游客6.92亿人次，其中接待量排名第一、第二的城市分别是广州、深圳，游客接待量分别为2.04亿人次和1.30亿人次，具体对比情况如图2所示。

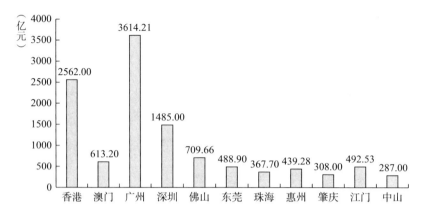

图1　2017年粤港澳大湾区各城市旅游收入

资料来源：根据前瞻产业研究院相关数据整理。

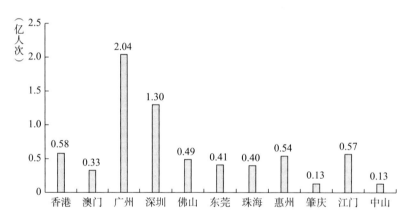

图2　2017年粤港澳大湾区各城市接待游客数量

数据来源：根据前瞻产业研究院相关数据整理。

三　三大湾区旅游业发展对粤港澳大湾区的启示

（一）优化旅游法制环境，整治旅游市场

为了保证旅游业的可持续发展，优化旅游法制环境、整治旅游市场是非常必要的。一个公平公正、执法有力的法治环境能够最大限度地规范旅游市场，确保旅游资源合理开发利用和旅游业健康发展。旅游业作

为粤港澳大湾区的重点发展产业，还存在许多问题，如旅游管理制度不完善、景区安保系统不完善、旅行社低价拉客等。因此，当务之急就是优化旅游法治环境，从立法、执法、守法方面着手，首先要健全旅游法律法规，从根源上保障旅游业的有序开展，确保旅游业的发展有法可依；其次要把相关政策法规落到实处，严格按照旅游法律规章制度行事，对参与旅游行业的违法机构和个人进行处罚，维护旅游市场的秩序；最后要由政府牵头，联合多种旅游组织，实施法律监督，确保旅游业健康发展。

（二）完善城市基础设施，优化交通系统

借鉴三大湾区的旅游业发展经验，就是要注重城市基础设施建设，尤其是交通系统，构建宜居、宜业、宜游的城市环境，提高城市魅力指数。旧金山湾区的5座跨海大桥完美地使旧金山湾区的交通体系形成一个闭合的环状，满足了湾区内经济发展、资源要素对交通的诉求。[30]港珠澳大桥的落成通车以及香港西九龙高铁站的开通是粤港澳大湾区发展的重要里程碑，加速了湾区内的资源共享、优惠互助。在未来，仍需将优化城市交通系统作为一项重要任务，对内构建更加完善的"9+2"交通网络系统，对外加大航空口岸开放力度，建设世界级机场群。完善的城市基础设施和交通系统，会吸引更多游客的关注，进而推动旅游产业的发展。

（三）开发特色旅游产品，增强城市吸引力

目前旅游市场同质化严重，同类旅游产品通过价格竞争来获得生存，这是一种不成熟的旅游发展模式。只有突破行业同质化，从城市原生特色资源出发，在推出有特色有创意的旅游产品的基础上做到产品融合，才能实现旅游市场的长久繁荣。例如，在有着"购物天堂"美誉的香港，可推出购物自由行旅游线路；在以博彩业闻名的澳门可推出成人休闲体验专线；针对广东省丰富的历史文化资源，可推出"重温伟人走过的路"

等精品路线产品。充分挖掘湾区内城市的旅游资源和旅游潜力，再结合市场供需关系推出具有地区特色的旅游产品，是湾区旅游发展的正确模式。

（四）培养并吸引更多优秀人才，建立健全人才机制

粤港澳大湾区与其他三大湾区相比，在劳动者素质方面略有不足。世界级顶尖大学——"常春藤联盟"集群主要是以纽约为中心并对纽约湾区产生强大影响力的世界级顶尖大学。位于纽约州的有哥伦比亚大学、纽约大学、康奈尔大学等，而位于纽约大湾区周边的世界顶尖大学有普林斯顿大学、哈佛大学、耶鲁大学、麻省理工学院等，它们占据了美国常春藤联盟高校中的 5 所。[31]高素质人才对旅游业发展起到至关重要的作用，因此，政府应联手社会、高校以及企业，合力培养更多更优秀的旅游人才。第一，从提高高校人才队伍建设整体水平入手，提高师资水平，开设各种创新旅游研究项目，强化师生的旅游意识和旅游专业技能，为大湾区旅游经济建设准备大量高素质人才。第二，加大人才引进力度，实行优秀人才落户奖励制度，高校引进优秀生源、社会引进优秀劳动人才，通过精神层面和物质层面的优厚奖励，增强大湾区对优秀人才的吸引力。第三，建立健全人才机制，为优秀人才效力于湾区旅游建设提供强有力的制度保障，形成湾区独有的人才配备系统。

（五）注重分工合作，推动区域协调发展

区域协调是指以社会资源、自然资源和经济要素为基础，以区域一体化为目标，通过加强城市间交流合作、资源共享、优势互补，来达到协调发展的一种区域发展模式。早在20世纪80年代，香港和深圳、东莞就形成了"前店后厂"的制造业发展模式，虽然"前店后厂"发展模式在今天正慢慢退出舞台，但是，这种区域协调发展的模式应该被继续沿用。粤港澳大湾区目前遇到的一个比较大的挑战是如何在确保"一国两制"基本方针"不动摇""不变形"的前提下实现区域协调一体化。如

果能够很好地克服制度差异，做到同心协力为实现国家战略而奋斗，那么产生的经济效益将不言而喻。在分工明确的基础上促进区域协调发展，如针对澳门，应重点发展休闲旅游，结合博彩业和综合旅游服务推出独具特色的休闲游产品；针对广州，应重点发展都市商务游，通过完善酒店、餐饮等配套设施，承办各种大型国际会展，推动旅游业发展。

（六）构建网络信息系统，发展数据驱动型旅游业

在互联网信息时代，任何行业的发展都离不开数据的支撑。例如，行业发展预测、行业发展总结，都建立在大量有效数据分析的基础之上，旅游行业也不例外。我国旅游业互联网经济发展已取得一定成果，在旅游行业领域已积攒了大量的旅游数据。构建完善的网络信息系统，既能为游客获得旅游信息提供便利，又能高效推动旅游经济的发展。但是，在构建旅游信息系统的过程中，需要提升社会治理能力、政府监管能力，确保旅游数据信息真实有效，杜绝虚假信息混入旅游市场，最终达到数据构建驱动旅游业发展的效果。

参考文献

［1］刘金山、文丰安：《粤港澳大湾区的创新发展》，《改革》2018 年第 12 期。

［2］赵晓斌、强卫、黄伟豪、线实：《粤港澳大湾区发展的理论框架与发展战略探究》，《地理科学进展》2018 年第 12 期。

［3］梁永：《湾区经济变迁史》，《现代商业银行》2017 年第 8 期。

［4］谢瑜宇：《借鉴世界三大湾区发展经验把杭州湾经济区打造成一流湾区》，《宁波经济（三江论坛）》2017 年第 12 期。

［5］李睿：《国际著名"湾区"发展经验及启示》，《港口经济》2015 年第 9 期。

［6］叶芳：《从湾区经济视角解读粤港澳大湾区发展规划》，《中国海洋报》2019 年 2 月 26 日。

［7］马忠新：《我国湾区经济对外开放度的比较研究》，硕士学位论文，深圳大

学，2017。

［8］何诚颖、张立超：《国际湾区经济建设的主要经验借鉴及横向比较》，《特区经济》2017年第9期。

［9］王宏彬：《湾区经济与中国实践》，《中国经济报告》2014年第11期。

［10］段艳红、何悦、胡品平：《世界三大湾区的创新发展路径与特征》，《科技创新发展战略研究》2018年第2期。

［11］邓志新：《粤港澳大湾区与世界著名湾区经济的比较分析》，《对外经贸实务》2018年第4期。

［12］袁玲燕、张玥：《旅游与全球化关系研究进展及启示》，《世界地理研究》2018年第6期。

［13］张昱、陈俊坤：《粤港澳大湾区经济开放度研究：基于四大湾区比较分析》，《城市观察》2017年第6期。

［14］晓睿：《湾区经济：国际步伐与中国格调》，《中关村》2017年第6期。

［15］张锐：《世界湾区经济的建设经验与启示》，《中国国情国力》2017年第5期。

［16］鲁志国、潘凤、闫振坤：《全球湾区经济比较与综合评价研究》，《科技进步与对策》2015年第11期。

［17］张元芳：《"粤港澳"大湾区经济发展路径研究》，《品牌研究》2018年第4期。

［18］张如玉：《对"粤港澳"大湾区经济发展路径的探微》，《时代金融》2019年第2期。

［19］林贡钦、徐广林：《国外著名湾区发展经验及对我国的启示》，《深圳大学学报》（人文社会科学版）2017年第5期。

［20］马忠新、伍凤兰：《湾区经济表征及其开放机理发凡》，《改革》2016年第9期。

［21］叶继涛：《大湾区经济时代即将来临》，《中国中小企业》2018年第5期。

［22］李城、林蠡、李磊：《粤港澳大湾区旅游经济发展路径分析》，《当代旅游》2019年第2期。

［23］刘艳霞：《国内外湾区经济发展研究与启示》，《城市观察》2014年第3期。

［24］郭璇瑄：《粤港澳大湾区旅游经济发展路径》，《税务与经济》2018年第

2 期。

［25］秦学：《特殊区域旅游合作与发展的经验与启示：以粤港澳区域为例》，《经济地理》2010 年第 4 期。

［26］刘成昆、陈致远：《粤港澳大湾区城市旅游竞争力的实证研究》，《经济问题探索》2019 年第 2 期。

［27］窦群：《把大湾区建设成为世界级旅游目的地》，《中国旅游报》2019 年 2 月 27 日。

［28］朱万果：《推进粤港澳大湾区旅游一体化合作》，《新经济》2017 年第 1 期。

［29］温暖、王志国：《生态文化和旅游融合发展的法律保障》，《新经济》2019 年第 Z1 期。

［30］樊明捷：《旧金山湾区的发展启示》，《城乡建设》2019 年第 4 期。

［31］欧小军：《世界一流大湾区高水平大学集群发展研究：以纽约、旧金山、东京三大湾区为例》，《四川理工学院学报》（社会科学版）2018 年第 3 期。

国际湾区区域协调治理机构及对
粤港澳大湾区的启示

符天蓝*

摘　要：本文通过对纽约湾区、旧金山湾区和东京湾区三大国际湾区的区域协调和治理机构进行梳理，为粤港澳大湾区区域协调和治理提供经验借鉴。三大国际湾区在发展过程中分别成立了非政府、半官方和政府主导的区域协调及治理机构，统筹区域规划和建设等重要事务。然而，与三大国际湾区不同，粤港澳大湾区包含了"两种制度和三个关税区"，因此在借鉴国际湾区经验时，我们应当考虑粤港澳大湾区的特殊性，设立符合实际情况的跨界区域治理机构。

关键词：国际湾区　区域协调　区域治理　粤港澳大湾区

一　引言

随着粤港澳大湾区建设这一国家战略的确立和统筹推进，粤港澳大湾区被认为是继纽约湾区、旧金山湾区、东京湾区之后的世界第四大湾区，得到社会各界的广泛关注。

纽约湾区、旧金山湾区、东京湾区作为国际三大湾区，它们在发展

---

* 符天蓝，中山大学地理科学与规划学院博士后。

过程中不断对区域协调与治理进行摸索，现已培育出较为成熟的区域治理机构和体系。很多学者对国际三大湾区（大都市区）的区域协调和治理进行了研究。与三大国际湾区类似，粤港澳大湾区也面临区域协调与治理问题。"治理"这个概念用于描述政策制定过程中的各种变化趋势，包括引导、操作和规范。从港澳回归到如今的大湾区建设，粤港澳大湾区的治理一直都是热门议题，受到学者们的持续关注。李立勋指出，粤港澳大湾区作为极为特殊的跨境区域，包含两种制度、三个关税区、不同的法律体系以及行政体系[7]。新政策的核心在于促进粤港澳三地合作的深化与拓展，寻求制度创新和区域创新。刘云刚等认为加快粤港澳之间以及广东省内各区域、各部门之间的协调是粤港澳大湾区跨境合作与发展的重要途径[13]。林初昇指出创造有利的制度环境与跨境合作体制是粤港澳大湾区城市群发展规划的重要内容之一[9]。在已有的政策背景和研究基础上，本文通过梳理相关文献资料，总结三大国际湾区区域协调和治理机构的经验，以期为粤港澳大湾区区域协调和治理提供借鉴和启示。

二 三大国际湾区区域协调与治理机构

（一）纽约湾区的非政府协调治理机构

纽约湾区，也称为纽约大都市区，位于美国东北沿海，是美国经济发展的核心区域。纽约湾区包括纽约州、康涅狄格州、新泽西州的31个县，面积约为2.14万平方公里。2015年，纽约湾区人口达到2340万人，GDP为1.45万亿美元。作为全球金融中心，纽约湾区汇聚了60家全球500强企业总部，2900多家金融、证券等机构，拥有58所世界著名大学。纽约湾区拥有美国第一大港口，是重要制造业中心，制造业产值占全美的30%以上，主要产业包括服装、印刷、化妆品、机器、军工、石油和食品加工等。

纽约湾区的区域协调与治理得益于非政府机构的发展。虽然纽约湾区在地理、经济、社会上紧密相连，但包含了不同的行政单元，区域发展受到行政边界的限制。在这样的发展背景下，纽约湾区建立了非政府区域协调机构，与政府共同处理区域事务和区域规划等问题。纽约湾区非政府区域协调治理机构的特点在于，一方面，它们属于非营利性组织，与地方政府的行政管理不冲突，可解决区域利益冲突并促进区域协调发展；另一方面，此类治理机构注重公众参与，其成员包括社会各界人士。非政府区域协调治理机构通过制定区域规划，实现跨区域协调和治理，对区域建设影响深远。这些非政府区域协调治理机构包括以下几种。

1. 纽约市发展委员会

1903 年，为了应对大纽约市的发展，纽约市发展委员会成立。大纽约市包括纽约、布鲁克林和其他 3 个县。1907 年，纽约市发展委员会发布了综合规划报告，建议重点关注城市建筑、公路和公园等城市美化问题。这项规划报告为纽约湾区后来的规划和建设奠定了基础。

2. 纽约港务局

1921 年，美国专门成立了跨州合作机构——纽约港务局，主要负责修建海港与交通等基础设施，解决纽约港口的竞争与贸易问题。在创立初期，纽约港务局属于州立法授权的跨州准政府机构，不享有政府的财政拨款。为改善纽约港口周边的交通设施，纽约港务局编制了协调纽约港口周边铁路的综合发展规划，建议在港口周边修建环形带状铁路。但该方案遭到各个利益集团的反对，最终未能顺利实施。1972 年，纽约港务局更名为纽约和新泽西港务局，开始接受两个州政府的财政拨款。

3. 纽约住房与区域规划委员会

1921 年，纽约住房与区域规划委员会成立，该委员会属于非政府机构。1922 年，纽约住房与区域规划委员会逐步发展为纽约区域规划协会，该协会由商业和建设规划专业人士组成。纽约区域规划协会编制的四次纽约湾区区域规划在纽约湾区发展建设中起到了关键的指导作用。

第一次区域规划。19世纪中期，借助港口优势和技术创新，纽约湾区制造业快速发展。为了突破行政界线对区域发展的限制，纽约区域规划协会在1922年发表了《纽约及其周边地区的区域规划》，提出共建区域公路网、铁路网和公园等公共基础设施体系。在该规划的指导下，纽约湾区进行了大量的基础设施建设，并成立了城市规划委员会和国家资源规划委员会等区域规划机构。这项规划提出了全新的发展和治理理念，建议纽约湾区跨越行政边界，共建活力、宜居和可持续发展的城市社区。

第二次区域规划。1968年，纽约区域规划协会编制了第二次区域规划，提出建设轨道交通，加强新发展地区与中心区的联系。在"强中心"理念的指导下，为了改善市中心衰退的状况，规划还建议将曼哈顿打造为全国金融和商业核心区。此外，该项规划还强调了公众参与在区域规划中的重要性。

第三次区域规划。1996年，纽约区域规划协会发布了《危机挑战区域发展》。该规划强调了公平和公正的重要性，并建议实施以绿地、中心、流动性、劳动力和治理为重点的五项措施，提出打造高效、可达性强、具有活力的城市区域。

第四次区域规划。2014年，纽约区域规划协会发表了题为《脆弱的成功》的评估报告，指出州政府决策分化、住房供给不足、科技发展和区域气候变化等问题，提出了"经济、包容性和宜居性"的区域建设目标。

4. 大都会运输署

1967年，大都会运输署成立，作为纽约市公共交通管理机构，其下辖纽约市公共运输局和多个交通运输公司，如桥梁暨隧道管理局和大都会运输署公车公司等。大都会运输署的主要职责是负责纽约市五大区、纽约州、新泽西州和康涅狄格州的部分地区的交通运输管理事务。

（二）旧金山湾区的半官方地方政府联合机构

旧金山湾区位于美国西海岸旧金山海湾区域，以旧金山、圣何塞和奥克兰三大城市为中心，包括9个县和101个城市，面积约为1.8万平方公里。2015年，旧金山湾区人口达到715万人，GDP达到0.82万亿美元。旧金山湾区的主要产业为科技创新专业服务产业。

旧金山湾区的区域发展经历了三次转型。第一，1848年至19世纪70年代，旧金山湾区处于淘金热带来的城市化和工业化的起步阶段。大量移民促进了湾区的城市化，建筑业（轮船维修、石料和铸钢等）、食品加工业（面粉加工和肉类加工等）和金融业得到初步发展，旧金山湾区逐渐发展成湾区制造业中心。第二，19世纪80年代至"二战"，旧金山湾区处于后淘金热时期的快速城市化和工业化阶段。随着工业化的深入和跨海大桥的建立，湾区的中心城市快速发展，旧金山制造业外迁。此外，海上贸易的迅猛发展带动了商业贸易的快速发展，金融行业服务细分，金融中心职能进一步加强。第三，"二战"至今，旧金山湾区处于后工业化发展的成熟期。硅谷的迅速崛起助推高科技研发和创新经济的快速发展，旧金山湾区逐步发展为"科技湾区"。

在区域发展过程中，旧金山湾区面临交通拥堵、住房成本增加、开敞空间缩减、基础设施滞后等问题。然而，与纽约湾区不同，为了解决湾区的经济、社会和环境等区域协调发展问题，旧金山湾区设立了半官方性质的地方政府联合机构。这种机构由政府自发自愿设立，是获得联邦和州政府支持的半官方性质的行政机构，可协商处理湾区的跨区域相关事务。这类机构包括以下几种。

1. 旧金山湾区政府协会

该协会的主要职责在于编制区域规划，促进资源共享，解决土地、住房、环境和交通等区域协调问题，促进各地方政府的合作，为地方政府获得联邦政府和州政府的资助提供服务。该协会成员由旧金山湾区的9个县和101个城市的政府、社会和市民代表三类人士组成。其中，政府部门包含了规划委员会、保护和开发委员会、空气和水体质量管理部门等；社会人士从事商业、服务业等行业；市民代表则包含了工人群体和少数族裔群体。该协会不具有行政权力，其主要是通过影响参会代表的决策投票来影响地区的发展。如果该协会的议案得到了参会代表的支持，则具有法律效力，全体政府成员需共同遵守。该政府协会编制和签署的区域规划报告和指南有《土地利用政策框架》《通过联结土地利用和开发活动创建更好的社区》等。

2. 大都市区交通委员会

1970 年，该委员会由加利福尼亚州立法机关设立，旨在为政府提供区域性规划的相关服务。该委员会包含了湾区高速公路、快速专用道路服务局以及湾区（大桥）收费局三个政府机构。该委员会具有三大职能。第一，大都市区交通委员会负责制定区域交通规划，规划年限为 20 年。该委员会具有审核申请州和联邦政府项目拨款的权力。第二，大都市区交通委员会代表联邦政府和州政府选择湾区交通项目、确定资金的使用和拨款的分配。第三，大都市区交通委员会需要对各种交通方式的发展进行协调，保证各公交系统的效率。

3. 联合政策委员会

2003 年，该委员会由旧金山湾区政府协会和大都市区交通委员会共同决定设立，旨在加强土地利用管理和统筹协调区域规划。该委员会的职责在于对这两个机构所制定的发展战略和区域规划进行评估并反馈意见。

（三）东京湾区的政府主导协调机构

东京湾区位于日本本州岛中部太平洋海岸，包括东京、横滨、川崎、船桥、千叶等五个大城市，面积达 3.68 万平方公里，拥有横滨港、东京港、千叶港、川崎港、木更津港、横须贺港等六大港口。2015 年，东京湾区的人口达到 4347 万人，GDP 达到 1.86 万亿美元。东京湾区不仅是日本的金融、商业、政治和文化中心，也是钢铁、有色冶金、炼油、石化、造船、机械、汽车、电子等产业的制造基地。

东京湾区的发展经历了两个时期：第一，20 世纪 60 年代前，东京湾区逐步发展成为以京滨和京叶为核心的制造业聚集区；第二，20世纪60年代起，东京中心城区的制造业开始外迁到横滨市、川崎市，促进京滨和京叶两大工业区的快速发展，而东京中心城区则重点发展具有高附加值的服务业、奢侈品生产和出版印刷等行业。在此背景下，东京迅速发展成为日本的政治、金融、商业和文化中心，集聚了众多日本银行总部和大公司总部。

在东京湾区区域发展和建设过程中，为解决区域一体化过程中的空间结构、功能分工、人口和资源等区域协调问题，日本政府采取了积极的行政干预手段，突破行政界限，设立了跨越行政区的城市群协调机构。此类机构负责制定区域规划，包括建立交通、环境、信息共享平台，以及进行产业一体化与行政体制改革等。此类区域协调机构以中央政府为主导。中央政府通过完善区域规划体系，提供项目资金支持和相关配套政策，从而实现自上而下的区域性协调。在区域协调机构的规划指导下，东京湾区实现了从"一极"向"多核"的空间结构转变。

1. 首都建设委员会

1950年，日本出台了《首都圈建设法》，指出东京的发展应该放眼全球，并战略性地将东京定位为日本的中心、日本与世界各国联系的首都。在这样的背景下，东京都的建设和发展上升到国家战略层面。为满足战略需求，日本成立了"首都建设委员会"，以此作为中央一级规划统筹机构。该委员会分别在1958年和1968年发布了第一个和第二个大东京都市圈整备规划。第一个大东京都市圈整备规划提出以东京为中心，构建区域同城化的首都圈。第二个大东京都市圈整备规划提出，将东京作为经济高速增长的全国中枢，并为加强中枢功能而进行城市改造。

2. 首都圈整备委员会

1956年，首都建设委员会改组为首都圈整备委员会。首都圈整备委员会是总理府直属机构，由建设大臣担任委员长。从独立议事机构转变为中央直属办事机构标志着区域治理机构级别的提高以及规划决策机构权力的上移。

3. 都市圈整备局

作为国土综合开发厅下属的政府机构,都市圈整备局负责东京大都市圈建设,编制大都市圈发展规划,协调各部门之间的关系。与前两个治理机构不同,都市圈整备局是纯粹的中央行政机构。随着规划决策机构权力的进一步上移,区域规划编制的效率和实施效果也相应地提升。作为中央行政机构,都市圈整备局可以使大型建设项目获得政府的资金支持和保障。从第三次大东京都市圈整备规划开始,都市圈整备局开始参与东京湾区的区域规划。1976 年的第三个大东京都市圈整备规划提出,根据国土开发框架来定位都市圈的发展,建议分散首都圈的中枢功能并建立多中心区域。

4. 智库

智库的参与促使东京湾区的区域规划和各层级规划具有一致性和连续性,不会因为政府部门的变更而改变。在东京湾区,智库为政府提供长期的规划编制和咨询服务。比如,国土厅和经济企划厅共同建立和管理的日本开发构想研究所,为中央和地方各级政府制定国土规划和产业政策提供服务,通过整合各规划部门和政府部门的诉求,编制具有一致性和连贯性的有利于长远发展的规划。

三 对粤港澳大湾区区域协调与治理的启示

粤港澳大湾区包括珠三角九城市(广州、佛山、肇庆、深圳、东莞、惠州、珠海、中山和江门)以及香港和澳门两个特别行政区,面积达5.65 万平方公里。2015 年,粤港澳大湾区的常住人口为 6765 万人,GDP达到 1.38 万亿美元,超越旧金山湾区,接近纽约湾区。粤港澳大湾区的主要产业为制造业、科技创新产业和金融服务业。与三大国际湾区类似,粤港澳大湾区在建设和发展过程中同样面临着区域协调和治理难题。值得注意的是，与三大国际湾区不同，粤港澳大湾区存在两种制度、三个关税区，极具特殊性。因此，本文认为粤港澳大湾区在借鉴三大国际湾区的经验时，应该结合自身的特殊性，设立符合实际情况的区域协调和治理机构。粤港澳大湾区在设立区域协调和治理机构时可以从以下几个方面着手。

（一）培育多元化的跨区域协调和治理体系

粤港澳大湾区在规划和发展建设中，可同时借鉴三大国际湾区设立区域治理机构的成功做法，培育多元化的跨区域协调和治理体系。

第一，借鉴东京湾区以政府为主导的做法，如设立跨区域联合政府机构，共同处理各地方的重大事务，包括区域性的规划与管理、出台经济发展政策、制定融资投资政策、进行行政监督等。

第二，参考旧金山湾区政府协会的做法，建立半官方性质的跨区域政府协会，推动"一国两制"下跨界规划和管理咨询，促进政府部门和社会各界的沟通和联系，在了解不同群体的发展诉求的基础上，政府可将不同的发展诉求纳入跨区域协调治理和政策决策中。

第三，学习纽约区域规划协会和东京湾区智库负责区域规划的做法，重视第三方规划和咨询机构的培育及发展，由第三方规划和咨询机构统一将区域性规划和各层级地方规划进行整合，避免区域内各地方之间的利益冲突与盲目竞争，同时保持区域规划和地方规划的一致性和连续性，避免出现政府部门变更而导致规划变更的现象。

（二）设立多主体、多部门和多行业代表参与的区域协调和治理机构

粤港澳大湾区在区域协调和治理方面可借鉴旧金山湾区政府协会和纽约区域规划协会的做法，组建由政府、社会和市民代表组成的多主体参与的政府协会和委员会，让各委员会成员在区域规划和重大项目决策时发表意见或提出方案。此外，区域协调和治理机构应当包含不同行业

和部门的代表人员。如旧金山湾区政府协会包含了规划委员会、保护和开发委员会、空气和水体质量管理等部门的代表和来自不同行业的社会各界代表。培育多主体、多部门和多行业代表参与的区域协调和治理机构可使粤港澳大湾区在区域规划和发展建设过程中实现公开、公正和公平，从而更好地推动区域协调发展。

参考文献

［1］P. T. Y. Cheung，"The Politics of Regional Cooperation in the Greater Pearl River Delta，" *Asia Pacific Viewpoint* 53 （2012）：21 – 37.

［2］B. Jessop，"The European Union and Recent Transformations in Statehood，" in S. Punscher Riekmann & M. Mokre & M. Latzer ，eds.，*The State of Europe：Transformations of Statehood from A European Perspective*. Frankfurt/Main：Campus，2004.

［3］X. Luo & J. Shen，"The Making of New Regionalism in the Cross-boundary Metropolis of Hong Kong-Shenzhen，China，" *Habitat International* 36 （2012）：126 – 135.

［4］J. Shen，"Cross-border Connection between Hong Kong and Mainland China under 'Two Systems' before and Beyond 1997，" *Geografiska Annaler：Series B，Human Geography* 85 （2003）：1 – 17.

［5］C. Yang，"An Emerging Cross-boundary Metropolis in China：Hong Kong and Shenzhen under 'Two Systems'，" *International Development Planning Review* 27 （2005）：195 – 225.

［6］C. Yang & S. Li，"Transformation of Cross-boundary Governance in the Greater Pearl River Delta ，China：Contested Geopolitics and Emerging Conflicts，" *Habitat International* 40 （2013）：25 – 34.

［7］李立勋：《关于"粤港澳大湾区"的若干思考》，《热带地理》2017 年第 6 期。

［8］李建平：《粤港澳大湾区协作治理机制的演进与展望》，《规划师》2017 年第 11 期。

［9］林初昇：《"粤港澳大湾区"城市群发展规划之可为与不可为》，《热带地理》

2017 年第 6 期。

［10］刘丽：《旧金山海湾地区大都市区的土地资源管理模式》，《国土资源情报》
　　　2007 年第 9 期。

［11］刘祥敏、李胜毅：《一体化分工跨区域合作的典范——东京大都市经济圈发
　　　展的经验和启示》，《天津经济》2013 年第 12 期。

［12］刘艳霞：《国内外湾区经济发展研究与启示》，《城市观察》2014 年第 3 期。

［13］刘云刚、侯璐璐、许志桦：《粤港澳大湾区跨境区域协调：现状、问题与展
　　　望》，《城市观察》2018 年第 1 期。

［14］鲁玫村：《世界湾区产业发展的特征及经验借鉴》，《特区经济》2018 年第
　　　8 期。

［15］任思儒、李郇、陈婷婷：《改革开放以来粤港澳经济关系的回顾与展望》，
　　　《国际城市规划》2017 年第 3 期。

［16］智瑞芝、杜德斌、郝莹莹：《日本首都圈规划及中国区域规划对其的借鉴》，
　　　《当代亚太》2005 年第 11 期。

［17］武延海：《纽约大都市地区规划的历史与现状——纽约区域规划协会的探
　　　索》，《国外城市规划》2000 年第 2 期。

图书在版编目（CIP）数据

粤港澳大湾区研究. 第二辑 / 曾伟玉主编. -- 北京：
社会科学文献出版社，2020.10
ISBN 978 - 7 - 5201 - 6855 - 7

Ⅰ. ①粤… Ⅱ. ①曾… Ⅲ. ①城市群 - 区域经济发展
- 研究 - 广东、香港、澳门 Ⅳ. ①F299.276.5

中国版本图书馆 CIP 数据核字（2020）第 122472 号

粤港澳大湾区研究（第二辑）

主　　编／曾伟玉

出 版 人／谢寿光
责任编辑／周　琼
文稿编辑／韩宜儒

出　　版／社会科学文献出版社·政法传媒分社（010）59367156
　　　　　　地址：北京市北三环中路甲29号院华龙大厦　邮编：100029
　　　　　　网址：www. ssap. com. cn
发　　行／市场营销中心（010）59367081　59367083
印　　装／三河市龙林印务有限公司

规　　格／开　本：787mm × 1092mm　1/16
　　　　　　印　张：20　字　数：272 千字
版　　次／2020 年 10 月第 1 版　2020 年 10 月第 1 次印刷
书　　号／ISBN 978 - 7 - 5201 - 6855 - 7
定　　价／89.00 元